舒懷　李旭東　魯一帆　輯校

高郵二王合集

四

上海古籍出版社

乙編　王引之文集

奏　議

授左庶子謝恩摺　嘉慶十三年閏五月

奏爲恭謝天恩事。閏五月初八日，臣於開封府考棚内恭閲邸鈔，奉旨：「王引之著轉補左春坊左庶子，欽此。」竊臣學慙譾陋，世受國恩，始以臚唱三人，望鑾坡而拜命〔一〕；繼乃擢升五品，依講幄以覲光。清銜則鶴籞叨陪，簡命則星軺再出〔二〕。筆珥彤廷，許備員於記注；文衡鎖院，詔典學於荆河〔三〕。沐高厚以無涯，惕涓埃之未報。乃清班忝列，既自翰以入詹；巽命榮膺，又由右而躋左。受自天之雨露，常輸葵藿之忱；矢報國之文章，益切冰淵之懔〔四〕。臣惟有盡心衡校，勵志編摩，以期仰答鴻慈於萬一。所有臣感激下忱，理合繕摺，恭謝天恩，伏乞皇上睿鑒。謹奏。

【説明】

文載《王文簡公文集》卷二。嘉慶十二年八月，王引之提督河南學政。十三年五月，轉左春坊左庶子。閏五月初八日，王引之在開封府閲邸鈔，獲知升左庶子，旋奏此摺謝恩。

【校注】

〔一〕臚唱三人：科舉時，殿試之後，皇帝召見新科進士，由三人依次唱名傳呼。王引之等被召見，在嘉慶四年五月初四日，詳《清實録·仁宗朝·嘉慶四年五月》。鑾坡，指廷除。

〔二〕鶴籞，指皇家園林。星軺，皇帝使者所乘車。

〔三〕筆珥，把筆插在帽子上。指皇帝近臣隨時記録或撰述。鎖院，指試院。殿試前，考官到學士院鎖院，陪考生上殿對策。

〔四〕葵藿，葵和豆。花葉朝陽，故用以比喻臣對君忠心。冰淵，「如履薄冰，如臨深淵」之簡縮。

授翰林院侍講學士謝恩摺　嘉慶十三年十二月

奏爲恭謝天恩，仰祈聖鑒事。本月二十八日恭閲邸鈔，奉旨：「王引之補授翰林院侍講學士。欽此。」竊臣世受國恩，學慚時術。金門射策，仰膺特達之知；玉殿簪毫，猥列清華之選〔一〕。給札倖邀宸賞，頓躐升階；尋章忝附經生，頻依講幄。叨冰銜於鶴籞，扈輦路以鳧趨。星軺拜命，掄材黔楚之邦；鎖院承恩，典學荆河之域。荷生成於覆載，未報稱於涓埃。兹復寵錫綸音，擢遷學士。晉詞垣而侍從，厠藝苑以講求。蓮炬分輝，沐栽培之無已；花磚候影，愧著作之未嫻〔二〕。屢霑雨露之恩，益切冰淵之懔。臣惟有勵志編摩，盡心衡校。勤搜鵠立之三千，才期茅彙；冀報鴻慈于萬一，誠効葵傾〔三〕。所有微臣感激下忱，理合繕摺，叩謝天恩，伏乞皇上睿鑒。謹奏。

【説明】

文載《王文簡公文集》卷二。嘉慶十三年十二月二十八日，王引之在河南學署閲邸鈔，獲知升翰林院侍講學士，上奏此摺謝恩。

【校注】

〔一〕金門，漢代宮門名，後泛指朝廷。射策，應對策問。簪毫，義同「珥筆」，見《授左庶子謝恩摺》。

〔二〕蓮炬，蓮花形蠟燭。花磚，刻有花紋的磚。唐時内閣北廳前階有花磚道，冬季日至五磚，爲學士入值之時。

〔三〕鵠立，本指鵠延頸而立，形容盼望。此指傑出人才。茅彙，《易·泰·初九》孔疏：「似拔茅，舉其根，相牽如也。以其彙者，彙，類也，以類相從。」葵傾，《文選》卷三七《求通親親表》：「若葵藿之傾叶，太陽雖不爲之回光，然嚮之者誠也。竊自比于葵藿，若降天地之施，垂三光之明者，實在陛下。」

授翰林院侍讀學士謝恩摺 嘉慶十四年

奏爲恭謝天恩事。十二月初一日，恭閲邸鈔，奉旨：「王引之着轉補翰林院侍讀學士。欽此。」竊臣世受國恩，學慚時術。金門射策，仰邀特達之知；玉殿簪毫，猥列清華之選。躐升階而不次，講幄常依；荷巽命之重申〔一〕，文衡屢執。受恩施於高厚，未報稱於涓埃。兹復仰沐温綸〔二〕，轉補今職。侍西清以珥筆，讀東觀之藏書。花磚偕步，望學海而窺源；玉尺分持，對士林而講藝。恩頻霑於雨露，志益凛夫冰淵。臣惟有加意編摩，悉心校閲。勤搜鵠立之三千，材期茅彙；冀答鴻慈於萬一，誠効葵傾。所有微臣感激下忱，理合繕摺，恭謝天恩，伏乞皇上睿鑒。謹奏。

【説明】

文載《王文簡公文集》卷二。嘉慶十四年十二月初一日，王引之在河南學署閲邸鈔，獲知任翰林院侍讀學士，上奏此摺謝恩。

【校注】

〔一〕巽命之重申，《易·巽·象》：「重巽以申命。」

〔二〕温綸，指皇帝的詔令。

闡訓化愚論

凡人躬逢堯舜之世，即當仰遵堯舜之化；生長孔孟之鄉，即當謹守孔孟之教。當今乃堯舜之世也。皇上厚澤深仁，教養兼備，牖民覺世，訓諭周詳，無非貽百姓以安全，納百姓於純正。爲百姓者，若不改過遷善，何以仰承堯舜之化乎？山東乃孔孟之鄉也。孔子大聖，極言異端之害；孟子大賢，有距邪説之功。無非防左道之惑人，救愚民之陷溺。爲山東百姓者，若不棄邪歸正，豈不虚生孔孟之鄉乎？夫邪教之不可習也有二：一曰人所共憤，二曰法所必誅。何以言人所共憤也？盗賊之徒，夜聚曉散，今邪教之會也，亦夜聚曉散，則盗賊之行也；禽獸無禮，牝牡混淆，今邪教之聚也，亦男女無別，則禽獸之行也。人倫由此而敗壞，天理自是而消亡。甚至結黨横行，謀爲不軌，則罪大惡極，覆載所不容。倘有餘孽竄伏，正百姓所當除惡務盡，亟欲翦除之者也。何以言法所必誅也？恭讀《大清律》曰：「一應左道異端之術，或隱藏圖像，燒香集衆，夜聚曉散，佯修善事，煽惑人民。爲首者絞，爲從者各杖一百，流三千里。」又《新例》載：「凡妄布邪言，書寫張貼，煽惑人心，爲首者斬立決，爲從者皆斬監候。」又辦理白陽、白蓮、八卦等邪教，凡習念荒誕不經咒語，拜師傳徒惑衆者，爲首，照左道異端煽惑人民律，擬絞監候；爲從，發新疆給厄魯特爲奴。以是邪教惑人，法所不宥，一經發覺，斷難倖逃。乃愚民受人哄誘，遂至陷於罪而不知。以爲可以求福，誰知福未受而禍已成；以爲可以謀利，誰知利甫得而害亦至。甚至結黨滋事，悉被誅除。今試問：定陶、曹縣之教匪，有獲倖免者乎？國法昭章，難逃顯戮。此山東百姓所共見共聞者。自今以後，曾經習教者，可不悔過自新乎？未經習教者，可不率由正路乎？至於上年滋事之要犯，奉旨緝拏，尚未伏誅，爲山東百姓者，若能訪知要犯潛匿之處，縛以出首，則可謂尊君親上，效順急公，不但可以免株連之累，抑且可以邀獎賞之恩矣。若夫士，爲四民之首，生員身列膠庠，讀書明理，其沐浴於堯舜之化也最深，其講求於孔孟之學也最久。誠能仰體聖主化民成俗之意，申明古人黜邪崇正之言，爲之剖辯是非，指陳利害，勸以毋習不法之經卷，毋傳不良之符咒，毋從八卦教之淫邪，毋爲一炷香之愚妄，毋學金鐘罩之拳棒，毋效鐵布衫之伎倆，毋結虎尾鞭之惡黨，毋連掖刀手之兇會，躬行孝悌忠信以爲之先，講明禮義廉恥以使之化，庶鄉里愚民知正路之不可棄，悟邪教之不可從，相與遷善改過，以遵聖天子蕩平正直之訓，使天下知承堯舜之化者，惟山東爲最醇；聞孔孟之風者，惟山東爲不愧。此則督學使者所厚望也。若夫坐視同里之人陷於邪術而不救，是之謂不仁；任邪術之横行而己亦身受其害，是之謂不智。國家建立學校，培養英才，安用此無用之腐儒耶？《書》曰：「皇極之敷言，是彝是訓，于帝其訓。」山左諸生尚其凜承訓諭風勸而感化之哉！

【説明】

文載《王文簡公文集》卷三，寫於嘉慶十九年甲戌。是年王引之提督山東學政，適逢河南教徒起事，而山左多響應者，帝命學臣撰論説以訓化之。王引之撰此文及《見利思害説》以進，皇上發還刊佈。

見利思害説

古之君子見利思義，所以安於正而不入於邪也。下此，愚昧之人縱不知義之爲義，獨不知利之有害乎？見利思義，固不易之經也。見利思害，亦保全之道也。即如邪教之惑人甚矣，爲百姓者，或甘受其愚而深信之，則誤於好利之一心，而未嘗思其害也。蓋愚民未聞禮義廉恥之節，但知銀錢之可以謀衣食而免饑寒也，則汲汲圖之，而不恤其他。彼爲邪説者，知愚民之可以利誘也，於是借斂錢之説以邀之。其入教也，則己之錢入於人手。其入教而又傳教也，則人之錢入於己手。展轉傳教，則展轉斂錢。愚民信以爲生計，遂相與從之馴。至持經習咒，結黨滋事，惡極而不可掩，罪大而不可解，豈非見利忘害以至此哉？夫天下之利，原不禁人之自謀。而合義之利，有利而無害。不義之利，有利而即有害。此不可不辨之於早也。今使爲農者耕耘收穫以取其利，爲工者備物致用以取其利，爲商者市賤鬻貴以取其利。自食其力，自養其身，非不謀利也。而以之爲身，則身安；以之爲家，則家安。不聞危亡之禍起於一旦者，惟其利之合於義而遠於害也。若夫八卦教之淫邪，白蓮會之兇惡，持避刦之説，作斂錢之計，此天下不義之利之最大者。名爲謀利，而實欲驅百姓於敗亡之途，陷百姓以誅滅之罪。彼夫定陶、曹縣之邪教，亦嘗斂人之錢，暫肥囊橐矣，乃不轉瞬而身遭擒戮，妻子伏誅。昔日所斂之錢，今安在乎？然則斂錢之舉，利一而害十。此不辨而自明者。人非至愚，亦何苦舉身家性命以徇區區之小利乎？自今以往，爲百姓者，誠能見利而即思其害，無害者取之，有害者拒之，則心不至於陷溺，身不入於姦邪。雖有習教之徒，欲借斂錢之説以相誘，吾知爲良民者，審於利害，必羣起而攻之，惟恐或緩矣。若夫奉旨緝拏之要犯，萬一潛逃而來，留之則有窩藏之罪，執而獻之則邀奬賞之恩。山左百姓，素矢效忠之忱，常切奉公之誼，諒不肯使逆亂之徒少延殘喘，以虧大義而受株連之禍。此又督學使者所厚望也夫。

【説明】

文載《王文簡公文集》卷三，作於嘉慶十九年甲戌。互見《闡訓化愚論》後之説明。

奏請扣廉完繳永定河分賠銀兩摺　嘉慶十九年五月

奏爲分賠未完永定河漫工銀兩，仰懇聖恩俯准扣廉完繳，以清帑項，恭摺奏聞事。查嘉慶十五年，永定河漫工，報部請銷銀十四萬六千二百一兩零，經部核減銀一百二十三兩零，實准銀十四萬六千七十八兩零，督、道、廳、汛照例分賠。其應賠四成銀五萬八千四百三十一兩零内，臣父原任永定河道王念孫應賠三成，銀一萬七千五百二十九兩零，應遵定例，於五年限内完繳。除已完銀三千五百二十九兩零，實未完銀一萬四千兩。今臣蒙皇上天恩，簡放山東學政，養廉優厚。所有應繳賠項，不敢以尚未屆限，稍爲懸宕，理合恭懇聖恩俯准，將臣每年應支養廉四千兩扣半完繳，由山東藩司造報，其餘二千兩留爲辦公之需。此外未完之項，臣再竭力設措，隨時陸續完繳。爲此恭摺奏聞，伏乞皇上訓示。謹奏。

【説明】

文載《王文簡公文集》卷二。嘉慶十五年七月，永定河水泛濫，王念孫自請治罪，得旨以六品休致，應賠河工堵築漫例銀三成，計一萬七千五百二十九兩，分五年完繳。至十九年三月王引之出任山東學政時，已從養廉内扣除三千多兩，尚欠一萬四千兩。此摺提交賠償餘賬之計劃。至道光元年，王引之代父繳賠已逾萬，其餘奉旨豁免。

奏報考試情形摺　嘉慶二十年四月

奏爲恭報歲考已竣，接辦科考，仰祈聖鑒事。竊臣自正月二十七日出省，至四月十四日試過曹州、兗州二府及濟寧直隸州，歲考已竣，隨即赴沂州府辦理科考事宜。臣於上年十一月恭報考試情形，仰奉硃批：「實心整飭士習，如有包攬詞訟者，嚴辦毋縱。欽此。」仰見皇上加恩訓勉之至意。臣向聞山東控案最多，恐有生監居中指使。自上年抵任後，即嚴禁生監包訟，示以代作詞狀、陰爲訟師者，按律加等治罪。復於冬間申明前示，并准受害者將包訟之生監指名首告。又札飭各學教官，密訪訟師，詳革嚴究。所有受賄和訟之東平州生員陳賡西、代作呈狀之臨清州生員馬詠灉、陽穀縣生員王人傑、樂安縣監生王法祖，均斥革嚴辦在案。其被控包訟者，無論虛實，皆發交該地方官嚴訊，俾生監等有所警惕，不敢效尤。每到各府州入學講書，諸生齊集。臣謹勸以重義輕利，毋貪非義之財，而作害人之事。倘有包訟者，一經訪聞，定不寬宥。諸生聽受之餘，倍加警凜。嗣後臣仍當隨時教戒，密行訪察，以期仰副皇上清理訟源、化民成俗之至意。臣又聞曹州一帶民間曾習邪教，風氣稍爲駁雜。因於按試曹州時，恭詣明倫堂，敬謹宣講《聖諭廣訓》〔一〕，黜異端，以崇正學。一道面飭生員等潛心紬繹，并令告曉居民，示以利害，使皆改過遷善，滌慮洗心。庶舊染悉除，而淳風可復。諸生仰承教澤，無不歡欣感奮，樂於奉行。至臣現在所考二府一直隸州，唯濟寧州本州金鄉縣及曹州府之單縣、兗州府之滕縣，文藝較優。惜法脉尚疎，根柢未厚。臣謹擇其書理朏合、卷軸富有者，拔置一等童生；字句明順者，録取充附。其詩律不調、字體訛錯者，皆於發落時詳爲指示。其場中弊竇，除出示嚴禁外，仍用去年所行五童互結之法〔二〕，於點名時嚴查冒替，招覆後細對連三卷筆跡。考試之日，親率教職，逐號稽查。於小講下印有圖章，以防越號倩代、等候傳遞之弊。生童等皆知畏懼，舞弊者鮮。以後各府州試事，臣唯有倍加勉勵，矢勤矢慎，以期仰答洪慈於萬一。所有臣歲考事竣接辦科考之處，理合繕摺奏聞，伏乞皇上睿鑒訓示。謹奏。

【説明】

文載《王文簡公文集》卷二。嘉慶十九年三月二十三日，王引之出任山東學政。二十年四月十四日，王引之主持歲考畢，隨即辦理科考事宜，就有關考試情形擬摺奏報。

【校注】

〔一〕《聖諭廣訓》，清世宗雍正撰，在《四庫全書·子部·儒家類》。

〔二〕王引之同年三月另有《申嚴五童互結法》奏摺，旨在防止冒名代考，見《清史列傳》卷三四《王引之傳》，文未見。

賜御製《學政箴》謝恩摺　嘉慶二十年五月

奏爲恭謝天恩，仰祈聖鑒事。竊臣於試竣旋省，欽奉御製《學政箴》。臣謹叩頭祇領，製匾懸掛訖。仰惟聖心樂育，睿藻輝煌。廣教思於無窮，化隆申命；範儒風以至正，誨切丁寧。是訓是行，勵學臣以遵守；可久可大，啓多士而率由。亘江河日月以常昭，詠《棫樸》、《菁莪》而廣被〔一〕。臣忝司學政，慚表帥之多疎；仰誦天章，幸持循之有要。惟有恪遵訓迪，勉竭駑駘，明正道以育才，黜浮華而崇實。源探泮水〔二〕，思造士以《詩》、《書》；地近尼山，冀追風於鄒、魯。勤搜鵠立之三千，材期茅彙；庶答鴻慈於萬一，誠效葵傾。

所有臣感激下忱，理合繕摺，恭謝天恩，伏乞皇上睿鑒。謹奏。

【說明】

文載《王文簡公文集》卷二。嘉慶二十年五月，王引之奉到嘉慶帝御製《學政箴》，製匾懸掛，並撰此摺謝恩。

【校注】

〔一〕《棫樸》，《詩經》篇名。《小序》：「文王能官人也。」《菁莪》，《詩經》篇名，即《菁菁者莪》。《小序》：「樂育才也。君子能長育人材，則天下喜樂之矣。」

〔二〕泮水，代指學宫。見《詩·泮水》鄭箋。

進呈《論説》摺

奏爲遵旨恭撰《論説》，進呈御覽，仰祈訓示事。臣於十一月□日在臨清考棚内恭閲邸鈔，奉上諭：「治民之道不外教、養二端，六禮節性〔一〕，八政防淫〔二〕。古者遒人木鐸，宣諭化導，使人易知易從，意至善也。直省生齒日繁，民愚易惑。近日傳習邪教匪徒，如白陽、紅陽、大乘、無爲以及天主教各種名目，輾轉煽誘，罹法者衆，朕甚憫之。地方有司，日役于簿書錢穀，而于化民成俗之原恝焉不講〔三〕，甚非所以佐朕致治之意也。因思各省學政，皆慎簡儒臣，畀以教化之責。且按試州郡，遠邇必週，于該省風土人情，無難察訪周知。奸民倡爲邪説，顓蒙從而習之，或誘于財利，或溺于淫邪，均各有受弊之由。着該學政，各就按試之地，察其民人所易惑者，作爲論説，剴切化導。其詞無取深奥，但爲辨其是非，喻以利害，明白淺近，使農夫販豎皆可聞而動心。發交各州縣官刊刻刷印，于城市鄉村廣爲張貼，務俾家喻户曉，知所從違。至士爲四民之首，該學政于接見士子之時，尤當諄切訓誨，使以孝悌忠信禮義廉恥倡率鄉閭，身以先之，言以喻之。由寡以及衆，由親以及疏。蚩蚩者氓，耳濡目染，有所觀感而興，將日用飲食，羣黎徧德。久之，遷善遠惡，翕然成風，斯邪説不足以誘之矣。該學政等所作論説，遇有奏事之便，各録稿進呈，朕將親覽焉。欽此。」仰見皇上加恩，任使易俗移風之至意。竊臣自上年蒙恩簡放山東學政，抵任後即訪問該省民風。大約登、萊、青三府民間向無習教之人，兖州之滕縣、嶧縣，沂州之費縣、蘭山縣，雖有拽刀手，止於好勇鬬狠，尚與邪教不同。其餘各府州，若武定、濟南、臨清、東昌屬縣與直隸接壤者，不無信從邪教之處。而唯曹州府屬與直隸、河南接壤，習教者較多。濟寧屬縣與曹州接壤，亦間有沾染習氣者。總由愚民無知，平日不講孝弟忠信禮義廉恥之節，所以聽信邪人，甘心陷溺。如伊等曉然於是非利害，則改過遷善不難。誠如聖諭云，各有受蔽之由也。士子乃齊民之表率，非令各處生員身教言喻，不能使之觀感而興起。誠如聖諭云，耳濡目染，遷善遠惡，斯邪説不足以誘之矣。臣伏查上年邪匪滋事之時，山東愚民多受其裹脅，唯各學廩增附生鮮有被惑者。蓋諸生仰荷皇上教育栽培，至優極渥，讀書明理，知所向方，故能謹守正業，不入邪途。臣於今年按試曹州時，即齊集諸生恭讀《聖諭廣訓》，黜異端，以崇正學。一道飭令，轉告愚民，剴切曉示，諸生皆歡欣鼓舞，樂於奉行。伏思此次恭撰《論説》刊布民間，仍應責成該生員等遍行宣示。雖民間有不識字之人，而經該生員等口講大義，自當聞而感悟。嗣後臣按試所到之地，仍當力勸諸生躬行孝弟忠信禮義廉恥，以爲民先。並飭令曉喻同里之人，棄邪歸正，以期仰副皇上教思無窮、容保無疆之至意。所有臣恭撰《論説》，除發交該州縣刊刻曉示外，理合敬謹繕寫，由報考之便，遵旨進呈御覽。伏乞皇上睿鑒，訓示施行。謹奏。

【説明】

文載《王文簡公文集》卷二。先是，河南滑縣教徒起事，山左多響應者，嘉慶帝命學臣撰論説以化之。嘉慶二十年十一月，王引之奉諭撰文以弘揚教化，故有此摺。互見《闡訓化愚論》、《見利思害説》。《論説》，即所有官員論文之匯編。

【校注】

〔一〕六禮，即冠、婚、喪、鄉、祭、相見六禮，見《禮記·王制》。

〔二〕八政，指食、貨、祀、司空、司徒、司寇、賓、師八種政務，見《尚書·洪範》。

〔三〕愬焉，漫不經心貌。

升授都察院左副都御史謝恩摺

奏爲恭謝天恩事。嘉慶二十一年十二月□□日，内閣奉上諭：「都察院左副都御史著王引之補授。欽此。」竊臣世受鴻恩，質慚駑鈍。金門射策，仰蒙特達之知；朵殿簪豪〔一〕，猥列清華之選。給札幸邀宸賞，亟躐陞階；尋章忝附經生，榮依講幄。始叨陪於冰署〔二〕，繼襄贊於銀臺〔三〕。五馭攸司，典蒲梢而考牧〔四〕；三章共凜，入棘寺而明刑〔五〕。銜巽命以掄才，星軺再出；執文衡而視學，鎖院頻扃。蟻術多疎〔六〕，龍光屢錫。恩每霑夫雨露，報未效於涓埃。茲復仰荷温綸，擢遷今職，掌事繼六卿之後，頭銜居三品之先。柏臺佐績〔七〕，幸叨驄馬之榮〔八〕；楓陛承恩〔九〕，竊慕羔羊之節〔一〇〕。臣惟有勉持風憲，益勵冰兢，以冀仰答高厚鴻慈於萬一耳。謹奏。

【說明】

文載《王文簡公文集》卷二。嘉慶二十一年十月，王引之山東學政任期滿還京。十二月十六日，遷都察院左副都御史，隨即撰此謝恩摺上奏。《清代職官表·部院大臣年表》記作二十二年三月，誤。

【校注】

〔一〕朵殿：殿東西側之堂。又作「垛殿」。

〔二〕冰署：即藏冰署，主藏冰開冰在此指官職清貴。宋晁載之《續談助》三引《聖宋掇遺》：「陳彭年在翰林，所兼十餘職，皆文翰清秘之目，時人謂其署銜爲一條冰。見《宋史·禮志六》。

〔三〕銀臺：唐代宮門名，後代指翰林學士院。

〔四〕蒲梢：古大宛良馬名，見《史記·樂書》。此喻人才。

〔五〕棘寺：大理寺之別稱。

〔六〕蟻術：又作「蛾術」，喻勤學。

〔七〕柏臺：御史臺之別稱。

〔八〕驄馬：青白花馬，今名菊花青馬，此用作御史代稱。漢代御史桓典常騎驄馬。

〔九〕楓陛：借指朝廷。中多植楓，故名。陛，廷除。

〔一〇〕羔羊之節：《詩·羔羊·序》：「召南之國化文王之政，在位皆節儉正直，德如羔羊也。」

授禮部左侍郎謝恩摺

奏爲恭謝天恩事。嘉慶二十二年四月十九日准兼署閩浙總督、福建巡撫王紹蘭咨稱轉准吏部咨。三月二十八日奉上諭：「禮部左侍郎員缺，著王引之補授等因。欽此。」臣謹恭設香案，望闕叩頭訖。伏念臣江南下士，世受國恩，倖列詞垣，洊登臺省。方以涓埃之未効，正深悚惕以難安。迺荷恩綸，晉躋崇秩。維春官專任典禮之司，貳卿實佐秩宗之掌。自顧駑駘之下質，獲綴鵷鷺之左行〔一〕。逾分叨榮，捫心增懼。臣惟有竭誠盡慎，黽勉供職，以冀仰報高厚鴻慈於萬一。所有微臣感激、悚惶下忱，理合繕摺，恭謝天恩，伏乞皇上睿鑒。謹奏。

【說明】

文載《王文簡公文集》卷二。嘉慶二十二年三月二十八日，王引之擢禮部左侍郎，撰此謝恩摺上奏。

【校注】

〔一〕鵷鷺之左行，喻官員之首列。鵷鷺飛行有序，因喻百官朝見之行列。左，尊位。

寬免覺羅學議未詳處分謝恩摺 嘉慶二十二年

奏爲恭謝天恩事。臣蒙恩典,試浙江,差竣旋京。知本年八月初八日,内閣奉旨:「侍郎王引之,因覺羅學副管議叙未經詳叙,定例罰俸一年,著加恩寬免。欽此。」竊臣備員銓部,夙夜冰兢。前因舊例未經詳叙,實屬疏忽,經都察院議以罰俸,咎無可辭。迺仰荷聖慈,加恩特予寬免,臣感激之餘,彌深悚惕。嗣後惟有遇事加倍小心,勉之又勉,以冀仰酬高厚鴻慈於萬一。所有微臣感激下忱,謹繕摺叩謝天恩,伏乞皇上聖鑒。謹奏。

【説明】

文載《王伯申文集補編》卷上。嘉慶二十二年八月初八日,因覺羅學副管議叙未經詳叙,定例罰俸一年,加恩寬免,王引之奏此摺謝恩。

加高揚河廳屬車邏壩中壩石底改爲滚水壩并添建范隄閘座挑濬閘河議

自淮不入黄,盛漲之水全注甘、高、寶、興、泰、東諸邑[一],而水患孔亟,幾于無歲不議錢漕緩征，亦無歲不仰口糧賑帑，并安屬之。天長縣境瀕湖地畝，每遇高郵湖水漲發，天長境内山水阻遏，不得東注，亦復被潦成灾。所恃宣洩湖水之路，止于揚糧廳屬之通江各口，及揚河廳屬之車、南、中、新四壩。通江各口雖極通暢，而有時湖上西風驟作，距江道遠，緩不濟急，仍需亟啟車、南等壩，以洩水而保隄。查四壩下遊入蕩之路，紆曲淺窄。啟壩後，湍急之水不能遽達于蕩，先將附近運隄之民圩衝破，壩河南北，不破此則破彼，兼有彼此并破之時，而下游民田遂成破竹之勢。惟間遇啟壩較早之年，壩水所破民圩較少。可見湖水尺寸，不積至十分，則壩水下注之勢便緩，民圩便易保全也。與其放遲而水猛圩破，何如放早而水緩圩全？此時若將車邏壩及中壩改爲滚水壩，照依江、廣重運糧艘吃水尺寸，將底石加高蓄水，分年辦成，以利漕運。其高出壩底之水，聽其隨時東注，永不封土，則湖水逐漸下注，既小且緩，不但附近運隄之民圩可以保全，即下遊較低之田，亦無猝遇衝突之患。可以量水高下，築隄圈護，保全較多。民田保全既多，則此後賑帑較少，蠲緩較稀。且湖水既經預爲減洩，運隄工段自較平穩，搶修工料并可較省，似于國計民生均有裨益。至異漲之年，滚水二壩或尚不敷宣洩，仍可及早啟放南關壩、新壩及揚糧廳屬之昭關壩，使注蕩以注海。且湖水業經滚水壩，早爲減洩，自不致有意外之虞。又查車邏壩底水本高，非中壩及南、新二壩底深可比，如測量車邏壩外運河中泓深，于壩底之水足資浮送江、廣重運，則車邏壩無庸加高，先將此壩啓去封土，作爲滚水壩，並先造壩橋以通文報。如測量水深不敷浮送，仍應加高石底，亦宜先加車邏壩底，俟灰漿已老，可用滚水，再爲加高中壩石底，以期有叙而無礙。又查運河閘壩之水俱注各蕩，各蕩之水俱由范隄各閘歸海。近年注蕩之水高於往年，運隄又經添建閘座下注，而范隄注海閘座之數尚仍其舊，來處較多，去處較少，不足以資宣洩。兼以閘座内外河道久不挑濬，興化、鹽城之間水勢渟洄而不得下。似應查照范隄各閘：其本係單閘者，就改雙空閘；本係雙空閘者，改四空五空閘。擇其注海最暢之閘，先爲添建閘空濟用，其餘以次興辦，并將洩座内外河道淤淺處所挑濬深通，俾得暢出，亦治水先下游之道也。范隄閘座較多，閘河較長，工費較繁，似可借帑添造興挑。查照上年被水各邑，于甘泉、高郵、興化、寶應、泰州、東臺、鹽城、阜寧、天長等屬地畝内分限攤徵歸欵，庶幾帑項不致虚糜，而淮海灾黎，咸有更生之慶矣。

【説明】

文載《王伯申文集補編》卷上，未詳年月。據閔爾昌《王引之年譜》，王引之嘉慶二十二年丁丑奏其家鄉高郵州等地水災情形，此稿應作於是年。

【校注】

〔一〕甘、高、寶、興、泰、東，皆邑縣名，即甘泉、高郵、寶應、興化、泰州、東臺。

請設廠收買蝗蝻摺

奏爲請旨飭頒《欽定康濟録·捕蝗十宜》交地方官仿照施行〔一〕，以省騷擾事。臣伏查本年直隸天津、静海、滄州、寧河、寶坻等處及山東近河近海地方，蝻孽萌生。欽奉上諭，飭令直隸總督、順天府尹、山東巡撫，各飭所屬親行查勘，趕緊搜除，仰見我皇上勤恤民隱、痌瘝在抱之至意〔二〕。臣伏思捕蝗一事，惟在辦理得法。若專任胥吏，則蝗蝻未除，而農民先受騷擾之害。蓋胥吏人等，一經奉票捕蝗，則計畝派夫，藉端取費。及領人捕撲，則又故踐禾稼，逼令出錢。及至無蝗地畝，亦復肆行蹂躪。是爲民除害之事，轉爲貽害於民之事也。臣細思此事，與其使胥吏逼鄉里，不若使小民自行捕撲。若非籌辦錢米，廣爲收買，不足以收成效。恭讀乾隆四年武英殿所刊《欽定康濟録》第四卷有《捕蝗必覽》一册，所載《捕蝗十宜》，以設廠收買爲最要之策。其法：或錢或米，捕蝗一斗，給以若干；捕蝻一斗，給以若干。使百姓捕蟲而得賞，則趨之若鶩，不假胥吏之催促。非惟收效甚速，且免作踐騷擾之患矣。雖直隸、山東各該處情形不同，而捕蝗可以獲利，則民情無不樂於從事者。如果籌辦錢米仿照而行，庶蟲災可弭，而秋稼無虞。臣請飭武英殿將《欽定康濟録·捕蝗必覽》一册進呈御覽，並刷印，頒示直隸、山東地方大員仿照《捕蝗十宜》，設法捕撲。其當如何備辦錢米，立廠發給，或支用倉庫，或鄉里勸捐，或委員辦理，或令紳士贊襄之處，令其相度機宜，速行籌畫，則可以收捕撲浄盡之功，而免胥吏騷擾之苦矣。臣愚昧之見未知是否，伏乞皇上聖鑒訓示。謹奏。

【説明】

文載《王文簡公文集》卷二。道光元年六月，直隸、山東發生蝗灾，王引之上此摺，并請將《捕蝗必覽》頒示直隸、山東大員，令其速行查辦。

【校注】

〔一〕《欽定康濟録》，六卷，見《四庫全書·史部·政書類》。

〔二〕痌瘝在抱，意謂對民衆疾苦感同身受。「痌瘝」，《尚書·康誥》作「恫瘝」，同。

署刑部左侍郎謝恩摺 道光二年八月

奏爲恭謝天恩事。本月初六日，内閣奉上諭：「韓文綺現在入闈〔一〕，刑部左侍郎著王引之署理。欽此。」竊臣江淮下士，世受國恩，由一甲進士授職編修，洊升卿貳，屢邀渥澤，亟沐殊恩。拜命而載驟星軺，荷寵而許依講幄。進頭銜而官階倖轉，嚴手校而館職頻叨。屢逢雨露之優沾，方愧涓埃之未報。乃復仰荷温綸，署理今職。伏以秋官贊弼教之權，刑典體好生之德。夙陪銓部，本讀律之未嫻；暫攝雲司，庶推恩於惟恤。臣惟有益矢勤慎，時切講求，以冀仰答鴻慈於萬一。所有微臣感激下忱，理合繕摺，恭謝天恩，伏乞皇上聖鑒。謹奏。

【説明】

文載《王文簡公文集》卷二。道光二年八月初六日，内閣奉上諭，令王引之署理刑部左侍郎。引之受命後，撰此謝恩摺上奏。

【校注】

〔一〕八月初六日，刑部左侍郎韓文綺充順天鄉試副主考官。

因病乞假摺　元注：道光二年

奏爲仰懇天恩俯准展假事。竊臣前因感受風寒，蒙恩賞假五日，臣趕緊醫治。據醫者云，症係染患時邪〔一〕，須多服清熱之劑，方可就痊。臣連日服藥後，病雖漸減，而餘熱未清，飲食未進，時覺頭暈、咳嗽。伏乞皇上天恩，俯准展假十日，一俟體中稍愈，即行趨赴宫門，鎖假當差。謹繕摺遣臣子户部額外主事王壽昌代臣恭遞。伏乞皇上聖鑒。謹奏。

【説明】

文載《王伯申文集補編》。此摺由王引之之子壽昌户部額外主事。代進。

【校注】

〔一〕時邪，中醫名詞，指季節性致病因素，如風寒、暑熱等。

《實録》告成謝恩摺

奏爲恭謝天恩事。本月二十日，内閣奉上諭：「侍郎王引之長子候補主事王壽昌，著加恩遇缺即補。欽此。」竊臣質本樗庸，學慚柱史。蒙天恩之簡畀，襄事禁垣；欽帝典之高深，獲窺册府。紀聖德神功之盛，敬仰鴻猷；瞻金匱石室之藏，愧同蠡測。方涓埃之未效，正悚惕之彌深。恭逢全帙告成，迺荷温綸特沛。前此叨恩任子，已雨露之優霑；今兹越次補官，更生成之疊被。鏤心靡極，泥首滋虔。奕禩垂庥，衍萬億京垓。而聿欽繼述，全家戴德，合祖孫父子而共沐栽培。臣惟有勉勗臣子壽昌盡心職守，力矢慎勤，以冀仰報高厚洪慈於萬一耳。謹奏。

【説明】

文載《王文簡公文集》卷二。道光三年四月，《仁宗實録》漢文本告竣，宣宗賜紗一端。又，長子户部候補主事王壽昌奉「遇缺即補」諭。二十日，王引之撰此謝恩摺。

遵旨會議覆奏摺

道光四年。案：此摺與盧尚書蔭溥會奏。

奏爲遵旨會議具奏事。禮部尚書汪廷珍奏《題缺主事新例名實不符，請確查更正》一摺，道光四年二月初十日奉旨：「大學士、軍機大臣會同吏部覈議具奏。欽此。」臣等竊惟官人之道，必以量才稱職爲先。我朝定制，於内外職官，分設題缺、選缺。循名責實，題缺所以勵人才，選缺所以叙資格，二者判然不同，亦復並行不悖。意美法良，誠當萬世遵守。是以京官自郎中、員外、内閣侍讀以及寺、丞、署、正等官，外官自道府同知、通判、州縣以及佐雜等官，凡屬題缺，悉由該上司秉公遴選題補，從無再論資俸先後之事。其理顯然，本自無可疑議。溯查乾隆九年欽定各部郎中、員外、主事題缺，令該堂官於現任屬員内揀選保題。如揀選不得其人，仍歸銓選。自此以後，行之四十年，毫無流弊。現在吏部銓選滿官、漢官，則例内俱載明各部郎中、員外、主事題缺，遇有缺出，令該堂官揀選題補。煌煌成憲，至今未敢更易。乃於乾隆四十七年，御史李翮創有請定額外人員叙補之奏。其意專爲捐納議叙人員叙補易於得缺地步，而以散館改部人員得缺較優爲詞。彼時吏部遽行議准，摺内因有「按其應得題選各缺，一體統較先後挨次題補」之語。蓋捐納議叙人員例不准補題缺，自應各按應得題選之缺，以示區別。若統較先後挨次題補，則應專指選缺而言，題缺本無挨次之例，不得含混牽入也。至李翮摺内所引三十九年舒赫德等原奏，則是學習主事奏留後專補本部，不歸通選之緣起。既改通選而專補本部，自當按照甲第名次。吏部議覆孟生蕙條奏，係爲報滿後，又實計行走日期而言，俱未議及題缺一字也。迨四十八年，吏部清書《則例》告成，忽於除授門内增纂題補主事統較行走先後一條，因訛成誤，而不顧與揀選門内所載題缺本例大相矛盾。其實乾隆九年所定之例，乃斟酌盡善之舊章。四十八年所增之條，乃沿襲訛誤之文，非舊章也。今以後起訛誤之文謂可仍舊，而不改復從前歷久遵行之例，揆之事理，未爲允協。總之題缺不論資格，方與國家簡賢使能之意相符。舉凡内外大小各項題缺，胥歸畫一。若以題缺主事獨與選缺同較行走先後，是專爲分部人員便於得缺起見，而繁簡不分，賢愚無別，於整飭部務、鼓勵人才之道均無裨益。至謂恐開奔競之門，則各部院堂官於題補郎中、員外，皆不慮其奔競，獨於題補主事慮其奔競，此不待辨而自明。若云題補與題陞不同，則吏部現行銓選漢官《則例》載明，郎中、員外、主事題缺遇有缺出，令該堂官揀選保題。滿洲主事有筆帖式可陞，漢主事並無可以題陞之員。其所稱揀選保題，非指題補而何？臣等詳覈前後例案，應請如該尚書所奏，各部院題缺主事，仍照乾隆九年原定章程，令該堂官於現任屬員内揀選保題，以符舊制。如一時所屬内無出色可保之員，揀選不得其人，就中資俸較深而其才尚可勝題缺之任者，仍准其奏明，即以該員題補，亦不致大有偏枯。如此復還舊章，使題選例義分明，庶人思自奮，賢才不致淹滯，而部務亦日有起色矣。臣等管見所及，不敢隨同附和，謹另摺陳奏。是否有當，伏乞皇上聖鑒，訓示遵行。謹奏。

【説明】

文載《王文簡公文集》卷二。此摺上奏後，大學士、軍機大臣以「行之既久，一旦更改，事涉紛更」之由，而予以否決。

各部院題缺主事請仍舊揀選摺

奏爲各部院題缺主事，請仍照舊揀選，以符名實，以勵人才事。伏查京外各官補缺，皆有題、選之分。題缺以勵人才，選缺以叙資格，二者立法判然不同。各部院郎中、員外、主事均有題缺，即均應揀選人才，以符定制。自乾隆九年於六部事繁司分酌定郎中、員外、主事題缺，均係揀選補授，歷久遵行。至五十九年，吏部修例，私將漢官題缺主事舊例更改，定爲題選各缺一體統較行走先後補用。既未奏明請旨，亦未將更改之故於進呈册内詳悉聲明，轉將「統較行走先後」之語捏稱原例本文，以掩其私改之迹。至今三十年，莫能更正。嘉慶十二年修例，又誤照乾隆五十九年私改之例，將滿員題缺主事亦論奏留先後補用。伏思題缺主事，與題缺郎中、員外，均爲獎勵人才而設，何以郎中、員外照舊揀選，而主事則改爲論資補用辦理？殊屬兩歧。况題缺若較資格，則與選缺漫無區别。不但於題缺之名不符，且使才具平庸之員與辦事明練者優劣不分。既非所以勵人才，事務殷繁之缺不擇人而補授，亦非所以重要缺，種種紕繆之處不可殫述。又查現行滿官《則例》「各衙門留缺」條云：「郎中、員外、主事題缺，各按缺底，令各該堂官揀選題補。」其爲揀選人才不計資格明甚。而「奏留人員補缺」條内又添註云：「額外主事例得題選，通補之員遇應題缺出，該堂官仍按期滿奏留日期先後補用。」則是挨補而非揀選矣。現行漢官《則例》「揀選門」云：「吏部及各部主事題缺，應令該堂官揀選任題。」其爲揀選人才不計資格明甚。而「除授門」又云：「各衙門題補主事，按其應得題選各缺，一體統較行走先後題補。」則是挨補而非揀選矣。前後自相矛盾，辦理何所適從？應請將滿漢題缺主事「按奏留行走先後補用」之文删除，仍照舊例揀選。遇有應題主事缺出，該堂官將業經奏留准補題缺之員揀選，正陪引見補授。庶於設立題缺之意名實相符，而與郎中、員外辦理亦歸畫一矣。謹將揀選題缺主事舊例，及乾隆五十九年臣部捏稱原例私改舊章之處，恭繕清單，進呈御覽。伏乞皇上聖鑒訓示。謹奏。

【説明】

文載《王文簡公文集》卷二。此摺撰於道光四年二月。

官員爲生祖母治喪請復舊例摺　道光四年

奏爲官員爲生祖母治喪請復舊例恭摺奏聞事。舊例載「官員生祖母係屬庶室，病故時，其父先故，別無父同母之伯叔，本員於生庶祖母爲長孫者，無論嫡祖母是否現在，概令治喪一年」等語。道光元年十月，臣部摺奏内開：「祖母雖有嫡庶之分，而自孫視之，其爲祖母則一。請援照乾隆六十年滿洲舉人佛尼勒丁祖母憂成案，凡官員遇生祖母病故，其父先故，別無父同母之伯父及伯父之子，該員於生祖母爲長孫者，如嫡祖母現存，仍照舊例，令離任治喪一年；如嫡祖母已故，飭令承重離任丁憂三年等因，奉旨依議。欽此。欽遵在案。」臣等伏查，孫之於祖父母，服止齊衰期年〔一〕。如嫡長孫父故在先，遇祖父母之喪，則持服三年，蓋以承父之重，與祖爲體。宗祧大法〔二〕，於是乎在其於祖母從同者一本相承敵體之義也〔三〕。至庶祖母，非祖嫡體，固不得以承重論矣。前經臣部奏，請將父故之庶長孫，如嫡祖母已故，爲生祖母承重丁憂三年，係援照乾隆六十年成案，爲推廣孝思之意。惟是情有所伸，禮有所屈，即如次子、三子，其受父母之恩與長子同，若其身先死，而父母後殁，爲其子者不能代服三年之喪，且爲人後者爲所後父母服喪三年，爲本生父母止降服一年。庶長孫之分原止儕於諸孫，生祖母之恩不能加於父母。蓋緣情，則罔極之恩，即終身持服，不足言報。制禮，則承重之義斷不能加於支庶。再查：孫於祖母服止齊衰期年，現任官員並不開缺。舊例，官員生祖母病故，其父先故，別無父同母之伯叔，本員於生庶祖母爲長孫者，無論嫡祖母是否現在，概令治喪一年。許其離任，已足以明報本而廣孝思。準情酌禮，極爲允當，應請仍照舊例辦理。謹繕摺具奏，是否有當，伏乞皇上聖鑒，訓示遵行。謹奏。

【説明】

文載《王文簡公文集》卷二。此摺撰於道光四年五月。

【校注】

〔一〕齊衰，喪服名，五服之一，見《清會典·禮部》。

〔二〕宗祧，猶宗廟。祖廟爲宗，遠祖之廟爲祧。

〔三〕敵體：世系中相對應之地位、身份。《白虎通義》卷下《王者不臣》：「諸父諸兄者，親與己父兄有敵體之義也。」

署户部左侍郎謝恩摺

奏爲恭謝天恩事。本月二十八日〔一〕，内閣奉上諭：「户部左侍郎著李宗昉調補，仍留江西學政之任。其未來京以前，著王引之兼署。欽此。」竊臣賦材寙鈍，涉事麤疎，幸由甲科洊列卿貳。久沐先皇之誨育，化佐三銓；復蒙聖主之寵榮，衡襄四載。叢夙宵以增疢，旅進退以懷慚。兹聞綸綍之宣[一]，俾攝度支之任。伏念農部重稱邦本左貳，協考歲成，苟非幹濟之才，難勝劇繁之職。況臣寸長莫録，能愧一官，何堪異數頻叨，乏承兩部。既匪車輕而路孰[三]，尤虞綆短而汲深。感浹肌膚，惕滋肺腑。臣惟有藉勤補拙，矢慎由衷，期稍副夫恩施，不敢諉爲暫理。心如弱艸，拜雨露之生春；報少微埃，望雲霄而勵志。謹奏。

【説明】

文載《王文簡公文集》卷二。道光四年十一月二十八日，王引之署户部左侍郎，奏此謝恩摺。

【校注】

〔一〕本月，爲十一月。

〔二〕綸綍，指皇帝詔令，見《禮記·緇衣》。「温綸」同此。

〔三〕孰，同熟。

請禁漕米陋規摺

奏爲請旨嚴禁漕米陋規以昭畫一事。竊臣聞江浙地方□吏張貼告示，收漕不得過八折。臣初聞之□大喜。緣臣籍隸江蘇，素知地方官浮收漕米，濫取於民，從無限制，是以有增無減，苦累閭閻。今幸限之以八折，則官既有所贏餘，民亦免於朘削〔一〕，從此桑梓貧民積困可蘇矣。既而反復思之：漕米本有正額，原不准於正額之外絲毫濫取；即有浮收於額外者，終以事干例禁，有所顧忌，而不敢恣肆。若明示之以收漕可作八折，則一石二斗五升而當一石，正額之外，准其有浮額，然則浮收於正額之外者，法所不禁矣。臣恐不肖官吏以爲現在功令不禁浮收，遂至肆無忌憚。前此既可加添於正額之外，又何不可加添於浮額之外？若云浮額之外加添即干參辦，冀以此約束官吏之心，則前此浮收於正額之外者，何嘗不干參辦？而處分雖嚴，浮收自若，獨至浮額之數則有所畏而不敢踰越，此臣之所不敢必也。況缺分之繁簡不同，漕糧之多寡亦異。其中之糧少而缺苦者，必將藉口於八折收漕不敷辦公，該督撫不能不於八折之外聽其通融以示調劑。因之糧多而缺優之州縣，相率效尤，亦加添於八折之外。該督撫既已姑容於此，勢難窮究於彼，而因利乘便者，遂仍然濫取而不顧矣。若謂告示新頒，該州縣何敢抗不遵用？發令之始，豈無勉强如限者，然暫時從命，久將故態復萌，是如限八折者止在目前，而踰限濫收者轉無窮期，亦安用此暫而不可久之號令？而況乎暫時如限之尚不可必也。且其中之流弊有三：州縣濫收，已非一日。而值明發號令八折收漕之日，則官吏之狡黠者，或大其樣盤〔二〕，多其潑灑，以足缺少之數，名爲八折，而實不止八折；又或開倉三五日聊應故事〔三〕，所收不過十之一二，其餘皆定價交錢，勒令加倍以補今年之不足，皆難保其必無。其弊一也。收漕之八折未必謹遵號令，而轉以漕項短少不敷辦公爲辭，或藉此以增錢糧之火耗及鹽當等各項規禮之數，皆未可知。其弊二也。八折收漕，州縣未必□能如限，而告示既頒，即不應少有踰越。刁生劣監則伺其浮收於八折之外，以爲控告之資，州縣官吏受其挾制，則必於伊等所得漕規加增其數，以安□□悍者之心。費用既大，則又將取足於收漕。於□所收之漕逐日加增，而貧民彌受其累矣。其弊三也。臣□聞蔣攸銛巡撫江蘇時〔四〕，曾奏准以八折收漕，旋奉仁宗睿皇帝諭旨停止，則其中必有窒礙難行之處。伏乞皇上再令督撫大員重加酌議。若該督撫果能保其八折之外，將來斷不加增，則明立限制，尚屬可行。若名在八折之中，而實出八折之外，是所定之數不足以立濫取之防，而適足以啓浮收之路，所謂非徒無益而又害之也。臣伏思有漕州縣浮收於正額之外即是陋規。上年皇上因州縣陋規，不便准其徵取，疊降諭旨，誠爲至當不易。今該督撫又於漕米陋規明立限制，則是於陋規之小者禁之，而於陋規之大者轉在所不禁，似與上年諭旨稍有逕庭。且各項陋規不便明立章程者，原慮州縣官視爲應得之項而無所忌顧也。而於漕項陋規，則又不慮其無所顧忌而爲之，明立章程辦理，□□兩歧。竊以爲宜一體嚴禁，以昭畫一。愚昧之見，是否有當，伏乞皇上聖鑒訓示。謹奏。

【説明】

文載《王文簡公文集》卷二。此摺似應奏於道光五年王引之署理户部左侍郎任上。

【校注】

〔一〕朘削，猶剥削。

〔二〕樣盤，殆指收糧之量具，如斗斛。

〔三〕故事，即成例，先前之規定。

〔四〕蔣攸銛，字穎芳，號礪堂，謚文勤，漢軍鑲紅旗人。乾隆間進士，官至文淵閣大學士、兩江總督。

授工部尚書謝恩摺

奏爲恭謝天恩事。本月日〔一〕，内閣奉上諭：「工部尚書著王引之補授。欽此。」竊臣世受鴻恩，學慚蟻術。素抱庸愚之質，仰邀特達之知。始奉職於詞垣，遂洊躋於卿貳。文衡忝預，則自秋以及春；銓政叨陪，又由右而轉左。沐殊恩之疊沛，顧報稱而多疎。樗櫟懷慚，冰淵屢惕。乃復渥荷温綸，擢升今職。伏惟事典分阜民之任，冬官相掌土之宜。位參六職，敢云襄贊之無違；務綜四司，深慮勾稽之鮮當。臣惟有力矢勤慎，勉策駑駘，咨於故實，率屬而勵靖共〔二〕。欽乃攸司竭誠而將密勿〔三〕，以庶幾仰答高厚鴻慈於萬一耳。謹奏。

【説明】

文載《王文簡公文集》卷二。道光七年五月初七日，王引之由吏部左侍郎徑擢工部尚書，奏此謝恩摺。

【校注】

〔一〕本月日，爲五月初七日。

〔二〕靖共，《詩·小明》：「靖共爾位，正直是與。」

〔三〕密勿，聯緜詞，勤謹貌。

重刊《字典》請旨摺

奏爲請旨遵行事。臣館奉旨刊刻《康熙字典》，所有書內列聖廟諱、皇上御名，俱應敬謹改避。經總理穆彰阿等面奉諭旨：「著交提調處，先將原本校看，再行刊刻等因。欽此。」臣等謹按：敬避字樣應遵節次，欽奉諭旨並欽定科場條例，敬謹缺筆。惟世宗憲皇帝聖諱向係用字恭代，於本字應缺何筆，未有明文。伏查雍正年間所刻《欽定〈詩經〉〈書經〉傳説彙纂》等書，遇廟諱上一字恭缺末筆，今擬敬謹遵照。下一字經書未見，惟查《〈書經〉〈詩經〉傳説彙纂》，真、慎、瑱、寘等字皆缺末點，今擬仿照，遇廟諱下一字敬缺末點。至真、慎等字，科場條例並未言應缺筆。查乾隆年間所刻御纂《春秋直解》，於慎字、真字未經缺點，擬遵照，無庸缺筆。此外《字典》内一切行款，悉仍其舊。是否有當，恭候欽定。理合恭摺具奏，伏乞皇上訓示遵行。謹奏。

【説明】

此摺原載《康熙字典考證》卷首，又載《王文簡公文集》卷二。作於道光七年七月。

賜朝馬謝恩摺

奏爲恭謝天恩事。本月日〔一〕，内閣奉上諭：「王引之著在紫禁城内騎馬。欽此。」竊臣質本凡庸，才尤譾陋。荷聖明之簡擢，趨禁籞以回翔。駑鈍懷慚，每騰驤而思奮；馳驅自矢，僅趨走以隨行。凜舉策於平時，恩叨雨露；勵飭材於此日，報乏涓埃。乃蒙寵命之優加，復荷殊恩於代步。趨朝黽勉〔二〕，許蹀躞乎華驄〔三〕；執轡從容，度森嚴之紫禁。前宵待漏，喜聽鳴鑾；今日淩晨，榮邀附驥。誦且閑之句，願偕鳳翽以雝喈〔四〕；謹無斁之思〔五〕，冀答鴻慈之高厚。謹奏。

【説明】

文載《王文簡公文集》卷二。道光七年十一月，道光帝賜王引之紫禁城騎馬，故王引之奏此謝恩摺。

【校注】

〔一〕本月日，爲十一月，日未詳。

〔二〕黽勉，盡力貌，見《詩·邶風·谷風》。

〔三〕蹀躞，小步行走貌。

〔四〕且閑之句，疑指《詩·卷阿》「君子之馬，既閑且馳」句。《序》云：「召康公戒成王也，言求賢用吉士也。」　鳳翽，鳳皇飛起之聲，見《詩·卷阿》。　雝喈，鳥和鳴聲。

〔五〕無斁，《詩·葛覃》：「服之無斁。」毛傳：「斁，厭也。」鄭箋：「無厭倦。」

恭辦萬年吉地議叙謝恩摺

奏爲恭謝天恩事。本月初四日〔一〕，内閣奉上諭：「候選直隸州知州王彦和，著以直隸州知州遇缺即選。欽此。」竊臣世受國恩，至優極渥。臣子王彦和投効萬年吉地〔二〕，本應竭力辦公，不辭勞瘁。駑駘策勵，祇職分所當爲；晨夕勾稽，尚涓埃之未報。乃蒙逾格天恩，俯加甄叙。念微勞而必録，立沛榮施；體候缺之無時，從優即選。沐温綸之寵錫，實夢寐所難期。臣惟有勉勗臣子王彦和，矢勤矢慎，潔己奉公。思民社之初膺，無忘兢惕；勵猷爲而罔懈，勉副栽培。以庶幾仰荅高厚洪慈於萬一耳。謹奏。

【説明】

文載《王文簡公文集》卷二。道光七年十一月，王引之因次子彦和恭辦萬年吉地工程，以直隸州知州即選，奏此謝恩摺。彦和即《元配吴恭人行略》中之壽愷。

【校注】

〔一〕本月，指十一月。

〔二〕萬年吉地，指清代皇家墓地。

署户部尚書謝恩摺

奏爲恭謝天恩事。道光八年八月十六日，内閣奉上諭：「王鼎現在入闈，户部尚書著王引之署理。欽此。」竊臣質本輇材，恩叨重寄。自躋卿貳，洊歷冬官。庀事飭材，方懼職司之難稱；捫心揣分，尤虞高厚之未酬。乃荷温綸，俾兼農部，渥蒙寵眷，倍切悚惶。伏念户部爲錢糧總匯，財賦要區。合萬國之版圖，民生所繫；聚三司之出納，國用攸關。臣惟有矢慎矢勤，勿疎勿怠，掌度支而必謹，期府事之孔修，斷不敢以暫時署理，稍事因循，用答鴻慈於萬一。謹奏。

【説明】

文載《王文簡公文集》卷二。道光八年八月初六日，户部尚書王鼎出任順天鄉試副主考官，王引之奉旨暫署户部尚書，奏此摺謝恩。

進呈重刊《字典》摺

奏爲重刊《字典》完竣，輯録《考證》，一併進呈，仰祈聖鑒事。道光七年十二月，經前任總理臣穆彰阿等面奉諭旨：「《康熙字典》著交提調處，先將原本校看，再行刊刻。欽此。」臣等謹將書内列聖廟諱、皇上御名，敬謹缺筆在案。嗣於七年八月，前任總裁臣玉麟等復面奉諭旨：「原刻《字典》内，間有譌字，今重加刊刻，自應詳查，考據更正。欽此。」臣等當即督同提調及在館人員敬謹辦理，今全部校刊完竣。謹分四十册，彙爲六函，恭呈御覽。其應帶往盛京恭貯本二部，照例辦理。至應否陳設及頒賞若干部之處，仍另開單。恭候欽定，遵奉施行。欽惟聖祖仁皇帝欽定是書，體例精密，考證賅洽，誠字學之淵藪，藝苑之津梁也。其引據諸書，蒐羅繁富，自經史諸子以及歷代詩人文士之所述，莫不旁搜博證，各有依據。凡閲五載，全書告成。惟是卷帙浩繁，成書較速，纂輯諸臣迫於期限，於引用書籍〔字〕句間有未及詳校者。臣等欽遵諭旨，細檢原書。凡字句譌誤之處，皆照原文逐一校訂，共更正二千五百八十八條，謹照原書十二集，輯爲《考證》十二册，分條註明，各附案語。總彙二函，恭繕進呈，伏候欽定。竊惟此次重刊《字典》，詳校原本，修改艸樣，覆勘清樣，恭閱正本，逐條覈對，簽檔紛繁，辦理倍加慎重。謹查例載「常開各館，有特交書籍纂辦者，書成時，如有格外出力之員，聽該館臣酌量保奏」各等語。此次書成，與他館移交刊刻者不同。今全書校刊已經四載，其間奔走承值，收發、校對、繕録各微員，應擇其勤奮者，量予甄叙。存記彙算，今擬併計考覈。又道光八年七月，恭校《聖訓》陳設本一百一十卷完竣，彼時奏明將功課存記彙算，今擬併計考覈。除臣等總裁併提調官詹事府左春坊左中允王炳瀛、翰林院侍讀學士祝慶蕃及總纂、纂修、協修均不敢仰邀議叙外，所有校録、收掌、供事及監造董率匠役之筆帖式柏唐阿，可否照歷届議叙之例，由臣等覈計功課，分別等第，移咨吏部、内務府，給予優叙，以示鼓勵之處，出自皇上逾格恩施。如蒙俞允，臣等詳覈功課，移咨辦理。是否有當，恭候訓示。理合恭摺具奏，伏乞聖鑒。謹奏。再查臣館供事，多係自備資斧當差。此次重刊《字典》，其在館鈔記簽檔承值奔走者，臣等未敢悉予保奏。惟擇其專司承發格外出力者，謹遵歷届議叙之例，酌量保奏。查得議叙間用之先選用之。從九品席丙、周鵬展二員，前因校刊《聖訓》告成，奏准先選在案。今又承辦《字典》，始終奮勉，實係尤爲出力。該二員班次無可再加，合無仰懇天恩俯准，將該供事二員以應選之巡檢，遇有缺出，不論雙單月，即予選用，以示鼓勵出自皇上恩施。謹奏。

【説明】

此摺載《康熙字典考證》卷首，又見於《王伯申文集補編》卷上，復題爲《奏進〈字典考證〉摺》，與奕繪、阿爾邦阿、那清安會奏，實出王引之之手。此摺奏於道光十一年三月二十九日。

題請劉世謩劉台拱兩世入祀鄉賢祠摺

禮部尚書臣宗室耆英、臣王引之等謹題，爲題請入祀鄉賢事。禮科抄出前任江蘇巡撫陶澍會同原任兩江總督蔣攸銛、前任江蘇學政申啟賢疏稱：「已故靖江縣訓導劉世謩，植學淵深，持躬廉介；又已故丹徒縣訓導劉台拱，家學淵源，儒宗矩矱，均請入祀鄉賢祠。造具事實册結，具題請旨。」奉旨：「該部議奏。欽此。」欽遵抄出到部。該臣等議得定例：凡入祀鄉賢者，令該督撫、學政秉公確查，每年八月前具題，將事實册結送部查核。又載「各省舉報鄉賢，務覈明其人生前居官政績確有裨於國計民生，臚舉事實，由部秉公覆覈，再行具題請旨遵行」各等語。今查各該省送到事實册内開：「已故靖江縣訓導劉世謩，江蘇廩貢生，幼失父母，與兄姊煢煢相依。及長，友孝尤篤。官靖江，課士甚嚴，有善奬之，有過飭之，争訟平之，困乏給之。乾隆五十年，荆溪大饑，奉勘户口，吏不敢欺，民得實惠。又已故丹徒縣訓導劉台拱，江蘇舉人，六歲失母，哀毁如成人，事繼母極孝。任丹徒，課諸生以廉恥、氣節相敦勉，一時多所成就。其學以慎獨爲入道之門，以主敬爲躬行之本。有《論語騈枝》、《漢學拾遺》等編行世。」所有劉世謩、劉台拱等入祀鄉賢祠之處，均屬名實相副。臣等謹擬准其入祀鄉賢祠，恭候命下，臣部行文各該督撫、學政，遵奉施行。再，此本向歸彙題，合併聲明，臣等未敢擅便，謹奏。道光十一年十二月十六日由内閣恭進。

【説明】

文原載《劉端臨先生遺書·附録》，又載《王伯申文集補編》卷上。

不能教子自請議處摺

道光十四年秋冬

候補尚書臣王引之跪奏：爲自請議處，仰祈聖鑒事。伏讀本月〇〇日内閣抄有廣西民人〇〇〇控告臣子、廣西鬱林直隸州知州王彦和，因修理城勒派捐輸，奉旨交〇〇〇查辦。伏思臣子王彦和辦理不善，以致不洽輿情，皆臣平日不能教導所致，咎無可辭。伏乞皇上將臣交部議處，不勝惶悚。待命之至臣謹奏。

〔劉盼遂按：〕「右文原稿藏於北平莊氏。」

【説明】

文載《王伯申文集補編》卷上。道光十四年秋冬間，王引之次子彦和在知州任上瀆職被查辦，王引之上此摺，奏其疏於教子，自請議處。

序跋

春秋名字解詁叙

叙曰：名字者，自昔相承之詁言也。《白虎通》曰：「聞名即知其字，聞字即知其名。」〔一〕蓋名之與字，義相比附。故叔重《説文》屢引古人名字發明古訓，莫著於此。觸類而引申之，學者之事也。夫詁訓之要，在聲音，不在文字。聲之相同、相近者，義每不甚相遠。故名字相沿，不必皆其本字，其所假借，今韻復多異音。畫字體以爲説，執今音以測義，斯於古訓多所未達，不明其要故也。今之所説，多取古音相近之字以爲解。雖今亡其訓，猶將罕譬而喻、依聲託義焉。爰考義類，定以五體〔二〕：一曰同訓。予字子我，常字子恒之屬是也。二曰對文。没字子明，偃字子犯之屬是也。三曰連類。括字子容，側字子反之屬是也。四曰指實。丹字子革，啓字子閭之屬是也。五曰辨物。鍼字子車，鱣字子魚之屬是也。因斯五體，測以六例〔三〕：一曰通作。「徒」字爲「都」，「籍」字爲「鵲」之屬是也。二曰辨譌。「高」字爲「克」，「狄」字爲「秋」之屬是也。三曰合聲。徐言爲「成然」，疾言爲「旃」之屬是也。四曰轉語。結字子綦，達字子姚之屬是也。五曰發聲。不狃爲狃，不畏爲畏之屬是也。六曰並稱。乙喜字乙，張侯字張之屬是也。訓詁列在上編，名物分爲下卷。衆著者不爲贅設之詞，難曉者悉從闕疑之例。上稽典文，旁及謠俗，亦欲以究聲音之統貫，察訓詁之會通云爾。至於解釋不明，援引鮮當，大雅宏達，其有以教之矣。

【説明】

《叙》在《春秋名字解詁》卷末，羅振玉輯入《王文簡公文集》卷三。據王念孫乾隆五十五年庚戌《與劉端臨書》，此《叙》作於乾隆五十五年，時王引之二十五歲。

《春秋名字解詁》之版本源流，葉德輝《郋園讀書志》有簡要説明，轉録於後：

《周秦人名字解詁》二卷王氏家刻本。

此《春秋名字解詁》原本也。蓋初題是名，後入《經義述聞》，屬之「春秋」。其中文義詳略各有不同，名字亦有出入增删之處。案：先生《經義述聞》，一刻于嘉慶二年丁巳，其書凡四册，不分卷，祇五經義，孫伯淵觀察于嘉慶十五年庚午刻《祠堂書目》所收之本是也；一刻于嘉慶二十一年丙子，書分十五卷，前有阮文達《序》，凡《易》、《書》、《詩》、《周官》、《儀禮》、《大戴記》、《禮記》、《左傳》、《國語》、《公羊》、《穀梁》、《通説》十二類，即江西南昌阮刻《十三經》時盧旬宣并以付刻之本是也；一刻于道光七年丁亥，增入《春秋名字解詁》、《爾雅》及《爾雅太歲考》，凡三十二卷，道光九年嚴杰編《皇清經解》，删併爲二十八卷所據之本是也。是書之成，當在嘉慶丙子以後，道光丁亥以前。就其書之繁簡異同，可以見先生學問深淺長進，非獨爲藏書家未有之本爲足珍也。光緒亥丑十月癸巳朔，長沙葉德輝記。

【校注】

〔一〕《白虎通》，《新唐書·藝文志》作《白虎通義》，《崇文總目》作《白虎通德論》。二卷，漢班固撰。語出卷下《姓名》篇。

〔二〕五體，指古人名與字之義類。

〔三〕六例，指古人名與字字面之聯繫。由六例而推五體，名與字之音義聯繫一目瞭然，詳舒懷《高郵王氏父子學術初探》第一章。

經義述聞序〔一〕

引之受性檮昧，少從師讀經，裁能絶句，而不得其解。既乃溺於舉子業〔二〕，旦夕不輟，雖有經訓，未及搜討也。年廿一，應順天鄉試，不中式而歸，亟求《爾雅》、《説文》、《音學五書》讀之，乃知有所謂聲音、文字、詁訓者。越四年，而復入都，以己所見，質疑於大人前。大人則喜曰：「乃今可以傳吾學矣。」遂語以古韻廿一部之分合，《説文》諧聲之義例，

《爾雅》、《方言》及漢代經師詁訓之本原。大人曰：「詁訓之指，存乎聲音。字之聲同、聲近者，經傳往往假借。學者以聲求義，破其假借之字，而讀以本字，則涣然冰釋。如其假借之字而强爲之解，則詰籟爲病矣。故毛公《詩傳》多易假借之字，而訓以本字，已開改讀之先。至康成箋《詩》注《禮》，婁云某讀爲某，而假借之例大明。後人或病康成破字者，不知古字之多假借也。」大人又曰：「説經者，期於得經意而已。前人傳注不皆合於經，則擇其合經者從之；其皆不合，則以己意逆經意，而參之他經，證以成訓，雖别爲之説，亦無不可。必欲專守一家，無少出入，則何邵公之墨守見伐於康成者矣。」故大人之治經也，諸説並列則求其是，字有假借則改其讀。蓋孰於漢學之門户，而不囿於漢學之藩籬者也。引之過庭之日，謹録所聞於大人者以爲圭臬，日積月累，遂成卷帙。既又由大人之説觸類推之，而見古人之詁訓有後人所未能發明者，亦有必當補正者；其字之假借，有必當改讀者。不揆愚陋，輒取一隅之見附於卷中，命曰《經義述聞》，以志義方之訓。凡所説《易》、《書》、《詩》、《周官》、《儀禮》、大小戴《記》、《春秋》内外傳、《公羊》、《穀梁傳》、《爾雅》，皆依類編次。其所未竟〔三〕，歸之續編。亦欲當世大才通人，糾而正之，以袪煩惑云爾〔四〕。

經義述聞自序〔五〕

引之學識黯淺，無能研綜。旦夕趨庭，聞大人講授經義，退則録之，終然成帙，命曰《經義述聞》。述聞者，述所聞於父也。其或往復緒言，觸類而長，檮昧之見，聞疑載疑，輒附篇中，以俟明哲。比物醜類，胥出義方之教，故不復自爲書云。嘉慶二年三月望日，高郵王引之序。

【說明】

前《序》在《經義述聞》卷首，羅振玉輯入《王文簡公文集》卷三。後《自序》載《王伯申文集補編》卷上。

【校注】

〔一〕《經義述聞》家刻本有初刻、重刻之分。此《序》爲重刻本《序》，劉盼遂所輯爲初刻本《自序》。《經義述聞》版本源流，閔爾昌《王引之年譜》「嘉慶二年丁巳」條下云：「是年初刻，凡四册，祇五經義，共四百七十葉，不分卷。丙子，阮文達授南昌盧氏付刻者分十五卷，凡《易》、《書》、《詩》、《周官》、《儀禮》、《大戴記》、《禮記》、《左傳》、《國語》、《公羊》、《穀梁》、《通説》十二類。道光丁亥七年。重刻於京師者，合《春秋名字解詁》、《爾雅》、《太歲考》，凡三十二卷。己丑，嚴厚民編《學海堂經解》，又删并爲二十八卷。」舒懷《高郵王氏父子學術初探》叙述尤詳。

〔二〕《王文簡公文集》本「溺於」二字，《經義述聞》家刻重刻本作「習」。

〔三〕《王文簡公文集》本「其所」前，《經義述聞》家刻重刻本有「附以《通説》」四字。

〔四〕《王文簡公文集》本「云爾」後，《經義述聞》家刻重刻本有「嘉慶二年三月二日，高郵王引之叙」十四字，另有小字注云：「合《春秋名字解詁》、《太歲攷》，凡三十二卷。道光七年十二月，重刊於京師西江米巷壽藤書屋。」

〔五〕此《自序》後，劉盼遂云：「此文從王氏初刻《經義述聞》未編次弟本録出。」

經傳釋詞序〔一〕

語詞之釋，肇於《爾雅》。「粤」、「于」爲「曰」，「兹」、「斯」爲「此」，「每有」爲「雖」〔二〕，「誰昔」爲「昔」，若斯之類，皆約舉一隅，以待三隅之反。蓋古今異語，别國方言，類多助語之文。凡其散見於經傳者，皆可比例而知，觸類長之，斯善式古訓者也。自漢以來，説經者宗尚雅訓，凡實義所在，即明著之矣；而語詞之例，則略而不究，或即以實義釋之，遂使其文扞格而意亦不明。如「由」，用也；「猷」，道也；而又爲詞之「於」。若皆以「用」與「道」釋之，則《尚書》之「别求聞由古先哲王」、「〔猷〕大誥（猷）爾多邦」皆文義不安矣〔三〕。此舉一以例其餘，後皆放此。「攸」，所也；「迪」，蹈也；而又爲詞之「用」。若皆以「所」與「蹈」釋之，則《尚書》之「各迪有功」、「豐水攸同」〔四〕、《毛詩》之「風雨攸除，鳥鼠攸去」皆文義不安矣〔五〕。「不」，弗也；「否」，不也；「丕」，大也；而又爲發聲與承上之詞。若皆以「弗」與「大」釋之，則《尚書》之「三危既宅，三苗丕叙」、「我生不有命在天」、「否則侮厥父母」〔六〕、《毛詩》之「否難知也」、「有周不顯，帝命不時」〔七〕、《禮記》之「不在此位也」皆文義不安矣〔八〕。「作」，爲也，而又爲詞之「始」與「及」。若皆以「爲」釋之，則《尚書》之「萬邦作乂」、「作其即位」皆文義不安矣〔九〕。「爲」，作也，而又爲詞之「如」，與「有」，與「與」，與「於」。若皆以「作」釋之，則《左傳》之「何臣之爲」、《晉語》之「稱爲前世」、《穀梁傳》之「近爲禰宫」、《管子》之「爲臣死乎」、《孟子》之「得之爲有財」皆文義不安矣〔一〇〕。又如「如」，若也，而又爲詞之「而」，與「乃」，與「當」，與「與」。「若」，如也，而又爲詞之「其」，與「而」，與「此」，與「惟」。「曰」，言也，而又爲詞之「欥」。「謂」，言也，而又爲詞之「爲」，與「與」，與「如」，與「柰」。「云」，言也，而又爲詞之「有」，與「或」，與「然」。「寧」，安也，而又爲詞之「乃」。「能」，善也，而又爲詞之「而」與「乃」。「無」，不有也，而又爲詞之發聲與轉語。「有」，不無也，而又爲詞之「爲」。「即」，就也，而又爲詞之「則」，與「若」，與「或」。「則」，法也；「及」，至也；而又爲詞之「若」。「茲」，此也，而又爲歎詞。「嗟」，歎詞也，而又爲語助。「彼」，他也，而又爲詞之「匪」。「匪」，非也，而又爲詞之「彼」。「咫」，八寸也，而又爲詞之「只」。「允」，信也，而又爲詞之「用」。「終」，盡也，而又爲詞之「既」。「多」，衆也，而又爲詞之「祇」。「適」、「徂」、「逝」皆往也，而「適」又爲詞之「啻」，「徂」又爲詞之「及」，「逝」又爲詞之發聲。「思」，念也；「居」，處也；「夷」，平也；「一」，數之始也；而又皆爲語助。「曷」，詞之「何」也，而又爲「何不」。「盍」，何不也，而又爲「何」。「於」，詞之「于」也，而又爲「爲」，爲「與」。「爰」，詞之「曰」也，而又爲「與」。「安」，詞之「焉」也，而又爲「乃」，爲「則」，爲「於是」。「焉」，詞之「安」也，而又爲「於」，爲「是」，爲「於是」，爲「乃」，爲「則」。「惟」，詞之「獨」也，而又爲「與」，爲「及」，爲「雖」。「雖」，不定之詞也，而又爲「惟」。「矧」，詞之「況」也，而又爲「亦」。「亦」，承上之詞也，而又爲語助。「且」，詞之更端也，而又爲「此」。「之」，詞之「是」也，而又爲「於」，爲「其」，爲「與」。凡此者，其爲古之語詞，較然甚著。揆之本文而協，驗之他卷而通。雖舊説所無，可以心知其意者也。引之自庚戌歲入都，侍大人質問經義，始取《尚書》廿八篇紬繹之，而見其詞之發句、助句者，昔人以實義釋之，往往詰𥶡爲病。竊嘗私爲之説，而未敢定也。及聞大人論《毛詩》「終風且暴」、《禮記》「此若義也」諸條〔一〕，發明意恉，涣若冰釋，益復得所遵循，奉爲稽式。乃遂引而伸之，以盡其義類。自九經、三傳及周、秦、西漢之書，凡助語之文，徧爲搜討，分字編次，以爲《經傳釋詞》十卷，凡百六十字。前人所未及者補之，誤解者正之，其易曉者

則略而不論。非敢舍舊說而尚新奇，亦欲窺測古人之意，以備學者之采擇云爾。嘉慶三年二月一日，高郵王引之叙。〔一二〕

【説明】

《序》載《經傳釋詞》卷首，羅振玉輯入《王文簡公文集》卷三。

【校注】

〔一〕《經傳釋詞》與《經義述聞·通説下·語詞誤解以實義》條，一爲長編，一爲綱領。《經傳釋詞》與《經義述聞》，一主虚，一主實，是姊妹篇。《經傳釋詞》之體例、釋詞方法、版本，舒懷《高郵王氏父子學術初探》第一章已詳述，可參。

〔二〕「每有」，「有」字衍，見《經義述聞·爾雅中·每有雖也》引陳碩甫説。

〔三〕見《康誥》、《大誥》。

〔四〕見《益稷》、《禹貢》。「豐」，本作「灃」。

〔五〕見《小雅·斯干》。

〔六〕見《禹貢》、《西伯戡黎》、《無逸》。

〔七〕見《小雅·何人斯》、《大雅·文王》。

〔八〕見《射義》。

〔九〕見《益稷》、《無逸》。

〔一〇〕見《左傳·成公二年》、《國語·晉語九》、《穀梁傳·僖公二十年》、《管子·戒第》篇、《孟子·公孫丑下》。

〔一一〕見《邶風·終風》、《禮記·曾子問》。「此」字當屬上。

〔一二〕《王文簡公文集》無末十四字,《經傳釋詞》本有。

翁覃溪閣學手札跋

昔余隨侍家大人於京邸,下帷之餘,謹録所説《尚書》詁訓諸條求教於蘇齋先生〔一〕,先生覽而善之。及余受知於文遠臯夫子〔二〕,夫子,先生之門人也。循例往謁先生,則相見甚歡。時同謁者甚夥,先生獨與余論學,亹亹不倦。後余視學山左而還,以所刻《經義述聞》就正。先生覽至《周易》「噫亦要存亡吉凶」一條,以讀「噫」爲「抑」爲不易之論,又告以説經當舉其大者。今讀鄧菽原太守所得先生手書遺跡一帙〔三〕,書中尚不以余爲不才,而稱道時及之,且欲採鄙著數條入先生《附記》中。自顧管蠡之見殊不足存,而先生不棄葑菲若是,其可不研綜遺文勤求古義以副先生當日之期望乎?竊用是自愧且自勉也。

【説明】

《跋》在《王文簡公文集》卷三,殆作於嘉慶四年王引之中式後不久。

【校注】

〔一〕翁方綱（一七三三——一八一八），字正三，號覃溪，晚年號蘇齋，順天大興人。乾隆十七年進士。著有《經義考補正》、《兩漢金石記》、《復初齋文集》、《蘇詩補注》等。

〔二〕文寧（一七六五——一八二三），更名文幹，字蔚艾，又字蔚其，號遠皋，又號芝崖。乾隆甲辰進士。翁方綱之門生，王引之之座師。嘉慶四年己未科會試考官，時任内閣學士。

〔三〕鄧傳安，字盱原，一作菽原，號鹿耕，江西浮梁人。翁方綱門生。著有《蠡測滙鈔》等。

《經籍籑詁》序〔一〕

訓詁之學發端于《爾雅》，旁通于《方言》。六經奥義，五方殊語，既略備于此矣。嗣則叔重《説文》，稚讓《廣雅》，探賾索隱，厥誼可傳。下及《玉篇》、《廣韻》、《集韻》，亦頗蒐羅遺訓。而所據之書，或不可考，且舊書雅記、經史傳注未録者猶多。至於網羅前訓，徵引羣書，考之著録家，罕見有此。惟《舊唐志》載天聖太后《字海》一百卷、諸葛穎《桂苑珠叢》一百卷，《新唐志》載顔真卿《韻海鏡源》三百六十卷。自古字書、韻書，未有若此之多者。意其詳載先儒訓釋，是以卷帙浩繁，而惜乎其書之已逸也。曩者，戴東原庶常、朱笥河學士皆欲纂集傳注，以示學者，未及成編。吾師雲臺先生欲與孫淵如編修、朱少河孝廉共成之，亦未果。及先生督學浙江，乃手定體例，逐韻增收，總彙名流，分書類輯，凡歷二年之久，編成一百十六卷。展一韻而衆字畢備，檢一字而諸訓皆存，尋一訓而原書可識，所謂握六藝之鈐鍵，廓九流之潭奥者矣。夫訓詁之旨，本於聲音，揆厥所由，實同條貫。如《周南・關雎》篇「左右芼之」，傳訓「芼」爲「擇」，後人不從，而不知「芼」、「苗」聲近義同。「左右芼之」之「芼」，傳以爲「擇」，猶「田苗蒐狩」之「苗」，《白虎通》以爲「擇取」；《爾雅》：「芼，搴也。」亦與「擇取」之義相近。《召南・甘棠》篇「勿翦勿拜」，箋訓「拜」爲「拔」，後人不從，而不知「拜」與「拔」聲近而義同也。《邶風・柏舟》篇「不可選也」，傳訓「選」爲「數」，後人不從，而不知「選」、(纂)「〔算〕」古字通。朱穆《絶交論》作「不可算也」，鄭注《論語》「何足算也」〔二〕，以「算」爲「數」，正與此同義也。《新臺》篇「籧篨不鮮」，箋訓「鮮」爲「善」，後人不從，而不知《爾雅》「鮮」、「省」二字皆訓爲「善」，正是一聲之轉；且下云「籧篨不殄」，「殄」讀曰「腆」，其義亦爲「善」也。《小雅・采緑》篇「六日不詹」，傳訓「詹」爲「至」，後人不從，而不知「詹」之爲「至」，載之《爾雅》，乃古之方言，是以《方言》亦云「楚語謂至爲詹」也。《曲禮》「急繕其怒」，鄭讀「繕」爲「勁」，後人不從，而不知「繕」之爲「勁」，乃耕、仙二部之相轉，猶「辨秩東作」通作「平秩」，「平平左右」亦作「便蕃左右」也。《學記》「術有序」，鄭注云：「術當爲遂，聲之誤也。」後人不從，而妄改爲「州」，而不知「術」、「遂」古同聲，故《月令》「審端徑術」注云「術，《周禮》作遂」也。若乃先儒訓釋偶疏，而後人不知改正者，亦多有之。如《易·屯·六二》「女子貞不字」，陸績訓「字」爲「愛」，已覺未安，至宋耿南仲誤讀「女子許嫁，笄而字之」文，遂以「字」爲「許嫁」，更不可通，不如虞翻訓爲「妊娠」之善也。《堯典》：「克諧以孝，烝烝乂，不格姦。」傳訓「烝烝乂」爲「進進以善自治」，頗爲不辭，不如蔡邕《九疑山碑》讀「以孝烝烝」爲句，且依《廣雅》「烝烝，孝也」之訓爲善也。《皋陶謨》「萬邦作乂」、《禹貢》「萊夷作牧」、「雲夢土作乂」〔三〕，《史記·夏本紀》皆以「爲」字代「作」字，文義未安，不如用《詩·駉》篇傳訓「作」爲「始」之善也。《禹貢》「嵎夷既略」，傳謂「用功少曰略」，乃望文生義，不如訓「略」爲「治」之善也。《康誥》：「遠乃猷，裕乃以民寧。」傳讀「猷」字爲句，而訓「猷」爲「謀」，不如斷「猷裕」爲句，而用《方言》「猷裕，道也」之訓爲善也。《詩·鄘風·定之方中》篇「匪直也人」，《檜風·匪風》篇「匪風發兮，匪車偈兮」，《小雅·小旻》篇「如匪行邁謀」，箋並訓「匪」爲「非」，不如用《左傳》杜注訓「匪」爲「彼」之善也。《王風·中谷有蓷》篇「暵其濕矣」，傳（篇）、〔箋〕並解爲「水濕」，與「暵」字之義相反，不如讀「濕」爲「䁤」，用《通俗文》「欲燥曰䁤」之善也。《魏風·陟岵》篇「行役夙夜無寐」，傳以爲「寤寐」之「寐」，不如讀「寐」爲「沫」，而用《楚辭》注「沫，已也」之訓爲善也。《小雅·南有嘉魚》篇「烝然罩罩」、「烝然汕汕」，傳依《爾雅》云：「罩罩，篧也；汕汕，樔也。」不如《説文》訓爲「魚游水貌」之善也。《菁菁者莪》篇「我心則休」，釋文、正義並以「休」爲「美」，不如用《國語注》「休，喜也」之訓爲善也。《北山》篇「我從事獨賢」，箋以爲「賢才」之「賢」，不如毛傳訓「賢」爲「勞」之善也。《菀柳》篇「無自暱焉」，傳訓「暱」爲「近」，與「無自瘵焉」之文不類，不如《廣雅》「暱，病也」之訓爲善也。《都人士》篇序：「衣服不貳，從容有常。」鄭訓「從容」爲「休燕」，不如《緇衣》正義訓爲「舉動」之善也。《大雅·緜》篇「曰止曰時」，箋訓「時」爲「是」，與「曰止」異義，不如訓「時」爲「止」之善也。《卷阿》篇「有馮有翼」，傳云：「道可馮依，以爲輔翼。」不如訓爲「馮馮翼翼，滿盛之貌」爲善也。《民勞》篇「無縱詭隨」，傳云：「詭人之善，隨人之惡。」以疊韻之字而上下異訓，不如讀「隨」爲「譎」而訓爲「詭譎」之善也。《雲漢》篇：「昊天上帝，則不我虞。」箋訓「虞」爲「度」，文義未允，不如訓爲「有」與「助」之善也。《月令》「養壯佼」，正義以「佼」爲「形容佼好」，與「壯」異義，不如訓「佼」爲「健」之善也。《桓十一年左傳》「且日虞四邑之至也」，《昭六年傳》「始我有虞于子」，杜注並訓爲「度」，不如訓爲「望」之善也。《宣十二年傳》：「董澤之蒲，可勝既乎？」杜訓「既」爲「盡」，不如讀「既」爲「塈」，用《（標）〔摽〕有梅》詩傳「塈，取也」之訓爲善也。《襄二十五年傳》：「馮陵我敝邑，不可臆逞。」杜訓「臆」爲「度」，「逞」爲「盡」，不如訓爲

「盈滿」之善也。後之覽是書者，去鑿空妄談之病而稽于古，取古人之傳注，而得其聲音之理，以知其所以然；而傳注之未安者，又能博考前訓以正之，庶可傳古聖賢著書本旨，且不失吾師纂是書之意與。歲在屠維協洽相月之朔，弟子高郵王引之謹序。〔四〕

【説明】

《序》載《經籍纂詁》卷首，羅振玉輯入《王文簡公文集》卷三。又見《高郵王氏父子手稿》。《手稿》文字略異，今附於後，以省校語。作於嘉慶四年七月初一日。

【校注】

〔一〕《經籍纂詁》，題阮元撰，實由阮元手定體例，遴選兩浙通經文士數十人，以臧鏞堂、禮堂兄弟爲總纂編輯而成。是書乃唐以前經書訓詁總匯。

〔二〕見《子路》篇。

〔三〕「雲夢土作乂」，詳阮元《十三經校勘記·禹貢》。

〔四〕《王文簡公文集》本無末十九字。屠維、協洽即己未，相月即陰曆七月。己未年，嘉慶四年。

《經籍篹詁》序

訓詁之學發端於《尔雅》，旁通於《方言》。六經奥義，五方殊語，既略備於此矣。嗣則叔重《説文》，稚讓《廣雅》，探賾索隱，厥誼可传。下及《玉篇》、《廣韻》、《集韻》，亦頗蒐羅遺訓。而所據之書，或不可考，且舊書雅記，經史傳注未録者猶多。至於網羅前訓，徵引群書，考之著録家，罕見有此。惟《舊唐志》載天聖太后《字海》一百卷、諸葛穎《桂苑珠叢》一百卷，《新唐志》載顔真卿《韻海鏡源》三百六十卷。自古字書、韻書，未有若此之多者。意其詳載先儒訓釋，是以卷帙浩繁，而惜乎其書之已逸也。曩者，戴東原庶常、朱笥河学士皆欲纂集传注，以示學者，未及成編。吾師阮芸臺先生官編修时，欲與孫淵如觀察、朱少河孝廉共成之，亦未果。及先生督学浙江，乃手定體例，逐韻廣收，総彙名流，分書類辑，凡歷二年之久，編成一百十六卷。展一韻而衆字畢備，檢一字而諸訓皆存，尋一訓而原書可識，所謂握六蓺之鈐鍵，廓九流之潭奥者矣。夫訓詁之旨，本於聲音，揆厥所由，罔不同條共貫。如《周南·關雎》「左右芼之」，传訓「芼」爲「擇」，後人不從，而不知「芼」、「苗」聲近義同。「左右芼之」之「芼」，传以爲「擇」，猶「田苗蒐狩」之「苗」，《白虎通》以爲「擇取」；《爾雅》：「芼，搴也。」亦與「擇取」之義相近也。《召南·甘棠》篇「勿翦勿拜」，鄭訓「拜」爲「拔」，後人不從，而不知「拜」與「拔」聲近而義同也。《邶風·柏舟》篇「不可選也」，传訓「選」爲「數」，後人不從，而不知「選」、「算」古字通。朱穆《絶交論》作「不可算也」，鄭注《論語》「何足算也」，以「算」爲「數」，正與此同義也。《新臺》篇「籧篨不鮮」，箋訓「鮮」爲「善」，後人不從，而不知《尔雅》「鮮」、「省」二字皆訓爲「善」，正是一聲之轉；且下云「籧篨不殄」，「殄」讀曰「腆」，其義亦爲「善」也。《小雅·采緑》篇「六日不詹」，傳訓「詹」爲「至」，後人不從，而不知「詹」之爲「至」，載於《尔雅》，乃古之方言，是以《方言》亦云「楚語謂至爲詹」也。《曲禮》「急繕其怒」，鄭讀「繕」爲「勁」，後人不從，而不知「繕」之爲「勁」，乃耕、仙二部之相轉，猶「辨秩东作」通作「平秩」，「平平左右」亦作「便蕃左右」也。《學記》「術有序」，鄭注云：「術當爲遂，聲之誤也。」後人不從，而妄改爲「州」，而不知「術」、「遂」古同聲，故《月令》「審端徑術」注云「術，《周禮》作遂」也。 若乃先儒訓釋偶疎，而後人不知改正者，亦多有之。 如《易·屯·六二》「女子貞不字」，陸績訓「字」爲「愛」，已覺未安，至宋耿南仲誤讀「女子許嫁，笄而字之」文，遂以「字」爲「許嫁」，更不可通，不如虞翻訓爲「妊娠」之善也。《尧典》：「克諧以孝，烝烝乂，不格姦。」传訓「烝烝乂」爲「進進以善自治」，頗不辭，不如蔡邕《九疑山碑》讀「以孝烝烝」爲句，且依《廣雅》「烝烝，孝也」之訓之善也。《皋陶謨》「萬邦作乂」，《禹貢》「萊夷作牧」、「雲夢土作乂」，《史記·夏本紀》皆以「爲」字代「作」字，文義未安，不如用《詩·駉》篇传訓「作」爲「始」之善也。《禹貢》「嵎夷既略」，传謂「用功少曰略」，乃望文生義，不如訓「略」爲「治」之善也。《康誥》：「遠乃猷，裕乃以民寧。」传讀「猷」字爲句，而訓「猷」为「謀」，不如斷（裕猷）〔猷裕〕爲句，而用《方言》「猷裕，道也」之訓之善也。《詩·鄘風·定之方中》篇「匪直也人」，《檜風·匪風》篇「匪風發兮，匪車偈兮」，《小雅·小旻》篇「如匪行邁謀」，箋並訓「匪」爲「非」，不如用《左传》杜注訓「匪」爲「彼」之善也。《王風·中谷有蓷》篇「暵其濕矣」，傳、箋並解爲「水濕」，與「暵」字之義相反，不如讀「濕」爲「㬤」，用《通俗文》「欲燥曰㬤」之善也。《魏風·陟岵》篇「行役夙夜無寐」，传以爲「寤寐」之「寐」，不如讀「寐」爲「沬」，而用《楚辭》注「沬，已也」之訓之善也。《小雅·南有嘉魚》篇「烝然罩罩」、「烝然汕汕」，传依《尔雅》云：「罩罩，篧也；汕汕，樔也。」不如《説文》訓爲「魚游水貌」之善也。《菁菁者莪》篇「我心則休」，釋文、正義並以「休」爲「美」，不如《國語》韋注「休，喜也」之訓之善也。《北山》篇「我從事獨賢」，箋以爲「賢才」之「賢」，不如毛传訓「賢」爲「勞」之善也。《菀柳》篇「無自暱焉」，传訓「暱」爲「近」，則與「無自瘵焉」之文不類，不如用《廣雅》「暱，病也」之訓之善也。《都人士》篇序：「衣服不貳，從容有常。」鄭訓「從容」爲「休燕」，不如《緇衣》正義訓为「舉動」之善也。《大雅·綿》篇「曰止曰时」，箋訓「时」爲「是」，與「曰止」異義，不如訓「时」爲「止」之善也。《卷阿》篇「有馮有翼」，传云：「道可馮依，以爲輔翼。」不如訓爲「馮馮翼翼，滿盛貌」之善也。《民勞》篇「無縱詭随」，传云：「詭人之善，随人之惡。」以疊韻之字而上下异訓，不如讀「随」爲「譎」而訓「詭譎」之善也。《雲漢》篇：「昊天上帝，則不我虞。」箋訓「虞」爲「度」，文義未允，不如訓「有」訓「助」之善也。《月令》「養壯佼」，正義以「佼」爲「形容佼好」，與「壯」异義，不如訓「佼」爲「健」之善也。《桓十一年左传》「且日虞四邑之至也」，《昭六年传》「始吾有虞於子」，杜注並訓为「度」，不如訓爲「望」之善也。《宣十二年传》：「董泽之蒲，可勝既乎？」杜訓「既」爲「盡」，不如讀「既」爲「塈」，用《摽有梅》詩传「塈，取也」之訓之善也。《襄二十五年传》：「馮陵我敝邑，不可億逞。」杜訓「億」爲「度」，「逞」爲「盡」，不如訓爲「盈滿」之善也。後之覽是書者，去鑿空妄談之病而稽於古，取古人之传注，而得其聲音之理，以知其所以然；而传注之未安者，又能博考前訓以正之，庶可传古聖賢著書本旨，且不失吾師纂是書之意與。

《貴州鄉試録》序

皇上御極之六年，恭逢辛酉科鄉試禮。臣以貴州試官請，皇上命編修臣王引之爲正考官，編修臣吴雲副之。伏念臣世受國恩，毫無知識，由己未科一甲三名進士授職編修。今科辛酉，甫經散館，旋奉恩綸，俾司文柄，聞命震驚，悚惶莫措。自維譾陋，恐負聖天子樂育之本懷，爰與臣雲即日星馳就道，於八月初一日行抵貴陽，届期進使院。時監臨則厶[一]，提調則厶，監試則厶，内簾監試則厶，内收掌則厶，肅勤匪懈，將事綦嚴。爰進學政臣周鍔所取士三千餘人，扃闈而三試之，率同考官厶得士如額。乃擇其言尤雅者十四篇，恭呈御覽，而序之曰：臣聞，文者載道之器，而言者心之聲也。制舉之文尤顯白易見。士子學古入官，籍賢書爲登進之階。而用心不底于至純，則不足以代古聖賢立言，而措正施行，必不能推之，曲得其次序。貴州爲古黔中地，牂牁、夜郎之域，漢世始通中國。近者距京師數千里，遠者殆將萬里。士之彳亍而來者，莫不鼓舞奮興，卓然有所表見。良由國家久道化成，聖天子文教覃敷，凡士之諷咏詩書、涵濡膏澤者，甚深且遠，故文風之蒸然日上，不以遐陬僻壤而間也。方今版圖式廓，宜禾、奇台之地，皆得置守令，立學官，每三年大比，轂擊車馳，以自適于賓興之路，況貴州爲九服所統域中之近乎？特臣以章句小儒，詞垣後進，謬膺衡鑒之任，得簪筆以操進退人才之柄，而相與以有成也。

兹榮也，乃其所以爲愧也歟。時官斯士者厶，例得備書。

【説明】

文載《王文簡公文集》卷三，作於嘉慶六年辛酉。是年五月，王引之充貴州鄉試正考官。九月，鄉試放榜，得士四十人。王引之擇録考卷言論優秀者十四篇，作此《序》恭呈御覽。

【校注】

〔一〕厶，古「某」字，見《玉篇》。正式稿件中應填上姓名。

恭進《起居注册》前序〔一〕 嘉慶七年

欽惟我皇上，得一居貞，奉三建極。春之温，秋之肅，謂大順而撰合乾行；德以道，禮以齊，致中龢而昭登泰運。彝倫攸叙，教周治於七年；吉事有祥，德茂存乎六世。繼述善，肯堂肯構，贏勳十全；覲揚在，丕顯丕承，咸龢九有。兹者，有壬推幹任養，既協夫資生；在戊占枝奄茂，更徵諸藏用。欣逢治定功成之會，允際階平衡正之時。臣等效職編摩，叨塵侍從，趨承螭陛，祗扈鑾輿。仰身度聲律之有恒，偕珥筆簪豪以就列。伏見我皇上，觀乎昭事，巽命通微。典三禮，則豫戒潔齊；秩百靈，而端歸精慤。饗皇穹於正月，祈年祇練初辛；宜大社於仲春，諱日弗移次戊。泰元泰折，璧琮展二至之儀；祭日祭星，黼藻承三光之照。蒼龍見，宿時膏，祝雩禜，濃湑蒠；犗行鞭，御耦禮，農祥夙，正待澤。禱三壇之澤，靈昭先甲，無淹作師；尊萬世之師，奠釋上丁，惟恪四時。承饎玄堂，並致夫思成大祫；居歆太室，專通於奏假。元正朔，戒塗展慕，愴雨露之三週；東西陵，追遠抒誠，分春秋而再謁。慶工成於永定，紆僉騎而荅庥龢；奏軌順於長河，賫神香以酬肸蠁。西域以狸沈設版，仍原文則歸善垂型；太常以毖祀騰箋，先披覽而潔衷薦敬。愛則存，慤則著，咸秩無文；力於民，成於神，聿懷多福。粵自上年之霪潦，實爲三輔之沈災。緬舜儆而工賑成書，溯禹功則府事允治。猶恐一夫之不獲，切廑九陛之疇咨。封圻未逮亟陳，蔀屋已先燭照。鴻嗷安集計食，而普與行糜；鶉結改爲授衣，而溫添挾纊。十廠五廠頻增，弗限於柏冬；三旬兩旬遞展，直臨於蒲夏。臺卿監放，毋嗟貿貿而來；官廩宣頒，偕得原原而濟。水沖沙壓，對户帖而全除；潦溢旱乾，核名糧而半入。大窪標著卿帳，準以七成；平糴通融市價，昂而再減。免三蠲五，償其清蹕路之塵；貸舊徵新，緩尚待來年之熟。列之刔牘，獎牧民撫字之殷；敘以名銜，旌庶士急公之誼。取禾三百，寒棲早輯夫流庸；出帑五千，歲息永存於普濟。施恩邇甸，届澤寫鄉。五嶺東西，太行左右，爰及於雍豫荆揚之域，兼逮夫滇黔蜀隴之疆。偏災偶致庚呼，大吏隨而辰告。蠲符迅下，逋籍連除。極貧迄於次貧，胥謀宿飽；本色通籌折色，溥給優饒。籽借三倉，權息詳差於減免；賦寬兩稅，稽籍毋混於畸零。寇擾郕莊，疊寬倚閣；師行枕席，仍弛納司。酌復旗租，查民欠官侵而別辨，徵隨耗羨，偕站銀屯餉以胥蠲。蘆洲毗及漕河，攤徵遞展；鹽場區其井竈，緩課從同。金礦苗微，定減廠夫之額；山場木盡，宜删商稅之條。准鬻餘糧，憫運丁之支絀；承售官豆，卹車户之拮据。上下之交接以誠，覈軍需何容飛灑；夷險之相縣無定，揆形勢亦與通銷。惟兹發政而施仁，悉本損上以益下。蓋五行並列，以水爲先；而八政同陳，惟食最重。桃浪駭唐彎之潰，疏漲則湖共霜清；桑乾安石洫之瀾，沔流而溝連月曉。粟供天庾，清浮收折兑之原；幫轉雲颿，剔津帖厮留之習。掃三代以遥之粃政，紹百王以上之薪傳。講延開内聖之宗，御集示大文之焕。籲俊溯建元之歲，届已成三；登賢寬拔十之途，數期得五。宗枝射策，題雁塔者，同步瀛洲；貢樹標香，躍龍門者，分通華籍。科今拔萃彙徵，而重擷茅茹；榜昔掄元明試，而再留芸館。曠典曲覃，繙譯貢士開科；向隅慰及，新安容童在泮。會闈詳勘，黜珷玦之久混圭璋；流品明甄，著阜隸之先非樂部。訓于蒙士，繹實録之崇實去華；禁厲稗官，務讀書以移風易俗。惟辰居星拱，政以德成；即畜衆容民，師由貞正。若夫教匪之滋蔓，已爲殘劫之零灰。竄匿於陝甘楚蜀之疆，錯雜夫黄白青藍之號。元日朝陵之次，御行殿而適奏薇歌；季秋校獵之前，駐鳴鑾而遞傳竹破。期臨北時，疊飛報訊之章；日近南郊，豫報殲除之兆。矛矢集黑甜之境，夢蝶無歸；罝罘結緑刺之叢，窮猿忽掛。漁沱洗甲，洪濤自没夫飛鼪；華石傾巖，危穽立享夫走狗。（嗚）〔嗚〕咽鳳溝之血，一束流蒲；悠揚佛洞之魂，三摩斷度。火炎砂罐，鐵板煙消；烽到芝芭，么麿風化。驗鄭瞞之族，骨每專車；數貳負之囚，尸皆反梏。三帥會米倉之道，九衢歡露布之騰。而且撤臺海之豎旗，毁羅浮之爛屐。符離寇讋，霧障旋空；木刻夷傳，雷波不沸。凡此鴻猷之耆定，發機咸在旰宵；而逢駿捷之遥宣，垂祐必稱天考。至於述寶訓而獮禽，習勞因之肄武；順金行而表貉，結戎寓於懷柔。載纘成謨，用諏《吉日》。虹旓左轉，仙莊緬陟降之靈；雲罕前驅，文囿迓兜離之部。刹崇黄教，名藩瞻步踏而皈依；星耀青林，徒御效伊緜而麇集。筵呈笮馬教駣，本馬政之經；射節騶虞即鹿，課虞人之績。御威弧而滿月，同看中必疊雙；較舉柴於昔年，誰竟否其八九。哨門重閉，有嚴出柙之防；戎幕專開，獨擁圍場之節。典原由舊，玩則加以作新；帖雖無名，人必求其得實。庚郵遄達，聽到投籤；乙夜勤披，答無留牘。月銓引對，恒量缺以簡材；秋讞持平，期無刑而止辟。恩施驩浹，下覃列卒之鏐銀；禮洽鑣迴，順簡軍門之組練。顧纘緒毋忘遠略，而沖懷尤察邇言。臺臣提風紀之綱，豈供隨帶；京尹置堂皇之署，何事僑居？列儈多儲，合付巡邏於司隸；外郎徵秩，亦應收録於考官。章貢阻饑，量汛江淮之糴；郊圻仰食，權通遼瀋之商。雙縑賚陝士之敷陳，勉以潛修待用；側席佇藎臣之忠謹，戒其摭拾浮辭。每詢采於芻，亦言示其蕘。司道職當核轉畀專讞，則大府綴旒；膠庠使以論升兼巡察，而持衡離局。糾保留於銓部，事覺文深；取進止於機廷，權將畸重。靈臺驗蝕，奚可誣於皆仰之時；輿誦成碑，何必復其去思之舊？歇山違偷刨之禁，況聽私栽；司坊本緝捕之官，甯邀濫叙？梅針換移、星斗施鎗者，自昧棲皮；玉英充斥、闐河貢珍者，真堪抵鵲。擯爾荒唐之舉，漢字右行；摘其望蜀之私，崇銜兼乞。勘黔中之翻案，無逃反噬之情；正粵省之爰書，獨照相傾之隱。咎寡謀非緣失律，詫節使之戕生；稱親歷爲懼綏師，逮撫軍之飾奏。鶉圈起獄罰，同麗於夤緣；蝗旱隱災譴，並繩其羅織。燬寶華實由焚寺，原一線出自無心；伐雜樹因在依敖，連九閩誠爲多事。絶業本皆叛産，撥民勇而務審均平；普兒通自回疆，憑市集而毋拘定價。供職既能黽勉，詎不可假以理煩；在官叢積處分，更何取調之治劇？聽其言不勝觀察，且教粉署含香；徵諸民謂善拊循，復起華封綰綬。斯皆積恒沙而擬其紛賾，無不歸宸衷而析及豪耄。至若眷良輔之引年，予告而仍支禄糈；愍宗藩之謝世，輟朝而備考彝章。惟矢慎而禁闥曾趨，勞特酬其平昔；若克勤而提封久歷，卹且及其後昆。給回子之孤糧，還許去留從便；停旗丁之扣餉，切教節儉謀生。至盡掃夫欃槍，更優加夫酬錫。或展專征之略，或參密勿之謀。或效儲芻置馹之劬，或襄團練緝偵之役。鉅則分圭儋爵，繼世賞延；次猶叙級升階，及身榮受。既以一蕕同署，追褫從賊之游魂；即看雙烈標祠，或妥勤王之毅魄。是以孑身出險，旌能有懷印之寡妻；西子捐軀，憐老見賜金之嫠母。隱無幽而不燭，澤靡遠而弗覃。是以馨業登閎，蘿圖襲慶。仁育衍大生之化，産三男者八家；壽祺溥難老之祥，逾百齡者廿口。補叨秋賦，登科多黄髮之人；親歷春闈，加秩盡龐眉之士。雁使值年班偕至，聽臘鼓而閱冰嬉；鴻臣朝正朔胥來，迓春旂而瞻火戲。農耐申復讎之義，籲新綸以再造南交；廓喀達表貢之誠，候遥邊而優綏西氾。然猶握機無逸，祗求於益治益安；飭紀有常，交勵於汝爲汝翼。寅朝票本，命閣老以常川；午日承宣，議部臣之夙退。政府就道綱德網，絜八表以珠囊；情田在學耨禮耕，調萬年以玉燭。臣等依光最近，儤值無虚。有舉必書，猶或有虞於星漏；其文則史，無敢稍涉於鋪張。約以銀繩，熙績光昭。緑牒藏諸金匱，祥暉流絢丹縢。

嘉慶七年恭進《起居注》後序

欽維皇上，允文允武，克儉克勤，仁育羣生，義征不譓，盛德大業，合撰清寧。八埏九垓以内，靡弗泳沫游原，澍濡洋溢。而聖敬日躋，緝熙罔斁。是用大烈耿光，懿鑠隆茂，超前古而浹來兹。俾夫五三六經，莫能方駕於極軌焉。臣等侍直彤扉，仰瞻雲日，珥筆登載，厥職有常。兹者，恭纂嘉慶七年《起居註册》成，凡二十四卷，珍藏石室，爲億載無疆之庥。竊聞聖人之德，無加於孝；鬼神所享，惟在克誠。皇上懋膺丕緒，昭事小心，祈穀元辰，雩雨吉亥。蒼璧薦乎皇穹，黄琮禋於富媪。追養蒸嘗，則典修四孟；躬耕帝耤，則禮舉三推。遍及於朝日夕月之壇，致虔於至聖先師之廟。推而至於黑龍潭、覺生寺，爲民祈澤，肸蠁豐融。而其盡美盡善者，祈祀社稷，日遵上戊，聖慮精詳，準今酌古。播禮官而垂太常，以篤天慶至豐也，以迓神庥至誠也。若夫雨露既濡，宸衷怵惕，錫類之心，感物增思。故正月上日，鑾輿載啓，恭謁裕陵，行三週年禮。及乎以獮治兵，御射雙麠，敬獻永佑寺。返蹕之日，展拜東陵，以昭誠慤。而至十有二月，預計上春齋戒之期，與純皇帝忌日相值，乃降諭旨，改御青袍。蓋思慕之殷，久而彌篤。所爲至德要道，通神明、光四海者，垂之無窮，施之罔極。是故類帝禋宗，則昭假隆矣；奉先思孝，則慈愛達矣；事天享親，稱情立文，而仁聖之道崇矣。然且叙官方，卹民隱，飭言路，慎刑章，重河防，清漕政。典試而受苞苴則貶之，而大吏逢迎者又加以申飭也；聽情而招賄賂則遣之，而同謀過復者亦予以懲創也。侵没錢糧之員，事經舉發，欲諱飭而無從；私買鉛丸之官，罪已昭彰，疚國恩之深負。購物而吝價者，褫其職以儆官；貪家居而牟利者，弊其罪以除狡獪。取贓罰以辦公，稍從末減；借調停爲狥庇，難任旬宣。允協輿情，不以小眚而離任；曾經告發，必專長吏之責成。以崇舊例，則年例驗其不符；以慎卿班，則考語嚴於各部。飭京尹居辦公之署，諭閣臣勤到館之期。統領則毋攝秋官，總兵則勿兼都統。請訓遲延，則懸以爲戒；舉止粗率，則降以爲郎。杜營求於攜帶之員，防專擅於隨同之奏。毋曰疎嬾，退食何可獨先；毋或紛更，加銜豈容妄冀？服滿而未請差者，責必加；摺繕而違體制者，遣必左。正酷暑濫刑之罪，罰匿蝗不報之愆。賑卹能周，宜膺大員之保奏；官聲可採，更慮州縣之效尤。案未結者，考語奚以從優；咎不深者，參劾毋庸過當。冒功捏飾者，燭其欺誣；據實上聞者，嘉其公正。交章入奏，識挾私傾軋之心；殘孽易除，詰奏報張皇之失。擢授者，鑒聲名之廉潔；起用者，恕軍旅之不嫻：皆皇上所以叙官方也。畿輔偶饑，疇咨時切。平糶於廠，簡重臣以監之；放飯於郊，命卿貳以司之。慮其遺失，則飯廠不須分設；虞其倒斃，則各縣毋俾領回。米麥廣儲，則人可以飽；棉衣散給，則民不知寒。展賑端陽，咸仰恩波普洽；近京關口，務令商運通流。米頒三百，軫無業之貧民；銀賜五千，作將來之經費。普濟堂既展一月之限，文安縣又卹被水之村。謁陵則蠲免有差，駐蹕則錢糧盡復。地減旗租之數，糧免蟲患之鄉。始於輦轂之旁，遍及方州之遠。孟春始和，首賑甘肅皋蘭等四十四廳州縣，其後則川陝楚豫，浙水滇池，山東江右之區，百粤七閩之地，旁及江左，至於安徽。關東被水之城，蒙古兩廳之境，偏災偶告，荒政先籌。況復酬厥捐輸，憫其蹂躪，或緩徵丁銀，或借給糧種，發倉施賑，下詔捐租。螟蝝攸生，慮及毗連之省；義倉碾運，以資糶糴之平。緩南河攤徵之款，准弁兵押解之銀。熱河之賞賚有加，鹽場之蠲賑從厚。剔以銀折錢之弊，頒難民給産之恩。哨船遭風者卹之，軍營落後者寬之：皆皇上所以卹民隱也。披覽章奏，鑒別妍媸。請重軍機之責成，指其謬妄；諫止木蘭之巡狩，出自沽名。奏秋審之事宜，瑕瑜各半；陳時政之梗槩，准駁兼施。崇文門税請暫減，議不可行；常平倉積本宜豐，事須交部。進揀選武舉之摺，不知其得缺無期；論察核部員之方，詎識其銓政有礙。多用庶常知縣敷奏者，燭其取巧之心；揣摩天象日躔進言者，指厥妄談之謬。給頂予銜，豈可及堵禦無功之輩；赴川給票，適足開吏胥勒索之端。督撫須待之以誠，安有任司道之理；學政乃使之校士，柰何操巡按之權？首府取諸京察，何能熟習情形；税票問諸地方，反足侵漁商賈。補缺本非越次，則參奏者已涉虚誣；升官或謂不符，而練習者無嫌入選。至於時届仲秋，天子乃以日食求言，諮諏察納，蓋所以集思廣益，執兩用中。無論博訪在廷，兼資羣策；下至寒微一介，詣闕陳書。苟效芻蕘之獻，猶膺綵緞之榮。好問而察邇言，有如是者：皆皇上所以飭言路也。重職官逞兇之罪，定大員釀命之條。事由義憤者矜之，釁出同謀者戮之，在賊而自投者免之，兵勇而恣縱者誅之。聽從糾刼分别，而舍重從輕；情切救親留養，而準情酌理。誤戕營弁，憐其出自無心；焚毁寶花，法可原其一綫。嚇詐本官，實無可贖之罪；匿名揭告，必窮干禁之人。持衷敬折獄之心，斥改緩爲實之誤。及至勾到之期，重加審定，罪疑惟輕，辟以止辟，好生之德，洽於民心：皆皇上所以慎刑章也。季春之月，駕詣惠濟廟拈香，欽閲永定河土石各工。於是添設河兵，以資防護；議叙人員，以慶成功。運河則淤沙必濬，黄河則堤岸加培。至於唐灣民堰偶有奔流，猶命重臣勤勸堵築，藏香遥賁，神貺潛孚：此皇上所以重河防也。申命有漕各省，毋取折色之糧，毋踵浮收之弊。買米運通，參以時價；餘糧出售，愛及旗丁：此皇上所以清漕政也。而由是勵臣節，則從逆之黔撫，撤焚牌座，而兄弟死事者，特建雙烈之祠也。辨等威，則侍衞帶版，毋敢借用親王。而藻園之門，未賞馬匹者，不得擅乘也。獎義民，則雇募鄉勇之紳士，在所必旌也。予忠勇，則奮不顧身之臬司，用膺懋賞也。通飭各省營伍，勤慎操防，毋或擅役兵丁，毋或輕改舊制。迨至秋獮回鑾，大閲古北口，行陣整齊，技藝嫻熟，則營伍之所以修也。歲屆大比，試事綦嚴。掄文貢院，對策彤墀。榜首同是一人，館選更踰舊額。得人之多，於斯爲最。而又精選繙譯，扃闈考試。他如比校選拔貢生，分别内外，迪簡多士。其有耆年應試者，或給編修檢討之銜，或邀舉人副榜之賜，賞賚從優，用彰人瑞。而一有字句乖謬，踪跡可疑者，則斥革之無少貸。故士皆績學勵行，弗敢怠荒，則選舉之所以正也。宗室會試，欽命試題，先令揭曉，超登虎榜，聯步蓬瀛，則宗支之所以盛也。表章詩書六藝之文，抑遠荒誕無稽之説。《水滸》《西廂》，繙譯成書者，下令禁之，以正人心，以端學術。而經筵則聖藴淵深，御集則天文炳焕。俾四方志學之士，去闇昧而耀乎光明，則文教之所以興也。皂裔冒考，罰及袒庇之官。番役子孫，已仕者不予超遷，未仕者毋膺爵秩，則流品於是乎分焉。賢良等祠，服蟒袍補褂以將祀事，而勿用朝服，因使編入《會典》，著爲成式，則典禮於是乎端焉。停止各旗扣餉，而諭以撙節愛養之道，崇節儉也。和闐獲玉，冀荷渥恩；而聖德精純，不邇不殖，所寶惟在時和年豐，民安物阜。珠玉金銀，不使呈進，却貢獻也。大吏勤慎者，恤其後昆；元老歸田者，在籍食俸：則破格之殊恩也。編纂《實録》者，給以優叙；會試首選者，學習如前：則曲成之大德也。廓喀入貢，念彼髫齡；農耐請封，亟頒恩諭：斯柔遠之政行焉。回民市錢，無須官爲。經理口糧施放，必使四色均匀：斯綏邊之道裕焉。乃若天威所震，逋寇皆誅，捷報交馳，三省寧謐。露布於歲除之後，聞喜於秋狩之前。際北郊而勝仗頻書，近南至而鴻勳載奏。或臨陣而生擒，或交鋒而殄殪。或倒懸於崖樹之前，或没溺於湍波之内。冒雪而剪鯨鯢，乘夜而除梟獍。始則零星而奔散，終乃計日而廓清。譬若烈火之燎鴻毛，迅風之掃隕籜也。而且靖雷夷之寇，息臺海之波；蕩會匪於博羅之境，除邪逆於宿州之城。凡兹武烈之有成，悉本睿謨之預定。而又頒賞臣工，廣敷恩澤，嘉其襄贊之謀，叙其析衝之績，採其防堵之微勞，善其糧儲之早預。封伯封侯，授官授禄，遺顯號於後世，傳渥澤於子孫。德既崇矣，功既劭矣，而猶行健法天，孜孜罔懈。瞻星閲摺，問夜披衣。召見羣臣，權衡庶務。緬祖宗締造之勤，紹神聖相傳之緒。雖當保大定功之日，不忘習勞肄武之心。信乎，我皇上體元則大，爲平章百姓、協和萬邦之本。宜乎，聲教布濩，盈溢天區也。臣等班次豹尾，獲遂管窺，謹就一歲中詔諭政令、典章法度，繫日繫月，記動記言，庶天下萬世，知聖天子稟欽命之度，致巍焕之功，相與揚頌鼓舞，測高深於萬一云爾。

【説明】

前後《序》載《王文簡公文集》卷一。嘉慶七年壬戌，王引之以翰林院編修銜奉欽命編纂《起居註册》二十四卷，並撰《序》以進。《前序》以評功爲主，《後序》以建言爲主。

【校注】

〔一〕起居注：皇帝言行録，相當於上古左右史。編纂起居注，一爲備史實，二爲警君王，故理應善惡畢記。

《論語孔注證僞》序

昔讀淮安閻徵君《尚書古文疏證》，歎其窮究僞書之蹤跡，若然犀以燭幽怪，無所不察，其心力之所至，若瀉水銀於地，無孔不入。自徵君以後，學識精悍能爲繼起者，蓋亦鮮矣。丁明經晏〔一〕，徵君之同里也，生徵君後百餘年，而能紹鄉前輩之學，觸類而引伸之，又相其説之所不及而補成之〔二〕，爲《論語孔注證僞》一書。入都應朝考，予因得見其書。蓋其要證有四：一曰兩漢諸儒皆不言孔某爲《論語》訓；二曰孔注不諱漢高祖名；三曰孔某卒於武帝元狩之末，不得至天漢後訓解《論語》；四曰孔注與《書傳》、《家語》、《孔叢》説多相似。因是斷爲王肅所僞托。舉千數百年之愚惑，一朝而盡解之，其識卓矣。去年明經索序於予，予匆遽未能執筆。今年銜命典試浙江，道出運河。舟中多暇，乃略道梗概，以附於明經之書。夫明經年甚富，而學之精鋭已如是，況循是而日進焉，則博益博，精益精，寖與鄉前輩相頡頏，又寖與古經師相頡頏，而又烏能測其學之所至哉？道光元年歲在辛巳七月既望，高郵王引之叙。

【説明】

《序》載民國三十四年合衆圖書館叢書第十二種《論語孔注證僞》卷首。王引之作於嘉慶二十五年七月。互見《丙編·碑傳》丁晏《王伯申尚書》後注〔三〕。

【校注】

〔一〕丁明經：丁晏，字儉卿，柘堂，江蘇山陽今淮安。人。道光元年舉人。有《頤志齋文集》、《尚書餘論》、《禮記釋注》等數十種書，已編爲《頤志齋叢書》。

〔二〕又相其説之所不及：丁氏嘉慶二十二年《自序》云：「曩鄉先生閻潛丘徵君著《尚書古文疏證》八卷，證明僞《書》，學者奉爲定論。然其卷二以《論語孔注》證《書傳》之僞，蓋猶以《論語注》爲安國作，而不知亦以僞證僞也。」丁氏此書證成孔安國《論語注》係王肅所僞托。

《癸未會試録》叙

歲在癸未三月六日，奉命以臣曹振鏞爲會試正考官，而以臣汪廷珍、穆彰阿及臣王引之爲之副，入闈校閲。凡三十有五日而榜發，得士二百四十人。自惟學識譾陋，衡鑑多疏，乃蒙皇上殊恩，屢司文柄。戊寅之秋，已典試浙江矣，至辛巳，而又膺寵命，再典浙江鄉試。己卯之春，已爲會試考官之副矣，至今歲而又膺寵命，仍襄會試總裁。恩益深，任益重，心益悚愧。昔之稱厥職，恐今之或爽其衡，誠不敢謂途出已經而輕心以掉也。試録進呈，用敢自鳴其兢惕之衷，以附諸簡末。曰：會試者，古貢士之遺意，賓興之典之大者也。《周禮》叙賓興之事曰：「壹其德行道藝，而興賢者能者。」〔一〕文者，道藝之一端也。試以説經之文，而知其誦法於古也；試以當世之務，而知其貫徹乎今也。於其文之疏通知遠，而知其識之卓也；於其文之温柔敦厚，而知其心之醇也。其文之質實而有要者，其人必無浮夸之習；其文之淹雅而不俚者，其人必無喬野之譏。故雖道藝之一偏，而德行之純駁往往而見。傳所謂「以其見者，占其隱者」〔二〕，其是之謂乎！皇上興賢育才，闢門籲畯，將備股肱之選，佐太平之業，意至厚也。爲試官者，仰體作人之意而振興之，豈惟是飾字句、偹聲調、雕琢之工、刻鏤之巧足以副明揚之選乎？必將以品之端、識之遠、學之深且通者拔而進之，以待任事位官之用，而皆於文乎卜之。蓋言爲心聲，文可見道。其平昔之砥厲者在是，則此日之敷陳者亦必在是；平昔之講求者在是，則此日之發明者亦必在是。惟其學有本而有文，斯其言有倫而有脊〔三〕。持衡者剖别而録取之，則豈獨和聲鳴盛，蔚爲國華，而先資以爲拜獻之地，敷奏以爲明試之階。又將舉平昔之所學者而發之於謨猷，見之於事業，然則興賢興能，入長出治，以協古人賓興之典，而昭盛世得人之慶者，不於是乎在哉？經筵講官、吏部左侍郎、實録館國史館副總裁、教習翰林院庶吉士加三級臣王引之謹序。

【説明】

文載《王伯申文集補編》卷上，作於道光三年癸未。據《清代職官表》，道光三年癸未科會試，王引之任會試副總裁，撰此序。

【校注】

〔一〕見《周禮·地官·鄉大夫之職》：「三年則大比，攷其德行道藝，而興賢者能者。」

〔二〕見《大戴禮記·曾子立事》。又見《鬼谷子·揣篇》。

〔三〕有倫而有脊，謂有條理。語出《詩・小雅・正月》。

《中州試牘》序

制義者，經説之支流也。經之有説，觸類旁通。不通全書，不能説一句；不通諸經，亦不能説一經。〔一〕制義之爲道，亦如是矣。不精熟於六經之文、儒先之説，而貿然爲之，則陋而已矣，俗而已矣。如牆然，吾未見狹其基而能高其墉者也。〔二〕余自去年視學中州，以經術諷勸諸生，俾知根柢，購《十三經注疏》存於學宫書院，以廣誦習。考試之時，擇典雅者録之，以勸綴學之士。先之以經解，以觀其素所蘊蓄，不欲使空疎者得以倖獲也。至於試帖比偶之體，詮題之法，略同制義，非浸淫書卷者不能作，亦不能工。爰取典雅者與制義經解並著於篇，使覽者知取精用物一本於經，而汲汲討論於文之所自出，則庶幾根茂而實遂也夫。

【説明】

文載《王文簡公文集》卷三，作於嘉慶十三年戊辰。十二年，王引之簡放河南學政。

【校注】

〔一〕〔二〕劉盼遂先生輯入《高郵王氏父子治學切要語》，大有深意。

《儀禮釋官》序

古今治《儀禮》者，討論節文至詳且密，而于官名則略而弗究。績溪胡樸齋先生獨研綜而探索之[一]，備録十七篇之官名，及鄭注所釋，而參驗經傳，訂其是非，爲《儀禮釋官》六卷，並附《侯國官制補考》，拾遺補藝，其辯明也。迹其釐正舊説確有依據者，如釋《燕禮》「膳宰」，據《禮記・文王世子》「膳宰爲主人」，謂主人當是膳宰，鄭氏仍《燕義》，以爲宰夫，非。釋「司宫執燭」、「掃〔所〕畫物」，據《周禮・宫人》「掃除、執燭」，謂司宫即宫人，鄭氏以爲小宰，非。釋「左右正」，據《書》「左右携僕」，謂左右爲僕從之官，不當兼指樂正。釋《大射》「小卿」，據經云「小卿賓西東上」，「後主人獻大夫」，云繼賓以西東上，不云繼小卿，亦不更見獻小卿之文，謂小卿即三卿下五大夫副於卿者，非命於其君之卿。釋《士喪》、《既夕》，據《周禮・宰夫》、《職喪》、《冢人》諸職之文，謂甸人、管人、夏祝、商祝等皆公家之臣來治事者。釋《特牲饋食禮》，據經文，士有私臣，謂士亦有臣，鄭注每云士無臣，非。皆足以裨補前賢，啓發後學，洵考官制者不可無之書也。先生之孫主政培翬出此書以示余[二]，余讀而善之。乃知主政之實事求是，其紹聞蓋有自也。既美其家學，因爲識其書之崖略如此。

【説明】

《序》原載《儀禮釋官》卷首，劉盼遂輯入《王伯申文集補編》卷上。劉氏云：「案：此文依研六閣本《儀禮釋官》録出。」《序》未署年月。據《販書偶記》，《儀禮釋官》初刊於嘉慶丙子，二十一年。重刊於同治己巳，則《序》當寫於嘉慶二十至二十一年。

【校注】

〔一〕胡匡衷，字寅臣，號樸齋，安徽績溪人，歲貢。除《儀禮釋官》九卷，見《清經解》。外，尚有《周易傳義》、《三禮札記》、《周禮畿内授田考實》等。其生平見李桓《國朝耆獻類徵初編》，又《清史列傳》。

〔二〕胡培翬（一七八二——一八四九），字載屏，安徽績溪人。胡匡衷之孫，胡秉欽之子，清代禮學三胡之一，著有《儀禮正義》、《燕寢考》、《研六室文鈔》等。

《太歲考》序

太陰者，太歲之别名也。古人言太歲、太陰者，皆合爲一，近時錢曉徵先生始分爲二〔一〕。其説謂太歲起子，太陰起寅，太陰在太歲前二辰，遂與《爾雅》「太歲在寅」之文相戾。孫淵如觀察謂太陰與太歲無異，而不考太初元年歲星在丑，乃誤以攝提格爲歲星在寅之號〔二〕。許周生兵曹〔三〕爲説以正之，而分太歲、太陰爲二，仍與錢説無異。揆厥所由，皆以《漢志》「太初元年太歲在子」，與上文攝提格之歲建辰絶異。求其説而不得，則或以攝提格爲太陰，或以攝提格爲歲星在寅，以别於在子之太歲耳。今詳考《漢志》文義，乃知「在子」爲「在寅」之譌。太初元用甲寅，其原出於殷術，而隔次、同次爲太歲應歲星之二法，法異而名則同。不揣檮昧，輒爲《太歲考》廿八篇，而繫之以表，以質於綴學之士云。

【説明】

《序》載《經義述聞》卷二九《太歲考》卷首，羅振玉輯入《王文簡公文集》卷三，均無年月。閔爾昌《王引之年譜》列在「嘉慶二十年乙亥」，近是。

【校注】

〔一〕見《潛研堂文集》卷十六《太陰太歲辨》。

〔二〕孫氏有《〈史記·天官書〉考證》見《清史稿》本傳。一書，未見傳本。

〔三〕許宗彦（一七六八——一八一八），字積卿、固卿、周生，浙江德清人。嘉慶四年進士，精通經學、小學、詞章，於天文、禮制多有創見。著有《鑒止水齋集》。

晉任城太守夫人孫氏碑跋

《漢書·杜鄴傳》：「雖有文母之德，必繫於子。」劉奉世〔一〕、胡三省皆以爲文王之母太任，不知文母自謂太姒。謂之文母者，文德之母也，與《大雅·思齊》「文王之母」殊義。

余曩作《經義述聞》，曾援《列女傳》「太姒號曰文母」及《漢書・元后傳》「新室文母」、《後漢・鄧騭傳》「爲漢文母」、《何敞傳》「秉文母之操」以正之。今讀《孫夫人碑》，亦云「焕乎文母，于我夫人」，正謂夫人爲文德之母也。西晉時，古訓猶未湮矣。丙子季夏，秬香先生以碑見示〔二〕，因書鄙見於末，以求是正。

【說明】

《跋》載《王伯申文集補編》卷上。劉盼遂按：「此首據近日影印《孫夫人碑》本録出。晉孫夫人碑，乾隆五十八年癸丑江秬香在新泰縣張孫莊始搜得之。立碑時在晉武帝司馬炎泰始八年。馮雲鵬、馮雲鵷《金石索・石索五》最早録此碑全文。嘉慶二十一年丙子六月，王引之見此碑《辭》曰『焕乎文母，于我夫人』，以爲可作《經義述聞》卷七《毛詩下》『亦右文母』條佐證，於是作此跋。」

【校注】

〔一〕劉奉世，字仲馮，宋代臨江新喻（今江西新余市。）人。進士，宋元祐間官僉書樞密院事。語見《資治通鑑》卷三五《哀帝下》胡三省注引仲馮。　胡三省，字身之，浙江寧海人，宋寶祐間進士，注《資治通鑑》。

〔二〕江鳳彝，字秬香，浙江錢塘人。嘉慶三年進士，工篆隸，嗜金石。

《浙江鄉試録》前序

皇上御極之二十三年，仁洽道豐，慶流祥衍。明年爲六旬萬壽，文思光被，錫福作人，先期詔開鄉會試恩科，以廣闢門籲俊之路，典至鉅也。歲六月，臣部以浙江考官請得旨，命臣引之偕臣李裕堂往典厥事。伏思臣江淮下士，□□國恩。自嘉慶四年以一甲進士除授編修，並□簡擢，洊陟亞卿。其間奉命兩校鄉闈，再膺學政，并畀以讞獄之任，受恩綦重，未効涓埃。兹復仰承諭旨，浙水持衡，感激之餘，悚惶彌切。越日召見，蒙諭以浙江大省當詳慎甄録，爲國家簡拔人才。跪聆訓言，敬佩無斁。謹偕臣裕堂束裝首途，如期抵浙。時監臨則厶，綜理庶務，内外肅清。外提調則厶，外監視則厶，内提調則厶，内監試則厶，内簾監試則厶，職思其居，罔不敬慎。乃進浙江學政臣李宗昉所録□□□□，扃闈三試之。臣引之與副考官臣裕堂□□□□□□等竭三十餘晝夜之力，悉心校閲，得士如□□□□□雅者十四篇，恭呈御覽。臣謹拜手稽首，颺言簡端。曰：臣聞，言者心聲也。有經明行修之士，則有理明詞達之文。故《周禮》賓興，藝不先德；孔門設教，文歸於行。蓋和順積中，而英華發外，未有無所本而能炳然衆著者也。皇上緝熙典學，聖德日新，固已觀乎人文，化成天下矣。復荷睿諭疊頒，申明庠序之教，崇實行而黜浮華，化異端而歸正軌。士之仰承教澤、循誦簡編者，日講明於入孝出悌之經，尊君親上之義，誠所謂經明行修而不汲汲於詞華者也。由□□□於心者應於手，行有恒者言有物，亦必有鎔經

□□抒夙昔之所知所能，而斐然成章者焉。矧兩浙爲人文淵藪，鴻才碩學代不乏人乎！臣知識檮昧，體要莫窺，謹遵聖主詳慎甄録之訓，嚴加遴選。首以體醇氣清，參以書腴傳味，而於經義之湛深、策對之詳洽者，亦並採録。惟期多士於彪炳辭義中静探立言之本，深思樹立之原。他日洊陟清華，躬膺任使，有守有爲，不懈夙夜，庶幾仰副聖天子仁壽樂育之聖典也。夫《周禮》曰：「使民興賢，出使長之；使民興能，入使治之。」〔一〕臣叨司文柄，有厚幸焉。維時官斯士者，則有厶，例得備書。

【説明】

文載《王文簡公文集》卷三。嘉慶二十三年戊寅恩科鄉試，王引之任浙江鄉試主考官。九月放榜後，王引之擇録考卷言論優秀者十四篇，并撰此序恭呈御覽。

【校注】

〔一〕見《周禮·地官·鄉大夫之職》。

《金氏族譜·節孝傳》叙

滿州筆政圖幹恰納妻王依氏，年二十而寡，無子。邁翁在堂，謀爲之立後。氏堅請曰：「撫他人子，終非骨肉，不足奉大宗。願翁娶後姑延以續。」翁感從之，娶繼室，生子觀成。成生七月而翁遽歿，氏哀其姑少寡，奉養有加。躬操作，給衣食，助其姑撫孤，以至成立。因積勞得腫疾，猶不忍自逸，事輒代其姑。卒年五十有四，成已舉於鄉矣。乃以節孝請於朝，坊表墓門。成爲余戊寅浙闈所取士，通經知禮，以此請題。余維孝莫大於有後，撫他人子與所生異氏以爲之後者，必一脈相承，垂絶之緒，幸而復續。其誠孝不可及，天不絶節孝之家，通德達人，他日綿宗緒而充門閭。成能自樹立，知必有以報其節嫂，且慰其賢母也。王引之拜題。

【説明】

文載《王伯申文集補編》卷上，劉盼遂據金息侯《瓜圃叢刊》輯入。嘉慶二十三年，王引之受新科舉人觀成請，爲其嫂王依氏節孝事作傳。

補刊顧澗薲校《淮南子》序

歲在庚辰，元龢顧澗薲文學寓書於顧南雅學士〔一〕，索家大人《讀書雜志》。乃先詒以《淮南雜志》一種，而求其詳識宋本與道藏本不同之字，及平日校訂是書之譌爲家刻所無者，補刻以遺後學。數月書來，果録宋本佳處以示，又示以所訂諸條。其心之細，識之精，實爲近今所罕有，非熟於古書之體（列）〔例〕而能以類推者，不能平允如是。家大人既以數年之力校成《淮南雜志》，而又得文學所校以補而綴之，蓋至是搜剔靡遺矣。今年將補刻所校，爰揚摧之，以爲讀書者法。道光元年二月既望，高郵王引之叙。〔二〕

【説明】

文在《讀書雜志》九《顧校〈淮南子〉各條》，應題爲《〈淮南·内篇〉校補·叙》，作于道光元年。羅振玉輯入《王文簡公文集》卷三，改此題名。

【校注】

〔一〕顧莼（一七六五——一八三二），字希翰、吴羮，號南雅、息廬，江蘇吴縣人。嘉慶七年進士，著有《和珅傳》、《南雅詩文鈔》等。

〔二〕《王文簡公文集》無末十四字，《讀書雜志》本有。

《國語正義》叙〔一〕

歸安董文學增齡〔二〕，博雅士也。所著《國語正義》，援據該備，自先儒傳注及近世通人之説，無弗徵引。又於發明韋注之中時加是正，可謂語之詳而釋之精矣。曏予爲《經義述聞》一書，謹志家公之説，附以鄙見，其中亦有考證《國語》者。他日寫定，當以就正於董君。元注：寫本失載，兹《南潯志》中録出。

【説明】

《叙》原載《國語正義》卷首，劉盼遂輯入《王伯申文集補編》卷上。劉氏云：「右文從章氏式訓堂刊本録出。」《叙》未署年月，據《國語正義》付刊推測，應作於道光初年。

【校注】

〔一〕《國語正義》，二十一卷，光緒六年章氏式訓堂刊本，今已輯入《續修四庫全書》。

〔二〕董增齡，字慶千，號壽群，清代浙江烏程人。除《國語正義》外，尚有《規杜繹義》、《金匱集解》、《論語雅言》等。

王南陔中丞《困學説文圖》跋〔一〕

南陔語引之曰：「小學之要在訓詁，訓詁之要在聲音。知字而不知聲，訓詁或幾乎隱矣。此無他，聲之中有意也。善學《説文》者，觀字之龤聲而得其意。」引之曰：「謹受教矣。」又曰：「欲求古音，舍《説文》之龤聲、讀若，奚以哉？其古音同部相龤而同讀者，音之正也；古音異部相龤而同讀者，音之轉也。善學《説文》者，觀其龤聲、讀若，而古音之同類與其不同類而類相近者，皆可以得之。」引之曰：「謹受教矣。」又曰：「許氏曰：『字者，孳也，言孳乳而浸多也。』倉頡以來，書契之用廣矣，形聲相益，豈有定數哉？《説文》之爲書，非以盡天下之字而爲不可增減之書，乃舉其大凡以爲例，使雖有古字不在此者，皆可以類求之。故善學《説文》者，心通其意而不泥于其跡也。」引之曰：「謹受教矣。」退而取五百四十部之文讀之，脗乎其若有合也。既而歎曰：「由南陔之言以治《説文》，則聲音、文字、訓詁一以貫之；不由乎南陔之言，則餂聲、讀若與訓之生於聲者，舉不可見矣。雖有字，吾得而識諸？」南陔方爲《困學説文圖》以自勵，乃爲述其意如此。

【説明】

《跋》在《王文簡公文集》卷三，又載《説文解字詁林補遺》，未署年月。據王引之與王紹蘭往來書札，此《跋》殆作於道光年間。

【校注】

〔一〕王紹蘭，字畹馨，號南陔，晚號思惟居士，浙江蕭山人。乾隆五十八年進士，有《説文段注訂補》十四卷、《許鄭學廬存稿》八卷、《周人經説》八卷、《漢書地理志校注》二卷、《管子地員篇注》四卷。

《道光元年辛巳恩科浙江鄉試録》前序

皇上御極之元年，開物成務，綱舉目張，實心施於實政，治法行以治人。思任官之惟賢，由於取士之必得，詔開鄉會試恩科，以廣闢門籲俊之路，典至巨也。歲六月，禮臣以浙江考官請，得旨以臣引之偕工部郎中臣吴孝銘往典試事。伏思臣江淮下士，世受國恩，由一甲進士供職編修，洊升卿貳。二十年來督學者再，典鄉試者三，典會試者一。而浙江則臣自戊寅校録，甫閲三年，乃復恭膺簡命，忝預持衡，誠逾格之洪慈，儒臣之榮幸也。聞命後，具摺陳謝，仰蒙聖諭諄諄：「以浙江試卷，汝曾經校閲，此番宜更熟諳，惟事繫掄才，必當倍加詳慎。」臣謹識於心不敢忘。即日與臣孝銘星馳就道，抵境入闈。監臨則浙江巡撫臣帥承瀛，整綱飭紀，内外嚴肅。提調則浙江布政使司布政使臣嵩孚、護理分巡杭嘉湖道事杭州府知府臣吴廷琛，監試則浙江按察使司按察使臣葉汝芝、分巡寧紹台道臣史譜，内簾監試則浙江紹興府知府臣馮清聘，職思其居，罔不敬謹。乃進浙江學政臣戴聯奎所録士九千餘人，扃闈三試之。臣引之、臣孝銘率同考官臨安縣知縣臣郜文英、新城縣知縣臣武新安、桐鄉縣知縣臣王鼎銘、長興縣知縣臣馬伯樂、武康縣知縣臣慶□、安吉縣知縣臣王頣、奉化縣知縣臣楊國翰、上虞縣知縣臣李宗傳、嵊縣知縣臣葉桐封、義烏縣知縣臣程璋、湯溪縣知縣臣蕭馥馨、龍游縣知縣臣楊鴻、常山縣知縣臣□升棓、青田縣知縣臣董承熹、龍泉縣知縣臣黄錫祚、候補知縣臣饒芝等，齋心甄録，得士一百四十四人。擇其文之尤雅者十四篇，進呈御覽。臣謹拜手稽首，颺言簡端。曰：竊聞《虞書》有之曰：「敷奏以言。」[一]制義詩策者，言也。而品之醇疵、才之邪正，往往流露於楮墨之間。持衡者即其言以測其人，而棄取定焉。所謂不知言，無以知人也。我朝觀文成化，累洽重熙。皇上敬典求賢，簡擢不次，涖政之始，即以廣教化、厲人才爲先務。萬方士子斐然嚮風，罔不争自濯磨，思登進乎皇路，以黼黻大猷。矧浙江爲人文薈萃之區，江海之鍾英，湖山之毓秀，其磅薄鬱積之氣，賦於人而燦於文者，美不勝收矣。然言必期於通用，學必求其有本。若徒剽竊糟粕，矜誇雕繪，或繁其文而簡其質，或略於理而詳於詞，所謂無本之言，心無所得。本之不固，而暢茂條達者，未之有也，又安望其坐而言者，起而行哉？古者司成四術，教以《詩》、《書》、《禮》、《樂》；司徒三物，歸於德行。道藝所以興賢興能，出長入治者，胥由此作。蓋聖賢經世之方，莫備於經。士子邃於經術，積中發外，則言之必有物，出之必有章。其理正，故能正天下之理；其氣平，故能平天下之氣。言之有倫有要，人之有爲有守，有相因而無相背也。臣謹持此以衡多士：凡言之貫徹古訓，有得於聖賢修己治人之道者，則亟録之。至空疎而貌爲簡古，餖飣而矜其博贍，以及曼衍之説、詭異之製，則姑置之。苟其文之歸於正，則以卜其人之底於純。他日洊陟清華，仰膺任使，或以文章報國，或以政事書勛，使人知盛世明揚，無非有體有用之士。是則臣區區之心所深幸者也。惟時官是土者，兼署閩浙總督福建巡撫臣顔檢，杭州將軍臣薩秉阿，浙江巡撫兼鹽政臣帥承瀛，浙江學政臣戴聯奎，杭州副都統臣松齡，乍浦副都統臣墨爾根納，杭州織造臣福德，提督浙江水陸總兵官臣王得禄，護定海鎮總兵事鎮海營參將臣常遇泰，黄巖鎮總兵官臣羅光炤，衢州鎮總兵官臣慶熙，温州鎮總兵官臣沈添華，署處州鎮總兵事嚴州協副將臣戴文星，浙江布政使臣嵩孚，浙江按察使臣葉汝芝，浙江鹽運使臣方應綸，浙江糧儲道臣蘇明阿，護杭嘉湖道事杭州府知府臣吴廷琛，寧紹台道臣史譜，護金衢嚴道事金華府知府臣景昌，處温道臣和鈞，署杭州府事嚴州府知府臣張青選，例得備書。

【説明】 文載《王文簡公文集》卷三。道光元年辛巳六月恩科鄉試，王引之任浙江鄉試正考官。九月鄉試放榜後，王引之擇録考卷言論優秀者十四篇，并撰此序恭呈御覽。

【校注】

〔一〕見《舜典》。

《蕭山王晚聞先生文集》序〔一〕

文章之源，出於經訓，故六經者，文章之祖也。其次則先秦諸子、兩漢遺書，皆無意爲文而極天下之文之盛。不本乎此而欲爲文，則薄而已矣，俗而已矣，雷同而已矣。蕭山王晚聞先生，一時碩學，孰讀三代、兩漢之書，而發而爲文。故其辭質，其義醇，有淡雅之才，無馳騁之氣。昔人所謂文章爾雅、訓辭深厚者，先生之文，其庶幾乎！予既快讀先生之文，愈欲睹先生之著作，他日將從敦甫尚書轉求之以廣聞見〔二〕，則所敬佩而服膺者，非直此一編而已也。

【説明】

《序》載《王文簡公文集》卷三，未署年月。王晚聞文集最早刊於道光十年庚寅，而王晚聞卒於道光六年丙戌，文集由其子裒集而成，故此《序》當作於道光六年至十年間。

【校注】

〔一〕《蕭山王晚聞先生文集》，即《晚聞居士遺集》，十卷。撰者王宗炎（一七五五——一八二六），字以除，號穀塍，晚號晚聞居士，浙江蕭山人，乾隆四十五年進士。

〔二〕湯金釗（一七七二——一八五六），字敦甫、勖兹，謚文端，浙江蕭山人。王宗炎弟子，嘉慶四年進士。官至吏部尚書、協辦大學士。著有《寸心知室存稿》。

《李復園文》序〔一〕

儒生操不律，發抒胸中蘊蓄，凡紀事狀物，據時以立論者，皆文也。迨言孔、孟，言則非三代以上語不道，可謂有志於古矣，而世乃謂之時文。或以爲字句華樸，結構疎整，必隨風氣爲轉移，因而厭故喜新，閱者、作者歸於一致，時好存焉，故謂之時文。然自其字句結構言之，屢變者也；自其理法言之，不變者也。理精法密，至於作小題文，則斂才就範，雖百變而不離其宗。證諸名家所存，殆若重規疊矩。吾鄉李復園先生，碩學清才，蚤馳佳譽，於此道稱文雄。余年近弱冠，時吴興屠平圃先生主講於珠湖書院。其時先生與邑中文士類皆北面，余亦以時藝就正於平圃先生，因得並聞先生緒論，輒心折焉。忽忽數十年來，先生以不遇終，非余當時意計所及也。今年先生令子菘圃寄示先生小題文刊本〔二〕，及附刊之試藝，共若干篇，爲吾鄉賈午亭廣文所選訂者〔三〕，而屬余爲之序。先生著作，無慮萬紙，此殆十之一。大約理精法密，中辭妍筆妙，宜古宜今，足以津逮後學，匪直華樣新鮮、揣合時好而已。午亭於先生交最深，論文亦契合無間，所選蓋尤疋焉。菘圃篤行好學，繼先生稱作手，及門從湖之盛亦如先生設帳時。頃因刊先生遺文，便以所作附刊卷末。其文華贍深穩，能於理法中神明規矩者，此才定不以明經老耳。菘圃爲余舅氏女夫，余誼附葭莩〔四〕，爰不辭而爲之序。

【說明】

《序》在《王文簡公文集》卷三。道光七年，王引之因李鈞衡請，爲其父李弼《復園文稿》作是序。

【校注】

〔一〕《李復園文》，即《復園文稿》，撰者李弼，字夢巖，號復園，江蘇高郵人，廩生。《復園文稿》外，尚有《小題塾課》、《榮春堂稿》。

〔二〕李鈞衡，字贊平，號菘圃，李弼子，道光四年貢生。

〔三〕賈午亭廣文：生平不詳。

〔四〕葭莩：蘆葦莖中薄膜，喻遠親。

壽朱母范恭人五十序

余於己未出我夫子文正公之門〔一〕，迄今三十年矣。始屬師生，繼爲姻婭。朱母范恭人者，我夫子文正公冢孫婦也〔二〕，又與余妻爲女晜弟。時惟孟秋，乃朱母范恭人五十設帨之辰〔三〕，其嗣屬予爲序。余本不能文，又不能拒其所請，聊舉數語以紀恭人之所以壽也，但恐不能盡恭人之淑德耳。恭人范氏，本望族也，爲光禄卿范叔度先生之少女〔四〕。少即穎慧，嫻女史，明大義，故我夫子文正公聞之而締姻焉。及咏于歸，克盡婦職，先志承歡，族黨中一無間言。其相夫也以敬，故得由科第而洊至顯達。其柄家政也以肅，自非懿親，莫覩其面。即有冠婚晏會諸大禮，而裙裾未嘗曳堂閾間。其課子也以嚴，不少姑息，自蘭室即世後〔五〕，其數子皆森森玉立，而督課之責，父師兼之。其長君，則以我夫子文正公之裔，仰邀皇帝垂眷之恩，成孝廉焉。其次或遊太學，或列青衿〔六〕，得以上繼我夫子文正公家聲者，皆恭人之教也。以此致壽，不亦宜乎？今其令嗣諸君爲恭人稱觴上壽，余得以與諸姻婭語曰：「保其世胄，稽其行表，而悉恭人之賢，如古所稱令妻壽母者，殆不可枚舉。僅以其事姑之孝、相夫之敬、待下之嚴且肅也略序其德，以佐稱觴，然乎不然？」諸姻婭曰：「唯唯。」因以示其長君。其長君則再拜而受曰：「先生之言，不諛不誣，是真足以壽吾母已。」

【説明】

文載《王文簡公文集》卷四，作於道光九年七月。此朱母范恭人，乃王引之繼室范氏之妹。

【校注】

〔一〕文正公：朱珪，字石君，號南厓，卒謚文正，順天大興人。乾隆十三年進士，嘉慶帝師。

〔二〕冢孫婦：嫡長孫之妻。

〔三〕設帨，指女子生日。

〔四〕范鏊，字叔度，清順天大興今屬北京。人，官至光禄寺卿。

〔五〕蘭室，指朱珪嫡長孫號蘭室者，亦即范恭人之夫。
〔六〕青衿，舊指讀書人。典出《詩·子衿》。

《釋名定本》序

顧明經凋蘋以吴文學志忠所校《釋名》見示〔一〕，且索數語爲之序。余曩讀畢尚書校本而善之〔二〕，今讀吴君校本，則又有畢本所不及者。如《釋天》：「齊魯謂光爲枉。」今本衍「景」字、「矢」字。《釋水》：「水經川所歸之處曰海。」今本脱「所」字、「曰海」字。《釋丘》：「北阻水以爲險也。」今本「北」誤「此」。《釋言語》：「終，充也，充之於始也。」今本脱前四字。《釋綵帛》：「亦曰繭幕。」今本脱「亦曰」字。《釋用器》：「仇，讎也。」今本衍「矛」字。《釋車》：「輻，輹也。」今本「輻」誤「轠」。皆據本書之例更正之，誠至當不易之説也。其它精審者不可枚舉，兹特剌其犖犖大者以表吴君之卓識云。

【説明】

《釋名定本》，清吴志忠校定付刊，見《小學彙函》。此《序》在吴氏定本卷首，羅振玉輯入《王文簡公文集》卷三。《序》作於道光九年己丑六月晦日。

【校注】

〔一〕吴志忠，字有堂，號妙道人，江蘇吴縣今蘇州市。人。校《釋名》外，尚有《四書章句附考》，又刻

《真意堂叢書》。

〔二〕見畢沅《釋名疏證》。

《讀書雜志餘編》叙

先子所著《讀書雜志》十種，自嘉慶十七年以後陸續付梓，至去年仲冬甫畢。中月〔一〕，而先子病没。敬檢遺稿十種而外，猶有手訂二百六十餘條。恐其久而散失，無以遺後學，謹刻爲《餘編》二卷，以附於全書之後。道光十二年四月朔日，哀子引之泣書。

【校注】

〔一〕中月，間隔仲冬一月，即道光十二年正月。《讀書雜志》在道光十一年仲冬十一月。刻竣。

《信宜四李先生制義》序〔一〕

四李先生者，信宜李遠溪孝廉及其從子艮齋明經、雙江大令、鏡泉明經也。先大父督學肇高〔二〕，遠溪先生首與拔萃之選，艮齋、雙江兩先生亦以童年補弟子員。其後撫粵，招艮齋、雙江肄業於書院，親爲講授。及官禮部尚書，雙江先生又偕其弟鏡泉先生受業於門。時先大父以理學爲儒生倡，講明濂雒關閩之指〔三〕，四先生尊聞行知，實優柔而饜飫之。先大父以爲嶺門道脈萃於一門，則其學可知矣。四先生或以孝謹聞於鄉，或以惠愛浹於民，修己治人，皆上不愧於古人，下可風於來許。揆厥生平，固不徒以文藝見稱於世。而迄今讀其制義，理則縝密以栗，色則温潤而澤，聲則清越以長，仍各如其品與學之粹美，而積中發外焉，非有本者而能如是乎？余再三展讀，並讀先大父論文之語，如見當年一堂授受之勤，且殷然動述祖之思，而自愧有志之未逮也。李廣文世芳，鏡泉先生子也，寄書於余，屬綴一言於簡末，用敢志其涯略如此。

【説明】

文載《王文簡公文集》卷三，未詳年月。制義，科考文章。

【校注】

〔一〕信宜，縣邑名，在今廣東省西南部。

〔二〕王引之之祖父王安國，字書城，號春圃，謚文肅。本書甲編有王念孫《春圃府君行狀》。

〔三〕濂雒關閩：宋代理學四大學派，分别指湖南道州濂溪周敦頤、河南洛陽程顥及程頤、陝西張載、福建朱熹。

書札

致焦理堂書四通〔一〕

一

引之頓首，啟理堂先生足下：前在京師，閣學阮君爲言先生之學，引心折久矣。復讀大著《群經宫室圖考》，所釋諸條，多前人所未發。近世學者，不少博覽之士，而卓識如先生者不多見也。手書到日，引在天長未歸〔二〕。月之初二日，始歸而讀之，如舊相識然。阮閣學書中徵先祖遺詩，檢手蹟皆無之，容于親友家再爲訪求，遲一兩月自當報命，手書寄浙，幸先爲言之。肅此覆候鈞祺。八月八日，弟王引之頓首。

二

引之頓首，上理堂先生苫次〔三〕：前書未及寄達，復從梟村沈丈書中得訃音，驚聞先生有桐杖之痛〔四〕。敬惟先生至性過人，驟膺大故，哀悼何如！然毁不危身，所以全孝也，況著述等身，顯揚親名，正未有艾。尚祈節情自重，以慰在天之靈。引之斬焉憂服之中，聞此倍益悽愴，徒以經營墓地，未得與於弔客之數，謹寄香楮，用表微意，惟鑒不宣。引之再拜，十月廿五日。

三

王引之頓首。去歲奉書一函，託鄭星兄轉致，想已入覽。兹從沈四丈處得見大著《釋𢷬》及所和詩〔五〕。《釋𢷬》爲沈丈抄録未畢，尚未携歸細讀。生平不喜略觀大概，於足下所作尤不敢草草讀之，恐不能盡沈鬱之思、澹雅之才也。正月二十日，引之頓首。

四

引之頓首，理堂先生執事：日者奉手書，示以説《易》諸條，鑿破混沌，掃除雲霧，可謂精鋭之兵矣。一一推求，皆至精至實。要其法則，「比例」二字盡之。所謂「比例」者，固不在它書，而在本書也。未知先生以爲何如？惠定宇先生考古雖勤，而識不高，心不細，見異於今者則從之，大都不論是非。如説《周禮》丘封之度，顛倒甚矣，它人無此謬也。來書言之，足使株守漢學而不求是者爽然自失。《經義述聞》又增刻百七十條，容俟覓便寄請教正。布問動履，書不盡意，引之再拜。

【說明】

王引之致焦理堂書四通，載《王文簡公文集》卷四、《王伯申文集補編》卷上。分别寫於嘉慶十年乙丑八月八日、十月二十五日、嘉慶十一年丙寅正月二十日、嘉慶二十年乙亥十月二日。

【校注】

〔一〕焦循，字理堂，江蘇甘泉今揚州市。人。經學家、算學家、戲曲理論家。有《孟子正義》三十卷、《論語通釋》一卷、《雕菰樓集》二十四卷、《易餘籥録》二十卷、《開方通釋》一卷、《劇説》六卷等書。

〔二〕是時，王引之奉妣吴恭人喪，卜地於安徽天長縣汴子橋東南彭家庵下葬。

〔三〕劉盼遂案：理堂於乙丑十月丁生母憂。

〔四〕桐杖，《埤雅·釋木》：「父喪，杖竹；母喪，杖桐。竹有節，父道也；桐能同，母道也。」

〔五〕「撱」，《里堂學算記·釋橢》作「橢」，從木不從扌，當據改。

與夏遂園書〔一〕

引之頓首。相距數十里，不獲趨侍左右，企望德煇，無日忘之。昨自外歸，得奉手書并拜讀大著《原聲》一册〔二〕，遡派昆侖，匯流渤澥，實前人所未發也。引之弱冠以後讀顧、江、段三先生書，折衷於家父《毛詩九經音》〔三〕，而窺古韻之都。凡其分别部居而彼此互通者，閒嘗一一記之，覺其變動不居，又復方以類聚，降而後世之音屢易矣，而由此達彼亦有順而播者。今讀大著，統會羣音，歸之一貫，其諸易簡而得天下之理乎〔四〕？自是以推，則今韻之異於古者，不得概從鄙棄；古韻之異部而爲韻者，亦不至駭且怪矣。引之於歌曲之趣，未之尋討，直據生平檮昧之見，以揆碩儒之説，十分而得其一二，固未能盡識也。暇時謹當承命譔序〔五〕，以志佩服之誠。先此復問起居，不備。

【説明】

王引之致夏遂園書，原載《三百篇原聲》卷首，題作《王伯申庶子書》，羅振玉輯入《王文簡公文集》卷四。據「相距數十里」句，王引之此時應在高郵一帶。按年譜，嘉慶十年，王引之奉母靈柩歸葬天長。故定此札作於嘉慶十年秋。

【校注】

〔一〕夏味堂，字鼎和，號遂園，高郵人。乾隆間舉人，有《拾雅》、《三百篇原聲》等。

〔二〕《原聲》，即《三百篇原聲》，七卷，有嘉慶十二年丁卯刻本。今見《四庫未收書輯刊》。

〔三〕《毛詩九經音》，似即《詩經羣經楚辭韻譜》，古韻二十一部説。

〔四〕「易簡」句：《周易正義》卷首《第一論易之三名》引鄭玄《易贊·易論》云：「易，一名而含三義：易簡，一也；變易，二也；不易，三也。」

〔五〕此句是王引之推脱之辭。夏書荒誕不經，力攻顧、江之説，故意標新立異。

致宋小城書

王引之頓首，小城大兄大人執事：夏閒在南陽試院，接奉手書，藉悉近履安好爲慰。六月下旬回汴，又讀《諧聲補逸》，凡所發明，咸與二十一部相合，而能觀其會通，洵爲叔重之功臣，六書之羽翼也，拜服拜服。兩日後便覓妥人寄柬〔一〕，請家嚴細閲。承屬序大著，涯略，當謹附跋語於卷末耳。王引之再拜。

【説明】

王引之致宋小城書，應有二通，均論及《諧聲補逸》，分别寫於嘉慶十三年戊辰、十四年己巳六月下旬。今《諧聲補逸》卷首僅有十四年己巳一書，《王文簡公文集》卷四同。劉盼遂《王引之年譜》「嘉慶十三年」下云：「與宋小城書，論宋所撰《説文諧聲補逸》，爲訂正《米部》『粜』字音讀一則。」宋氏書中引王引之説二條。參王念孫致宋小城書。

【校注】

〔一〕《諧聲補逸》卷首，「妥」誤「安」，「柬」誤「東」。

答宋翔鳳書

接誦手書，極承匡救。朋友切切，受益何窮！拙著不信向、歆，頗嫌武斷。欲依竹垞説〔一〕，以《序》當廿九篇之一，則又多所抵牾。無已，則姑仍孔沖遠爲史總之之説〔二〕，以俟將來細考〔三〕。或亦不知蓋闕之義乎？引之頓首。

【説明】

此札附宋翔鳳《樸學齋文録》卷一《與王伯申學士書》後。標題乃《合集》編者所加。對照《經義述聞》卷四《伏生尚書二十九篇説》及所附《某孝廉書》，此札答覆來書，且早於《説》。來書既定在嘉慶十六年，則此札應作於接讀來書後不久。嘉慶二十一年，阮元授南昌盧宣旬刻本中，不知是否有《某孝廉書》，若有，則此説可以坐實。

【校注】

〔一〕竹垞：朱彝尊，字錫鬯，號竹垞，浙江秀水今嘉興市。人。康熙間舉博學鴻詞，授翰林院檢討。博學多才，著述宏富，是著名經學家、史學家、文獻學家。其説《書序》，見《經義考》卷七十三。

〔二〕孔穎達，字仲達，一作沖遠，卒謚憲。「爲史總之之説」，見《尚書正義·序》；又見《經義述聞》卷四《伏生尚書二十九篇説》。

〔三〕朱説、孔説，王引之曰：「皆非也。」其「細考」，即在《伏生尚書二十九篇説》中。

與汪喜孫書

奉來教，知先生盼遂按：此指孟慈之尊人容甫先生言。所著《述學》、《春秋述義》而外，尚有《知新記》、《廣陵通典》二書。乞將拙稿寄還〔一〕，謹當增改一二語，再爲奉教。

〔劉盼遂按〕：右文據《汪氏學行記》卷四。

【説明】

王引之與汪喜孫書，載《汪氏學行記》卷四、《王伯申文集補編》卷上。殆寫於嘉慶二十年乙亥六月己未後數日。

【校注】

〔一〕拙稿，應指王引之《汪容甫先生行狀》。

與雨園書〔一〕

啟者，梁伯子先生名玉繩者〔二〕，未知某科進士，曾任京外何官，務祈示知爲荷，緣家君《史記》校語內欲引渠說也〔三〕。此懇，即請雨園大兄大人日安。愚弟王引之頓首。

【說明】

書載《昭代名人尺牘續集》、《王伯申文集補編》卷上。據「《史記》校語內欲引渠說也」一句，殆寫於嘉慶二十至二十二年。參見《史記雜志序》。

【校注】

〔一〕汪潤之，字雨園，浙江錢塘人。乾隆己酉恩科解元，嘉慶六年辛酉進士，任福建學政，官至禮部侍郎。有《漱藝堂詩稿》。

〔二〕梁玉繩，字曜北，號清白士，浙江錢塘人，梁同書之子。史學家，有《史記志疑》三十六卷、《清白士集》三十卷。

〔三〕《史記》校語，見《讀書雜志》之《史記雜志》六卷。

與宋卣勛書〔一〕

大著勤求古義以釋古經，觸類引伸，四通六闢。中如「袂」當爲「秩」，「酌」當爲「酌」，尤見卓識精思，非熟于諧聲、假借之例不能有此。弟嘗欲輯古書通作之字，以考古音之分合。先生此書先我著鞭矣，敬服敬服。承委校勘，遵命附記一二簽。管窺之見，未知是否，仍希教正。王引之頓首，确山先生足下。

【説明】

劉盼遂按：「此文載宋世犖《儀禮古今文疏證》卷首。」劉氏收入《王伯申文集補編》卷上。寫於嘉慶二十一年丙子。宋氏刻《儀禮古今文疏證》，以代弁語。

【校注】

〔一〕宋世犖，字卣勛，號確山，浙江臨海人。有《周禮故書疏證》、《儀禮古今文疏證》、《紅杏軒詩鈔》、《確山樓駢體文》、《台州叢書》。

覆王畹馨書四通

一

憶昨于役臨安〔一〕，辱承芳訊勤拳，并荷多珍寵賚，立即修函布謝，想已達左右矣。舟中拜讀大著《管子説》、《名字雜記》，援據古訓以釋疑義，思力精鋭，四通八達，信所謂實事求是者也，敬服之至。「雕琢采」一條，鄙見與尊説不謀而合，竊自喜其説之不孤。「抱蜀不言」，朱東光以「蜀」爲「器」字之譌〔二〕，似爲得之。蓋「器」之篆作「㗊」，上兩「口」字相連而譌爲「四」，下兩「口」字在右者脱落，在左者譌而爲「虫」，「亢」字又譌爲「勹」，則成「蜀」矣。正文是「器」字，故解云「所謂器者，祠器也」。若是「蜀」字，不得訓爲祠器矣。「蓮與藁蕪」、「藁蕪椒連」，鄙見「蓮」與「連」皆「蘭」字之假借，猶「清且瀾猗」之「瀾」通作「漣」也。「椒連」即「椒蘭」，《荀子·禮論》篇「椒蘭芬苾」是也，似可直讀爲「蘭」。「雙武之皮」，注作「雙虎之皮」。鄙見正文當作「虎」，注文避諱當作「武」，寫者上下顛倒耳。下文「市虎豹之皮」即承此言之，則正文之作「虎」可知，未知是否，仍希教正。弟别後，於九月下旬舟抵廣陵。祭掃畢後，於十月十一日由王家營遵陸遄行，至仲冬朔日復命，塗中一切無恙。家嚴眠食如常，差堪告慰遠注。謹此布候動履。

二

前奉惠函，欣悉動履勝常，甲第安吉，一如私祝爲慰。春闈校士〔三〕，抱媿珠遺，乃蒙奬借逾常，倍增忸怩。《漢書雜志》尚未付梓，蒙來示詢及，悚側奚如！段大令《説文注》謂《爾雅》「其跡速」爲籀文「速」之譌，一證以《廣雅》「踈」字曹憲音「匹跡」，一證以《集韻》「跡」字下重「踈」字。然「匹跡」之合聲爲「僻」，非「速」之反切也。《説文》、《玉篇》、《廣韻》「跡」字下但有「速」無「踈」，《集韻》恐不足爲據。《爾雅》「其跡速」，别異名也。若以爲籀文

「速」，則與「跡」同，斷無「其跡跡」之理。段説似未安，未知高明以爲奚若？敦甫四兄讀禮南還〔四〕，遂使弟鮮切磋之助，爲之悵然。弟碌碌步趨，無足稱道，所幸家公眠食如常，弟亦粗安，差可告慰垂注。敬泐數行，布問起居。

三

兩承芳訊下頒，並快讀尊著，及拜〔五〕賜《經韻樓集》。備稔興居安吉，著作日增，以慰以羨。承示《管子》、《淮南》諸條，精核過人，如「立優美」、「服牛軺馬」尤爲確不可易，容當援引尊説載入《雜志補遺》。田成常之「常」非字，有《公羊傳》「常之母」可證，仰蒙指示，始若發蒙，尤爲感佩。《地理志》新莽郡縣之名，校書者多在所略，尊著釐正譌誤，皆極精確，爲學之密，真無一字放過矣。段大令《説文注》力辨「麠」字之誤，始則删之，繼則改其篆而移其次，又欲並《爾雅》而改之。其所據者，曹憲音而已。竊謂《爾雅》、《説文》皆不誤，而《廣雅》則誤。《廣雅》原文本不誤，而曹憲所據之本則誤。據誤本而爲之音，是以與《爾雅》、《説文》不合也。大令當據《爾雅》、《説文》以正《廣雅》傳寫之誤，不當據《廣雅》傳寫之誤以改《爾雅》、《説文》。謹録呈鄙説一條，檮昧之見，未知是否，敬祈大兄從實指示，以祛煩惑。《地官·迹人》有「禁麛卵」之文，言麛，而麌在其中，《國語》所謂「獸長麛麌」也。

似舉鹿子以該其餘，而非專謂鹿子，故鄭注兼麋子言之，云：「麛，麋鹿子也。」《王制》之「不麛不卵」亦當然。《迹人》又言：「凡田獵者受令焉，所獵之獸非獨鹿而已。」鄭注《敘官》同。迹之言迹知禽獸處，則凡禽獸皆迹之也。《左傳》：「迹人來告曰：逢澤有介麋焉。」則麛亦在所迹，不唯鹿也，似非鹿迹稱迹之確據。至《管子》「毋傳速」，字義難曉，已不可攷矣。尊說云《廣雅·釋丘》「𠂤，細也」，《北堂書鈔》引作「細土」，與《說文》「（書商）〔睯商〕」，小塊」之義正合。案：《廣雅》既采《說文》，便當依原文作「小塊」，未必改爲「細土」。且此篇爲《釋丘》，故解「𠂤」字名義。若是「（書商）〔睯商〕」，細土」，則當入《釋地》矣。《書鈔》引入《𠂤部》，則「𠂤」字不誤。惟「細土」二字難曉。《書鈔》譌誤甚多，此條又衹一引，無可參校。「土」字恐因上下文「積土」、「土山」之文而衍也。或曰「細」當爲「紐」。阜紐也者，阜之爲言紐也。阜、紐聲相近，以「紐」釋「阜」，猶以「端」釋「原」，以「産」釋「山」，說其命名之義也。然書傳無徵，亦未敢遽信，闕之何如，仍希裁酌。尊著之禮糾鄭注違失，足破株守之習，有功後學正鉅。蒙載家公之說，感荷何如。「所以行之者一也」，鄭注「不變」二字或即解「一」字。東漢時傳寫蓋已衍此字矣，尊說是也。弟奔走之餘，偶涉書傳，殊乏專心致志。較之禮堂寫定，學博思精，常自抱不殖將落之懼。尚望時錫箴規，警其頹惰，是所深幸。弟公私一切如常，家公眠食平善，差可藉慰勤惓。敬泐數行，敬申謝悃，並問動履。

四

客秋接奉賜函，闕然未報，抱歉奚如。起復入都，又拜讀手書，備承垂注殷惓，感頌之至。藉稔大兄大人杖履綏和，眠食康泰，一慰祝忱。老伯大人神道碑文，謹遵命擬稿録呈左右，自媿言之不文，無以表章盛德，仍祈椽筆改正，是所切禱。弟候補春明，諸叨平順，差堪告慰綺懷。率數行〔六〕，虔問動履，并問世兄近好。諸惟朗鑒不備。

【説明】

王引之致王畹馨書四通，載《王文簡公文集》卷四、《王伯申文集補編》卷上。分别寫於嘉慶二十三年戊寅、道光三年癸未、道光十年庚寅、道光十四年八月既望。道光十四年八月既望，王引之爲王畹馨之父作《王公神道碑》，詳彼碑文。

【校注】

〔一〕嘉慶二十三年六月，王引之充浙江鄉試正考官。「于役臨安」，即指此。

〔二〕朱東光，明人，有《中都四子集》。《老》、《莊》、《管》、《淮南》。

〔三〕道光三年三月，王引之充會試副總裁。「春闈校士」指此。

〔四〕敦甫四兄，湯金釗，字敦甫，一字勛兹，浙江蕭山人。有《寸心知室存稿》。因力薦林則徐禁烟，得罪權貴；又爲吏員攻訐，坐降四級調用。

讀禮，代指居喪。語本《禮記·曲禮下》：「居喪，未葬讀喪禮，既葬讀祭禮。」

〔五〕「拜」疑誤，當作「惠」。
〔六〕「率」下當補「泑」字，通「勒」，手書。

與陳碩甫書九通

一

碩甫先生執事：前日拜讀大著〔一〕，援證詳審，有功經學，非憑虛決斷者可比。惟有欲獻疑者：《莊子》「五石之瓠，以爲大尊，而浮乎江湖」，似即《國語》所謂「苦匏共濟」者。《神農本艸》有苦瓠，即苦匏也。故《邶風》毛傳云：「匏謂之瓠。」匏與瓠或亦無大分别。又《生民》「實穜實褎」，今本毛傳「穜，雜穜也」，與《箋》「不雜」意相背，似當以孔疏作「雍穜」爲長。未知是否，仍希指示。

二

碩甫大兄先生執事：前後三奉手書，以俗事紛乘，未及裁復。家君重宴鹿鳴，辱承殷惓致賀，感謝靡涯。前稔大兄先生讀書杭州山寺，此時已還歸不遥。惟萱堂康健，動履清龢，不卜可想。承寄示《毛詩》傳義五則，具見討論精宷，詢及芻蕘，可勝欽佩！尊説毛傳「塞，瘞也」，瘞當爲實，養取也，引《月令》「羣鳥養羞」爲證，皆確不可易。至「王事敦我」，敦，厚也，於經意尚未允協，故鄭易之云「敦猶投擿也」，箋是而傳非，似不必曲爲之諱。尊説又言三家《詩》多用本字，疑以己意讀經，不必盡是師傳本子不同，如司馬遷以訓詁字代經之比。案三家《詩》訓詁字皆在注中，如「是艾是濩」，《韓詩》「艾」作「刈」，云「取也」；「實命不猶」，《韓詩》「寔」作「實」，云「有也」之屬是也。未嘗取以代經，其正文字異，仍是師傳本子可知。故其字雖異而聲則同，非若司馬遷以訓詁字代經，義同而聲異也。未知是否，仍希裁酌。弟昕夕奔馳，諸無善狀，幸公私順適，家君眠食無恙，可以告慰。《經義述聞》補綴尚未完竣，未及付梓，故不獲寄呈。《漢書雜志》現在校刻，約明年夏〔問〕〔間〕可畢耳。耑此覆謝，並候素履，附呈家嚴《紀恩詩》，敬求雅教。餘情縷縷，不盡欲言。

三

碩甫先生執事：去冬接誦手書，旋即裁復，並以家刻《逸周書雜志》二册寄呈左右，又有拙著《經傳釋詞》一部轉送江琴濤先生令孫〔二〕，由竇三元緞局寄上。今讀二月手書，乃知未達經席，不知此時已寄到否。承示大著數則，家君已細讀一過，所極佩服者，「每有，雖也」，「有」衍字；「不適不蹟也，不徹不道也」，上「也」衍字二條。冬間，於《爾雅述聞》内據引尊説矣。其「江漢浮浮」一條與鄙見不謀而同，讀畢不覺狂喜，頗自幸其説之不孤也。其餘諸條皆確，唯《敝笱》、《九罭》傳「大魚」之訓，鄙見以爲傳、箋異義，箋以爲小魚，傳則以爲大魚，《敝笱》傳「鰥，大魚」，似當作「魴鰥，大魚」；「魴鱮，大魚」，似當作「鱮，大魚」。自應各仍其舊。段茂堂先生欲去「大」字，則是改傳以從箋矣，其説似不可從，祈高明酌之。拙著《經義述聞》付梓未竟，兹以《毛詩》三册寄呈大教，疎舛之處，從實指摘，俾得檮昧一開，幸甚幸甚。宋本《荀子》既與謝校無大異同，則可不待宋本徑行刊刻矣。但黄蕘圃先生家内如肯將（來）〔宋〕本借弟倣照刊刻，尚望先生爲弟謀之。蓋宋本佳處，謝氏取之不盡也。先生或寄交高郵舍弟敬之宅内，令其照宋本謄寫寄都，寫畢仍將原本奉還，可免浮沈之患。二小兒彦和回南起復，如赴蘇州請咨，亦可交渠攜帶回郵也。統希清心代爲籌畫是幸。率泐數行，布問動履。諸希鑒詧，不盡欲言。

四

引之頓首，碩甫先生執事：接奉賜函，並《淮南・天文訓》一册，極費清神手校，感佩靡涯。入冬以來，遥維先生動履安善，一慰遠懷。温故知新，著作日盛，羡何如之！弟碌碌終朝，諸無善狀，差幸老親眠食如常，賤體亦叨物適，差堪告慰勤惓。拙著《述聞》後二卷現在寫樣本未畢，容俟刻竟寄呈大教。茲先呈上《太歲攷》下卷，祈改之。弟八葉、九葉，及辨《荀子》注「崒者，崔嵬」及《采菽》傳「平平，辯治也」二條，未知是否，統希教正。率泐數行，布申謝悃，並候著安。臨穎不勝馳遡。

拙著《太歲攷》十二篇，賴有寄示之宋本《淮南子》，又加一證，感荷奚如。

《荀子·君子》篇：「《詩》曰：『百川沸騰，山冢崒崩。高岸爲谷，深谷爲陵。』」〔三〕楊注曰：「毛云：『沸，出也。騰，乘也。山頂曰冢。崒者，崔嵬。』高岸爲谷，深谷爲陵，言易位也。」引之案：「崒」當作「卒」。今作「崒」者，後人所改。注内「崒者崔嵬」四字，亦後人所增，非楊注所引毛傳本文也。《詩正義》曰：徐邈以「卒，子恤反」，則當訓爲盡。於時雖大變異，不應天下山頂盡皆崩也，故鄭依《爾雅》爲説。案：「崒者崔嵬」，即《爾雅·釋山》之「崒者，厜㕒也」，而云鄭依《爾雅》爲説，則毛不依《爾雅》訓「卒」爲「崔嵬」可知，其證一也。《詩》釋文：「卒，舊子恤反，徐子綏反，鄭云崔嵬也。」案：釋文曰「鄭云崔嵬也」，而不以爲毛説，則「崒者崔嵬」爲鄭箋之文，而非毛傳，其證二也。《漢書·劉向傳》亦引此詩「百川沸騰，山冢卒崩」，顔注曰：「沸，涌出也。騰，乘也。卒，盡也。今百川沸涌而相乘陵，山頂隆高而盡崩壞。」案：顔訓「卒」爲「盡」，與徐邈同，蓋毛不以「卒」爲「崔嵬」，故仙民、師古皆以「盡」字釋之。知卒爲盡者，《節南山》傳：「卒，盡也。」此「傳」蒙上而省。若毛傳已訓「崔嵬」，則與鄭同，述《毛詩》者當以「卒」爲「崔嵬」，不得訓爲「盡」矣，其證三也。《漸漸之石》篇「維其卒矣」，箋云：「卒者，崔嵬也。」彼「卒者崔嵬」四字亦鄭箋，非毛傳，其證四也。據徐、顏、孔、陸四家之説，則毛傳本無「卒者崔嵬」之文，不應楊倞所見本獨有此四字，其爲後人羼入無疑。

《小雅·采菽》傳：「平平，辯治也。」引之案：辯亦治也。《説文》：「辯，治也。」《昭元年左傳》注、《荀子·王霸》篇注並云：「辨，治也。」辯與治同義，故以「辯治」連文。《荀子·君道》篇：「善班治人者也。」《韓詩外傳》五「班治」作「辯治」。《成相》篇亦云：「辯治上下，貴賤有等。」辯治猶治辯也，可謂之治辯，亦可謂之辯治，似非誤倒。

五

碩甫大兄先生經席：連奉手書二函及手校《荀子》全部，感頌不可言喻。蕘圃先生所記異同，得大兄先生細録一過，行款字句悉依原本，洵可照此重刊。汪宅所藏宋本原書，如尚未借鈔，或已借而未鈔，則以中止爲妙。若業已鈔寫，則不能中止，只可託黄君倩人鈔完矣。統望大兄代爲斟酌是幸。尊校《荀子》案語，確爲精采，與家君不謀而合者頗多，所謂德不孤也，佩服之至。老伯母大人貴恙定已勿藥，有喜氣，體康彊如舊，爲祝爲慰。拙刻《經義述聞》三傳甫畢，尚有《爾雅述聞》及《春秋名字解詁》、《太歲攷》、《述聞統論》剞劂未竟，兹先將已刻之二十卷託令姪寄呈左右，務希從實指摘，俾茅塞頓祛，幸甚幸甚。率泐數行，布達謝悃，並候箸安。諸惟證照。

六

前月有一札由竇莊寄呈，想已達左右矣。兹連接手書二通，並收到宋本《管子》鈔本與尊校各條，極荷清心讐校，得免譌舛，感頌不可言宣。尊校各條，容度歲後子細領會也。比維先生素履安龢，定慰馳企。弟碌碌步趨，諸無足述，差幸老親眠食康强，賤軀亦叨頑健，堪以告慰。《荀子雜志》已刻完兩卷，大約明年夏秋間方可畢。拙刻《經義述聞·通説》已刻一卷，弟二卷須俟正二月方可蔵事，容再寄求大教也。耑此復謝，伏維珍重。

七

適奉手書，藉悉碩甫大兄先生動履綏嘉，著作日富，欣慰奚如！段茂堂先生《詩經小學》攷訂精審，而所引它人之説，間有不足存者。如王中丞汝璧之解「日居月諸」〔四〕，穿鑿支離，而乃見採擇，似擇焉而不精矣。想尊著内必不守此曲説也。金誠齋考訂三《禮》頗爲精核〔五〕，廣省所刊《經解》未知已收入否。家君有《荀子雜志》八卷，付梓已畢，得錢本參校，先生之力也。尊説已載書中，討論精確，足補楊評事之闕漏，兹謹寄呈雅教。汪君所鈔《淮南子》，如送到尊齋，仍望清神代爲讐校是荷。耑此復請著安，欲言不盡。

八

日前，修函布候，並以《荀子雜志》八卷呈覽，未知已達左右否。兹於仲秋兩奉手教，並奉到宋本《淮南子》、《儀禮管見》，歡躍無比。《淮南子》極承詳細校讐，感何如之！宋本《管子》異同，家君曾見山東畢孝廉校本，昨檢先生所録寄宋本，則有畢校本所遺漏者，益以服尊校之詳備也。大著《毛詩攷證》不日成編，即當付梓，以示來學。弟遠道不及相助，謹以前此所存餘款聊佐剞劂之費，敬祈哂存，萬勿見卻是幸。汪閬原兄善本書〔六〕，不知以何者爲最，容當勸其付梓，以廣流傳也。弟夏秋間數病，藥餌頻仍，幸不至大困。現有校刻《康熙字典》之役，錯誤太多，不可勝改，只能去其太甚者耳。約於冬間可以蕆事。此後如有餘暇，尚欲爲《尚書集解》、《左傳集説》二書，但不知精神何如耳。尚希指示津梁，俾得知所從入。《儀禮管見》及致胡主政書已送交〔七〕。《管見》學力深而用心細，實不可少之書，便中仍望見賜一部爲禱。耑此復謝，並問著安。不一。

九

碩甫先生執事：前月奉到復書，並於二月間晤胡竹邨主政，藉悉先生尊候安吉，著作日增，慰慰羨羨。大著《毛詩攷正》諒已成編，未知何日付梓。先君《讀書雜志》全編及《餘編》於前歲冬杪刻竟，先君幸尚親見其成。常欲寄呈左右，而苦無諦便，恐致浮沈而止。《行狀》五本，遵逾呈上，仰荷表章之意，諄然感感。弟此時因爲先君卜地，暫寓揚州舊城覲光菴，相隔不甚遠，尚未踵門叩謝，歉仄奚如！率泐數行，布問動履。

【説明】

王引之致陳碩甫書九通，載《王文簡公文集》卷四，分別寫於嘉慶二十四年己卯，道光五年乙酉冬、道光六年丙戌春、冬，道光七年丁亥，道光八年戊子，道光九年己丑，道光十年庚寅冬，道光十三年癸巳。參見王念孫致陳碩甫書。

【校注】

〔一〕大著，即《毛詩故訓傳考證》。

〔二〕江聲（一七二一——一七九九），本字濤，改字叔瀛，號艮庭、鱷濤、琴濤。原籍安徽休寧，僑居江蘇元龢。今蘇州吳中區。

〔三〕《詩·十月之交》。

〔四〕王汝璧，字鎮之，乾隆間進士，有《銅梁山人集》。

〔五〕金鶚，字秋史，號誠齋，浙江臨海人。精考據，有《求古録禮説》。陳碩甫輯。甚見重於王引之，金氏歿於汪廷珍邸，王引之爲之助執紼，歸其靈輀之台州。

〔六〕汪士鐘，字閬原，富藏書，有藝芸書舍藏書樓。

〔七〕胡主政，指胡培翬，字載屏，號竹邨，官户部主事。

王伯申致許印林短札

《述》二十一　樣本二十六至三十八。

刻本底稿二十三至二十八。

寫本底稿十四頁。

訛錯顛倒，脱字衍文，但祈簽出。其筆畫小有不合，則可略也。

右亦文簡師手示，時道光八年，閱今近三十年矣。咸豐四年秋七月受業瀚敬識。

【説明】

此札録自王獻唐《顧黄書寮雜録》，王引之寫於道光八年。

與陳壽祺書〔一〕

恭甫年大兄大人閣下：九月上旬連奉手書，藉稔尊候安吉爲慰。承惠《禮堂經説》、《詩箋改字説》及指示夾室考，所據《儀禮》諸篇，本文援據既確，剖析亦精，洵足折衷諸説。賈徽、鄭興父子傳經不得專美於前矣，欣羡奚似！凌次仲詰難理堂之説，尚望賜寄一讀，以觀其異同。次仲所撰《禮經釋例》，條理精密，禮家不可少之書也。蘇州新刻褚氏《儀禮管見》，亦頗精實，惜剞劂稍遲，阮夫子《經解》内未及載入。《字典》校刊本三月内已進呈，其校訂之處，别爲《考證》十二册，留於館中備察，不敢付梓也。《讀書雜志》已刻九種，近又刻《漢隸拾遺》一本，謹寄呈清覽。吴荷屋大兄開府湖南〔二〕，差强人意。湯敦甫四兄因事受累，致降卿貳，旋又喪偶，真時運使然也。杜儀曹彦士保送軍機，已取而未得，似不如願，然候補名次已列第四，三年内可補實缺，又安用軍機議叙爲邪？弟碌碌趨公，毫無建樹，幸署中各案無譌，老親眠食康泰，賤體亦復如常，可以告慰。率泐數行，布謝並問近安。伏維珍攝，不宣。敬璧尊謙侍令郎世兄〔三〕，均此謝教。年愚弟王引之頓首〔四〕，九月十一日狀。

盼遂按：墨蹟藏江陰繆氏。

【説明】

王引之與陳壽祺書，載《王伯申文集補編》卷上。寫於道光十一年辛卯九月十一日。舒懷《高郵王氏父子年譜新編》第二九九頁記作「覆陳碩甫書」，「碩」爲「恭」字之誤，當改。

【校注】

〔一〕陳壽祺，字恭甫，又字葦仁，號左海、介祥、東觀，福建閩侯今福州市。人。有《五經異義疏證》三卷、《左海經辨》四卷、《左海文集》十卷等。

〔二〕吴榮光，原名燎光，字伯榮、殿垣，號荷屋、可庵，廣東南海今佛山市。人。嘉慶四年進士，改庶吉士，散館授編修，官至湖南巡撫兼署湖廣總督。有《筠清館金文》五卷、《歷代名人年譜》十卷《存疑》一卷。

〔三〕指陳壽祺之子陳喬樅。

〔四〕年，即同年。陳壽祺與王引之同榜進士。

與江晉三書

晉三先生執事：先君大事，辱賜唁書，意氣殷惓，溢于楮墨，哀感不可言喻。蒙賜大著《諧聲表》、《入聲表》、《等韵叢説》三種，考訂精審，確不可易，佩服之至。肅此鳴謝，諸惟鑒察，不盡欲言。引之稽顙。

【説明】

王引之與江有誥書，載江氏《音學十書·諧聲表·卷首》，劉氏收入《王伯申文集補編》卷上。未著年月。據書中「先君大事，辱賜唁書」一句，知寫於道光十二年壬辰，即王念孫卒年。

考辨

《爾雅》《説文》釋

自説經必通訓詁，而讀書必先識字，則《爾雅》、《説文》實六蓺之鈐鍵，九流之津涉也。《爾雅》或曰爲作於周公，或曰爲作於子夏。然考其《釋山》之列五嶽，既云「河南華、河西嶽、河東岱、河北恒、江南衡」，末又云「泰山爲東嶽，華山爲西嶽，霍山爲南嶽，恒山爲北嶽，嵩高爲中嶽」。鄭氏注《周官·大司樂》用前説，注《大宗伯》用後説。或謂後説爲漢儒所增，故不同也。《禹貢》九州有青、徐、梁而無幽、并、營，《周官·職方氏》有青、并、幽而無徐、梁、營，《爾雅》則有徐、幽、營而無青、梁、并，故郭璞注云：「此蓋商制與？」《釋艸》：「蘇[一]，薂。」郭璞：「未詳。」考上文：「薂，葰蔞。」此曰「薂」釋「蘇」，而《玉篇》云：「薂，蘇子菜，葰蔞，亦曰滋菜。」[二]是一物矣。《釋虫》：「傅，負版。」郭注亦未詳。王應麟謂即柳宗元所作《蝜蝂傳》者也。《釋虫》之「螒，天雞」，莎雞也；《釋鳥》之「鶾，天雞」，雗也。唐詩有「天雞鳴鵧風」，試士，士有㠯爲蟲爲鳥扣簾者。觀《選》詩上句「海鷗戲春岸」，則爲《釋鳥》之天雞也。《釋獸》云：「鼨鼠豹文，鼮鼠。」注云：「鼠文采如豹，武帝時得此鼠，孝廉郎終軍知之。」《唐書·盧若虛傳》：「時有獲異鼠者，豹首，虎臆，大如拳，辛怡諫謂之鼮鼠。若虛曰：『非也，此許慎所謂鼨鼠豹文而形小。』」是豹文之爲鼮爲鼨，舊亦兩説竝存也。《漢書·藝文志》：「《小爾雅》一卷。」不著撰人名氏。《館閣書目》謂是孔鮒所撰，李善注《文選》引作《小疋》，省去「爾」字，即《小爾雅》也。張揖作《廣雅》，後人謂之《博雅》，避隋諱也。劉熙作《釋名》，其書又名《逸雅》，㠯其所釋多不在《爾雅》，故名「逸」焉。陸佃作《埤雅》，大旨本王安石《字説》，不免穿鑿，列於「五雅」，未爲定論也。此外叔孫通《補爾雅》，劉伯莊《續爾雅》，劉杳《要雅》，朱謀㙔《駢雅》，羅願《爾雅翼》，皆《爾雅》之支流餘裔，精小學者所宜博考也。字學之書，「三蒼」最古，《説文·序》㠯李斯《倉頡篇》、趙高《爰歷篇》、胡母敬《博學篇》爲「三蒼」，而《隋書·經籍志》則㠯《倉頡》、《訓纂》、《滂喜》爲「三蒼」。《訓纂》撰自揚雄，《滂喜》著於賈魴。更有司馬相如則作《凡將》，黄門史游則有《急就》。《急就》凡三十二章，「齊國」、「山陽」二章乃東漢人所補。六書之名，一曰指事，二曰象形，三曰形聲，四曰會意，五曰轉注，六曰假借。形聲之用有六，賈公彦《周禮疏》曰「江、河之類，是左形右聲；鳩、鴿〔之類〕，是右形左聲；草、藻之類，是上形下聲；婆、娑之類，是上聲下形；〔圃〕、國（圍）之類，是外形内聲；〔闠、闤〕、衡、衒之類，「是外聲内形」是也。假借之名有二，鄭樵《通志》曰：「有有義之假借，有無義之假借。」曰同音假義，曰協音借義，曰因義借音，曰因借而借，此有義之假借也；曰借同音不借義，曰借協音不借義，曰語辭之借，曰五音之借，曰三《詩》之借，曰十日之借，曰十二辰〔之借〕

【說明】

文原載《高郵王氏家集·外集卷五》，今缺尾首。依文筆推斷，此文殆作於乾隆五十一年王引之二十一歲時。是年，王引之應順天鄉試不中，歸里省母，取《爾雅》、《說文》、《方言》、《音學五書》讀之，日夕研求。

【校注】

〔一〕「蘇」，今《釋艸》作「蘇」。

〔二〕宋本《玉篇》云「蔜，蘇子菜」；又「蔜，《爾雅》：『蔜，蕿蔞。』注云：『今蘩蔞也。一曰鷄腸草。』」此引文誤合一條，且衍「亦曰滋菜」四字。

古訓依聲

紅，絳也，白色之似絳者也。《釋名·釋采帛》。

眉批：《漢書·外戚恩澤矦表》，「絳矦」作「紅矦」。

「鴻」讀「子贑」之「贑」。《淮南·精神》篇注。

「翁」音「汲甕」之「甕」。《西山經》注。

空，孔也。《漢書·張騫傳》注、《李廣利傳》、《鮑宣傳》注。

公猶共也。《禮運》注。

東，動也。《漢書·律曆志上》、《廣雅·釋詁一》。　東者，動也。《續漢書·五行志》注引《風俗通義》。

東方者，動方也，物之動也。《藝文類聚·歲時部上》引《書大傳》。　東方者，動方也，萬物始動生也。《白虎通義·五行》

眉批：《漢書·古今人表》「東不訾」，《韓子·説疑》作「董不識」。

桐，痛也。《廣雅·釋詁二》。　桐者，痛也。《白虎通義·喪服》〔一〕。

眉批：《顔氏家訓·書證》：「古以中爲仲。」

通，洞也，無所不貫洞也。《釋名·釋言語》。

恫，痛也。《爾雅·釋言》、《詩·思齊》傳。

旁批：同按[二]：此乃古訓依声之説。

山大而高曰嵩。嵩，竦也，亦高稱也。《釋名·釋山》。

眉批：《儒行》：「不充詘於富貴。」注：「充或爲統。」

蟂，猶衆也。《公羊·文三年傳》注。

【説明】

據李宗焜輯注《高郵王氏父子手稿》謄正。原無標題，李氏依王壽同按語定名，兹從之。依文筆推斷，殆作於二十五歲之前。

【校注】

〔一〕李氏釋文標作《釋名·釋言語》，看錯了行。

〔二〕同，即王壽同，王引之之四子。道光甲辰進士，官湖北分巡漢黄德道。咸豐二年，太平軍攻克武昌，殉職于任上。有《觀其自養齋燼餘録》八卷。

家禀問《説文》《六書故》《爾雅》諸條

冬間翻閲許氏《説文》及戴氏《六書故》、鄭氏《六書略》，雖不能盡通，而於諧聲一端差覺明白。間有所見，未知是否，録請父親大人閲，兼求指示。

論《説文》鯀字

鯀，《説文》曰：「魚也。從魚，系聲。」徐鉉曰：「系非聲，疑從孫省。」案：徐説非也。鯀從魚，𢆯聲。𢆯，古文玄，與系相似，故誤書作系耳。《北海相景君銘》「管弦」字作「弦」，則右畔之字，漢隸或作系。想篆書已有作系者，而隸因之。其下之朩，則從古文之十而垂其左右。《孫叔敖碑》、《祝睦碑》「弦」字作「絃」，移弓於右，而其左畔之系爲古文𢆯之變體，顯然明白。《開母碑》「伯鯀」字作「鮌」，篆文鮌，《周憬銘》作「鮌」，《楚詞》及《漢書》多作「鮌」，皆其證也。字當爲鮌。

羛，《説文》曰：「墨翟書義從弗。魏郡有羛陽鄉。讀若錡。」案：從弗，于聲義均有未協，許説非也。此字蓋從芊，芊聲。𢦐，古文我字，與「𢦐」〔芊〕相似，譌作弗耳。周《晉姜鼎銘》「我」字作「芊」。

休，《説文》曰：「息止也。從人依木。」案：木乃禾之譌耳。古鐘鼎文或作休，或作休，是其證矣。疑從秌省聲，爲是「休」之「秋」省聲，猶「季」之「稚」省聲也。

京，《説文》曰：「人所爲絶高丘也。從高省，丨象高形。」案：朩象高形，高省聲。《京姜鼎》作「□」，《京叔簋》作「□」，下具作□，此與丘字之從□，皆古文之象形者也，非人爲之者。丘也，地所生也，故横一於□下。絶高而人爲之者，京也，非地所生也，故去一，篆文作□，筆迹小異耳。又《周穆公鼎》作□，《王庶子碑》作□。□與□皆古文亯字。□、□蓋以古文亯字爲聲。京姜、京叔之□，又從古文□省聲也。篆文之□，則又從篆文亯省聲也。漢隸文之京，亦從篆文亯省聲也。若從高字之省，則□上止宜作□、作□耳，何又作□、□、亯哉？以是知其不爾也。戴氏曰：「京，蓋以巾爲聲。」此説非也。巾非字，乃象其形耳。且京字古讀若畺，又安得以巾爲聲哉？戴氏不知古音，故云。

□，《説文》曰：「祡，祭天也。從火，從昚。昚，古文慎字。祭天所以慎也。」按：許氏之説曲而迂，非制字之本意也。古《齊侯鎛鐘》文「寮」字作「□」，則尞字亦當作□，蓋從□，古文火字。杳聲也。□乃□之譌耳。古文之□，篆文譌而爲□，猶篆文之□，隸文譌而爲奈也。又按：漢隸遼、寮、燎等字猶有作遼、寮、尞者，蓋古文之遺。□，《説文》曰：「放火也。從火，尞聲。」按：尞、燎本一字，不當分以爲二。《周禮》之「槱燎」，《禮記》之「膟膋燔燎」，皆尞字也，或又加火耳。

□，《説文》曰：「自命也。從口，從夕。夕者，冥也。冥不相見，故以口自名。」按：名即命字。從夕者，□之省也。《宰辟父敦》「命」字作「□」，省亼則爲□矣，非有二字也。偏考書傳，命、名字多不分別。《左氏春秋傳》曰：「公與文姜宗婦命之。」又曰：「有文在其手曰友，遂以命之。」又曰：「有文在其手曰虞，遂以命之。」命之者，名之也。「大物不可以命」者，不可以名也。「以德命爲義」、「以類命爲象」者，以德名、以類名也。「改命曰生」者，改名曰生也。「叔孫得臣獲長狄僑如，以命宣伯」者，以名宣伯也。「命之曰仇」、「命之曰成」、「師命之曰同」、「命之曰鬬穀於菟」者，猶「名之曰蘭」、「名之曰墨臀」、「名之曰元」、「名之曰陽州」也。《傳》曰：「名之大以從盈數。」陸德明曰：「名，如字，或彌政反。」彌政反則爲命矣，《史記·世家》作「命之大以從盈數」是也。《國語》曰：「黄帝能成命百物。」《祭法》曰：「黄帝能正名百物。」成命即正名也。《史記》曰：「信命世之宏才。」註云：「命者，名也。」言賢人有名於世也。《漢書·張耳傳》曰：「嘗亡命，遊外黄。」註云：「命者，名也。脱名籍而逃。」《李陵傳》曰：「射命中。」註云：「所指名處即中之也。」《莊子》：「一而不黨，命曰天放。」即名曰天放也。由此觀之，命、名本無分別，或省而爲名，或不省而爲命，其實一也。許氏當以名爲命省，而别爲「冥不相見」之説，可謂分其所不必分。

寅，《説文》曰：「髕也。正月陽氣動，去黄泉，欲上出，陰尚彊，象宀不達，髕寅于下也。」按：字當作寅、寅，夾脊肉也，象上承肩頸、下達尾閭之形。古鐘鼎文作寅、作寅，又或作寅，無從宀者。從宀，小篆之誤也。又按：寅爲脊旁之肉，髕爲膂端之骨，連類相及，故古有饋寅之語。叔重所稱者是也。借以爲寅丣之寅，又借以爲寅賓之寅，借義之用既廣，正義反爲所奪。故後人加肉以別之，《易》曰「艮其限，列其夤」，陸德明云「鄭本作䐪」是也。

桑，《說文》曰：「蠶所食葉（本）〔木〕。從叒木。」按：字從叒，又從木，故世又謂扶桑爲叒木，猶後漢人稱鄗爲高邑之類。是有桑字而後有叒木之說，非因叒木而後有桑字也。桑所從之叒字，乃艸葉之多者，從之以象桑葉之多，非取之扶桑叒木也。許氏以叒爲日出之木，而以桑爲從叒木之叒，非是。

枎，《說文》曰：「扶疏，四布也。從木，夫聲。」榑，《說文》曰：「榑桑，神木，日所出也。從木，尃聲。」按：榑之爲言枎也，扶疏四布也。世人書榑叒字多作扶，則榑即枎字可知。許氏誤分爲二耳。又按：榑之爲義本寬，而許氏之解甚隘。許氏云榑「神木」，則是榑桑之榑專指神木也。豈知枎疏四布之意，凡植物皆得而有之哉？今夫狀竹之盛曰苞，如必竹而後爲苞，則「山有苞櫟」何以詠也？狀松之盛曰茂，如必松而後爲茂，則「種之黃茂」何以歌也？即如月中有丹桂矣，而丹其質者，僅月中之桂乎？天上種白榆矣，而白其色者，僅天上之榆乎？日出于榑桑矣，而扶疏其葉者，僅日出之桑乎？今取丹字而訓之曰月中丹桂也，取白字而訓之曰天上白榆也，則夫人而知其不可，獨至榑之一字則舉神木以實之，其亦不思之甚矣！且榑之與扶，一也。扶既爲扶桑之扶，而又爲「山有扶蘇」之扶、「垂條扶於」之扶矣，而又何疑于榑也哉？

戴氏《六書故》：叒，而灼切。《説文》：「叒，日初出東方湯谷所登榑桑叒木也。象形。𠦬，籀文。」「若，擇菜也。從右，右，手也。」按：《楚詞》曰：「折若木目拂日。」扶桑叒木之説，雖無所稽，其來舊矣。叒象木而三其枝，蓋所謂若木者。《説文》訛而爲三「又」也。古鐘鼎文皆作叒，無從又者。「若」之義從口，叒聲。籀文乃若之訛也。從艸、右，則又自籀而訛也。

按：戴氏之説可正《説文》之誤。但謂叒字象木，則非也。凡字之象木者，根皆直下，木朩朩木朱未之類是也。叒字末作曲形，不得謂之象木。今審叒之爲字，艸葉多也，從艸而合之，象一本而三岐之形；尾與𡳿相似，象艸根之屈曲也。《古文周易》曰：「出涕沱𦮙。」𦮙與𦮙同意。𦮙從艸，艸盛貌。𦮙從𣏟，蓋艸大盛貌也。叒亦從𣏟，則亦艸大盛貌也。又按：「若」字以此爲聲，故用此者多通作若。《楚詞・九歌》曰：「采芳洲兮杜若。」《上林賦》曰：「蘅蘭芷若。」《廣韻》曰：「若，乾艸。」蓋狀艸之多，因以爲名。故稱杜曰杜𦮙，芷曰芷𦮙，稱乾艸亦曰𦮙也。字之不象木亦明矣。至于「若木」之荒謬，不待智者而後知，今不辨。

東日在木中。木，若木也，日所升降。

按：「若木」字始于《楚詞》，前此未之有也。木爲若木，豈古人立文之本旨乎？古之聖人仰以觀于天文，俯以察于地理，觀鳥獸艸木之文而作書契。如鳥依巢上則爲卥，日在木中則爲東，皆尋常之艸木鳥獸也。其稱名也顯，其取類也近。故百官易以治，萬民易以察也。揆之于理，斷無若木奇幻之說。不然，日在井中爲萛，井又是何艸耶？

相内爲◎，音雷，又音回。相外爲吅。鄰。

按：回與吅義不相對，内外之説非也。六書之例，凡人物所聚皆從口；囷倉，五穀所聚也，故從口；園圃，草木所聚也，故從口；或邑，人民所聚也，故從口；宫室，人所居也，故宫吕之吕從口，次舍之舍從口。《六書故》云。五家爲鄰，人所羣萃而州處也，故兩口相並，象各家牆屋四周之形，又象家與家相疇之形。至◎象回旋之形，不與吅爲類也。

《爾雅》曰：「曷，盍也。」按：「曷」之訓爲「何」，「盍」之訓爲「何不」，二字相反而經合之者，蓋猶「徂在」爲「存」，「肆故」爲「今」之類，義有反覆旁通故也。按：文有曷、盍同義者。《國策》曰：「勢位富厚，蓋可忽乎哉？」「蓋」與「盍」古字通，「盍可忽」猶言「曷可忽」也。

先文簡公寄先大父家書。先王父宦游京師，文簡公於乾隆年按：是四十八年癸卯。入都省視，旋於按：是五十一年丙午。回里讀書於湖濱丙舍，此即在里時所寄家信。蓋文簡公二十一歲所作也。先王父閲之，嘉許以爲可傳家學。即文簡公於來歲入都隨侍，同於道光乙未年從故(麓)〔簏〕中拾得，用寶藏之。今謹刊入《遺集》，記此以示子孫，俾知先人年方逾冠而學識若此。遺書具在，讀書者皆當思勉求識字也。咸豐二年三月二十六日，男壽同謹記於湖北廣濟縣田家鎮舟中。

【説明】

稿在《王伯申文集補編》卷上，王引之作於二十一歲時，詳文後王壽同王引之四子。識語。

碑傳

詹事府少詹事錢先生神道碑銘

儒者言義理，言治法，必溯源於經史。而經史之傳，遠者幾千年，多者數百帙，寫刻之譌謬，箋解之紛錯，老師宿儒終其身不能窮一藝，況乃囊括衆典，網羅百家，稽乎同異，鉤乎幽隱，確著其是非得失，筆之於書以餉後人，其功在儒林，曷有涯涘？我朝有大儒，曰嘉定錢先生，過目成誦，自少至老，未嘗一日去書。精研經訓，尤篤好史籍。通六書、九數、天文、地理、氏族、金石，熟於歷代典章制度政治，臧否人物邪正，著書三十五種，合三百餘卷。嗚呼！古之治經與史者，每博求之方言、地志、律象、度數，證之諸子、傳記，以發其旨。自講章時藝盛行，玆學不傳久矣。國初諸儒，起而振之。若崑山顧氏、宣城梅氏、太原閻氏、婺源江氏、元和惠氏，其學皆實事求是。先生生於其後，而集其成。當爲諸生肄業書院時，即能會音韻之微。既入館閣，與諸名流講習測算，曲盡中西二家蘊奥，同人多謝弗如。嘗與修《續文獻通考》、《續通志》、《一統志》、《天球圖》，於累朝官名人名地名，瞭如指掌。遼金蒙古國語世系人所難曉者，罔不洞悉在胸。性好金石，凡有關史事者，不憚蒐討爲證佐。所著《廿二史攷異》一百卷，正傳聞之誤，訂字句之舛，於遼金元史梳櫛益詳。是書出，而二千餘年之史可讀也。又著《三史拾遺》、《諸史拾遺》，廣《攷異》之所未及。著《三統術衍》，傳歆、固之絶學。著《四史朔閏攷》，明後代推步之失。著《元史氏族表》、《藝文志》，補洪武制作之疏漏。他如《南北史雋》、《通鑑注辨正》、《唐學士五代學士宋中興學士年表》，洪文惠、洪文敏、陸放翁、王伯厚、王弇洲《年譜》，《疑年録》、《恒言録》，皆本讀史之餘，薈聚而成。先生於儒術，無弗習，無弗精而專，而致之於史，故其發明史學，自宋以來，莫與爲比。著《經典文字攷異》、《唐石經攷異》、《聲類》，大指謂經訓不明，由小學不講，故多於形聲求義理。著《潛研堂金石文跋尾》、《金石文字目録》、《金石待訪録》，搜羅廣而鑒别精。至其文集《養新録》，貫串經史本末，隨舉一義，持論出以和平，攷覈皆歸要典，則先生數十年讀書心得萃於是也。先生初以詞章顯，有詩集傳世。乾隆十六年召試，賜舉人，授内閣中書。十九年，會試中式，賜進士出身，改翰林院庶吉士。二十二年，授編修。尋以兩次大考高等擢官至侍講學士，充日講起居注官。三十二年，乞假歸。三十七年，補侍讀學士，上書房行走。其年冬，擢詹事府少詹事。先後充鄉試主考官者四，會試同考官者二。三十九年，提督廣東學政。明年丁父憂，服闋。丁母憂，遂不出。先生淡於宦情，抱道自足。方歸田時，年四十餘，天子知其碩學，嚮用維殷，而先生引疾不起，大肆其力於著述。里居三十年，歷主鍾山、婁東、蘇州紫陽講席，東南俊偉博學之士，咸願受業門下，弟子積二千人。噫，此可以觀先生之行誼矣。先生諱大昕，字曉徵，號竹汀。先世由常熟遷嘉定。曾祖岐，祖王炯，父桂發，並邑諸生。以先生貴，贈祖奉政大夫翰林院侍讀，父中憲大夫詹事府少詹事。祖妣朱氏，贈宜人。妣沈氏，封太恭人。配王恭人，即同邑光禄西莊公之妹也，先卒。子二：東壁，附監生。東塾，廩貢生。孫三：師慎，監生。師康，拔貢生，任祁門縣教諭。師光，業儒。曾孫四人。先生以嘉慶九年十月二十日卒，年七十有七。嘉慶十二年，奉旨祀鄉賢祠。先生之卒，與王恭人合葬嘉定城西外岡鎮火字原，青浦侍郎蘭泉公嘗誌其墓。今某復以隧道之文來屬。某素慕先生，乾隆五十五年，先生入都祝嘏，曾以所業請，蒙許可。又讀先生書，粗知梗概。不敢辭，謹撰次其學之大有裨儒術者，使揭諸石。而系以銘曰：

子雲言儒，通天地人。入乎無間，周乎而垠。洪纖巨細，方策具陳。弗究弗宣，以即於湮。先生好古，殫見洽聞。下窮九流，上探三墳。游圖書府，味道義根。發爲著作，磅礴昆侖。壯年獻賦，名動詞垣。皇猷黼黻，拭目經綸。乃賦歸來，高卧江濱。授徒講學，師表羣倫。言容藹藹，德性恂恂。吁嗟長徂，垂二十春。幽瑩數尺，不朽者存。鍊川之水，其流沄沄。厥澤衍溢，庇於後昆。千秋宗仰，式此墓門。

【説明】

文載《王文簡公文集》卷四，寫於嘉慶十二年丁卯。

汪容甫先生行狀

先生名中，字容甫，江都人。少孤，好學，貧不能購書，助書賈鬻書於市，因遍讀經史百家，過目成誦。年二十，應提學試。試《射雁賦》弟一，補附學生。詩古文詞日益進。儀徵鹽船阸於火，焚死無算，先生爲《哀鹽船文》，杭編修世駿序之，以爲驚心動魄，一字千金，由是名大顯。當世通儒，如鄭贊善虎文、朱學士筠、盧學士文弨、馮按察廷丞見先生所撰，咸歎賞，以爲奇才。年二十九，始顓治經術，與家大人及李進士成裕、劉教諭台拱共討論之。其後謝侍郎墉提學江左，特取先生爲拔貢生。每試，別爲一榜，列名諸生前。侍郎嘗謂人曰：「予之先容甫，以爵也；若以學，則予於容甫當北面矣。」其見重如此。朱文正公提學浙江，先生往謁，荅述楊州割據之迹、死節之人，作《廣陵對》三千言，博綜古今，天下奇文字也。畢尚書沅總督湖廣，招來文學之士，先生往就之，爲撰《黄鶴樓銘》，歙程孝廉方正瑶田書石，嘉定錢州判坫篆額，時人以爲三絶。先生於六經子史以及詞章、金石之學，罔不綜覽，乃博攷三代典禮，至於文字訓詁、名物象數，益以論撰之文，爲《述學》内外篇。又深于《春秋》之學，著《春秋述義》，識議超卓，論者謂唐以下所未有。爲文根柢經史，陶冶漢魏，不沿歐、曾、王、蘇之派，而取則於古，故卓然成一家言。性質直，不飾容止。疾當時所爲陰陽拘忌、釋老神怪之説，斥之不遺餘力。而遇一行之美，一文一詩之善，則稱之不置。事母以孝聞。貧無菽水，則賣文以養。左右服勞不辭煩辱，居喪哀戚過人。其於知友故舊没後衰落，相存問過於生前，蓋其性之篤厚然也。年五十一，卒於杭州西湖之上。先生，家大人之所推服也。其學其行，竊聞於趨庭之日久矣。而先生於予所説《尚書》訓詁極奬厲〔一〕，以爲可讀父書，則又有知己之感焉。雖不能文，尚欲揚榷而陳之，以告後之君子。嘉慶二十年歲在乙亥六月庚申〔二〕，高郵王引之謹狀。

【説明】

文載《述學・坿録》、《王文簡公文集》卷四，文字稍異。

【校注】

〔一〕《尚書》訓詁，指《經義述聞・尚書述聞》。

〔二〕《述學·坿録》「庚申」，《王文簡公文集》卷四作「己未」。

協辦大學士鄒公墓誌銘

公諱炳泰，字仲文，號曉屏，無錫人。始祖思道，唐杭州刺史，居錢唐。至高祖佳輔，始自錢唐遷無錫。曾祖鴻逵，以文學起家，授州同知鄉飲大賓。祖捷，歲貢生。父夢皋，字雨洲，乾隆庚辰進士，官户科掌印給事中。自曾祖以下，以公貴，誥贈俱如公官。公晜弟三人：孟崗，附監生；季錫華，太學生；公居仲。生而岐嶷，束脩自飭，不爲空談性命之學。嘗侍雨洲公讀史，至晉武帝以清、慎、勤戒臣下，雨洲公問三者何事爲本。公曰：「其清乎？清則本源澂澈，嗜欲愛憎無所牽蔽。然後慎以防其漸，勤以要其成。《周官》六事，以廉爲本。其是之謂乎？」雨洲公韙之。公爲文，直書所見。議論似陸忠宣公，詩則自抒心得，不倚傍前人。乾隆廿六年，補附學生。卅六年辛卯，舉於鄉。明年成進士，改翰林院庶吉士，散館授編修，充四庫館、三通館纂修，文淵閣校理。博物洽聞，爲朋輩所推服。卌六年，擢國子監司業。我朝沿明舊制，國子監未建辟雍。公援古禮，奏請創設，得旨允行，遂舉行臨雍釋奠禮。士子圜橋觀聽，千載一時，實自公發之。五十二年，擢祭酒。

明年充浙江鄉試主考官。公於國子監試事，嚴絶陋規，諸生無敢饋遺者。久之，上聞，由是倚任益篤。尋轉詹事府少詹事兼祭酒，奉命視學山東。先是，郡縣試首解童生，學使恒優容之。公持心如水，以文藝爲權衡，自是無濫厠學校者。山東舊有貧生銀數千兩，歲久不復給發。公瞿然曰：「是天子培養人材，施及寒畯也。」申諸令甲，毋敢侵漁。五十五年，遷正詹事兼翰林院侍讀學士，尋擢内閣學士兼禮部侍郎。六十年，充順天鄉試副主考。尋視學江西。公屢掌文衡，清操益凜。先是，新城有隸人子濫列學黌，諸生合詞攻之。學使以諸生爲健訟，斥革四人。公至，具奏開復，而斥隸人子，士皆悦服。嘉慶二年，授禮部右侍郎。尋調總督倉場、户部右侍郎，嚴清侵蝕勒索諸弊，僚吏肅然。時同官有欲變賦法以裕國用者，具稿邀公會奏，公以爲是與加賦之弊異名同實，聖朝不宜出此，力持不可。十年，擢都察院左都御史，充殿試讀卷官，復充朝考閲卷官。尋調兵部尚書，管理户部三庫事務，充經筵講官。十一年，管理順天府府尹事。時以水旱不登，發帑振廪，歲嘗數十萬。牧令有侵蝕公帑者，公即覈奏，無所隱。十二年，賜紫禁城騎馬。明年調吏部尚書，充會試正總裁。又明年，有詔褒公廉介，特加太子少保銜。充殿試讀卷官。時吏部銓法，吏胥高下其手，公引例奏明，更正之。公餘楗户，請託無所受，銓政由是廉平。十六年，協辦大學士，充殿試讀卷官，復充朝考讀卷官。十八年，充順天鄉試正主考。九月，邪教林清滋事，公以尹繼輔日久，不能先事鋤莽，弭於未覺，聖恩不加重譴，僅命降補中允贊善，亦以公亮節素著故也。公因痰喘氣急，乞休致仕。十九年春歸里，家居謝客，大吏罕識其面。構屋數楹，奉安御書扁額及恩賜書籍珍物，以志異數。公屢會審諸大案，精覈律例，吏不敢欺，矢慎矢公，所平反者甚衆。歷主鄉會試，所得皆一時名士，而李公毓昌、強公克捷，捐軀殉節，忠義昭垂，其最著者也。嘗勗子弟，以居處恭、執事敬、與人忠爲力學根本；道學之弊，無異晉人清談，顧力行何如耳。又嘗服膺邵文莊公「願爲真士夫，不願爲假道學」之語，蓋其爲學之樸誠如是。所著《午風堂詩集》、《文集》、《外集》及《叢談》行於世。公生於乾隆六年十月三十日午時，卒於嘉慶廿五年正月十一日辰時，享年八十。葬無錫龍山稍。配楊夫人。子四：長光駿，廕生，鳳陽府同知，先公卒。次光驥，太學生。次光羿，早殤。次光騏。女一，適江西候補按察司知事嵇文昕。孫二：長以誠，附學生。次以敬。女孫三。曾孫二：希達、希遠。銘曰：

於惟我公，貞皦藐倫。飲冰茹蘗，古鏡照神。麟跱清要，骨鯁道尊。庶績艾康，禮樂爲新。帝用嘉之，俾贊絲綸。執玉輔弼，夙夜翦勤。如何不淑，白晝降氛。引咎自責，畢景橫門。身汶聲啚，千載作珍。繇之日月，與金石存。

【説明】

文載《王文簡公文集》卷四，寫於嘉慶二十五年庚辰。鄒炳泰，王引之乙卯順天鄉試座師。

祭劉信芳冢宰文

維道光二年正月丁未朔，越十有三日己未，謹以清酌庶羞之奠，致祭於皇清誥授光禄大夫太子少保吏部尚書吾師劉信芳先生之靈曰：天祐聖清，篤生台輔。泰岱降神，萃於東土。相門出相，維國之楨。百辟所仰，文正文清。吾師繼之，忠貞勿替。賽諤性成，猷爲素勵。初官侍從，疊主文衡。東南竹箭，首善儲英。詞臣之榮，工在翰墨。吾師不然，建樹是力。遇事果斷，持法廉平。先帝用嘉，擢授正卿。陟歷四部，奸蠹悉泯。三輔宣風，民艱勿隱。昭陽之歲，或肆摧殘。抗詞見納，閭里獲安。棱棱吁咈，不爲阿容。雖遭貶黜，寵眷益隆。保釐仍命，復其舊秩。夙夜孜孜，寅承罔逸。今皇嗣統，晉以崇階。股肱左右，謨明弼諧。胡不延洪，永贊密勿。遽騎箕去，朔風慄慄。天子震悼，大布恩綸。彰公勁節，澤及後昆。嗚呼吾師，好是正直。没世彌榮，令聞罔極。嗟予小子，早侍緇帷。二十七載，春風所吹。矧自近年，銓曹承乏。朝夕諏咨，步趨弗及。仲冬之月，偶患虚中。

力疾視事，乃心在公。豈意積勞，竟成永訣。謦欬無聞，失吾圭臬。哭臨奠食，涕泗沾襟。陳詞侑酒，載寫哀忱。尚饗。

【説明】文載《王文簡公文集》卷四，作於道光二年正月十三日。劉信芳，名鐶之，王引之乙卯順天鄉試房師。

光禄公壽辰徵文啓事

家父幼而穎悟，四歲能讀《尚書》，九歲而能文，十歲而十三經皆立讀。書不越十遍，即能記誦，久亦不忘。是以隨先祖文肅公在都，都下有神童之目。先祖退朝，則爲言立身敦品之道，證以前言往行，家父一一識之。十四歲，受業于夏嘯門侍講。侍講授徒甚衆，獨家父日新月異，有事半功倍之樂。十八歲，應童子試，高郵州牧李公奇以上第一頁下，缺第二頁全頁。之，不錯一字，并詳舉某字爲昔日原本某字，爲師所改易，歷歷言之，如昨日事。嘯門先生歎曰：「文肅公有子矣。」學使劉石庵先生得家父文甚喜。試畢，過揚州運使盧雅雨先生，爲言家世，則又大喜曰：「此生年未及冠，而學已成，足以繼家聲矣。」其後乃肆力於討論甚勤，尤精於文字聲音訓詁之學。至如倉史之指歸，篆籀之條例，揚雄、許慎之遺説，九經、《楚辭》之韵，休文四聲之譜，孫緬、盼遂按：「緬」當作「愐」。李舟之增益，丁度、劉淵之更變，毛、鄭諸儒訓釋之是非，賈、孔諸家疏解之得失，《史》、《漢》音義之異同，其擇之也精，其語之也詳。推而至于天文、算術之條貫，地理山川之脈絡，靡不兼綜研核，溯流窮源。又長於讐校古書，或以善本參酌，或以他書比例，或據聲音形體及上下文義前後章句缺第五頁。知鄭、許者也。多聞，擇其善者而從之。善學者，不當如是乎？不如是而尊鄭、許，不徒墨守其迹，必不能心知其意也。識者以爲破的之論。大興朱竹君學士，文章學問度越時流，與家父講學，大相推重。隨舉一字，問以《廣韵》何韵，用何反切，無不其應如響。及檢原書，無一誤者。竹君先生大奇之，以爲强記使然。家父曰：「可勝記耶？亦知其所以然而已矣。」粤東陳觀樓先生見家父所校《大戴禮》、《淮南子》，歎其精核，以爲考訂之學當首屈一指云。乙酉年，高宗純皇帝巡幸江南，于行在謁駕，蒙恩欽賜舉人。乙未年，以春闈中式，受知于稽拙脩先生、王偉人先生、阿雨齋先生及黄稼堂先生。殿試前十卷進呈御覽，旋奉旨改翰林院庶吉士。是年冬即旋里，家居五年，不交俗務，惟以勤學著述爲事。每研精（磾）〔殫〕思，至廢寢食，然不以爲苦。戴東原先生，當代經師，家父所師事也。東原先生官于京師，校揚子《方言》，家君旋里亦校是書。後至京師，携所校與戴校本對勘，則所見多同，其小異者一二事耳。家父嘗問東原先生曰：「弟子將何學而可？」先生沈思久之，曰：「君之才，竟無所不可也。」其器重如此。辛丑年，散館一等第五名，欽命賦題《日處君而盈度》，獨家父知其爲衛恒《書勢》語，以告同試者。或猶不信，及歸，檢原書，果然。長白德定圃先生閱卷，大爲歎賞，以爲不失題指者獨此卷耳。奉旨改用工部主事，竭力盡心，視公事如己事，勞與怨皆所不避也。至于揣摩之習，奔競之風，則決意不爲。少司空長白德公聞而重之，委任獨專。嘗語人曰：「王君明悉公事，與(嚴)〔閻〕大司空相埒。其守正不阿，則非嚴所能及也。」累遷員外郎、郎中、監察御史、吏科給事中。署街道廳者一，任巡城者三。每斷獄訟，平心聽察，案律蔽罪，兩造皆服其公。涖訟不遷延時日，不多取干證，不輕移刑部，恐累民也。都門知友無相請託者，蓋知其秉性嚴正而諒之。遇秋省，會議于諸囚，百計全活。閱刑部册，至夜分不寐。嘗有童子某毆斃人，已斷死罪矣。家父檢其犯罪之時尚未成童，律當減等。簽商刑部，刑部稱善，即如簽改正。其他改緩改矜者甚夥。任工部時，留心河道甚悉。嘗著《導河議》上下篇，士大夫争藏弆之。又嘗奉旨派《河原紀略》纂修，博考羣書，辨正訛誤，見重於總裁梁階平先生。自授御史，公餘即自箸書。借《廣雅》一書，以述其所學。其校訂之精，引證之切，觸類引伸之廣，實上追兩漢諸儒。詁訓略其形迹，而取其精華，貫穿該洽，左右逢源。計十年之久而後成書，蓋三易藁矣。段茂堂先生入都，一見是書，愛之不能釋手，曰：「予見近代小學書多矣，動與古韵違異。此書所言聲同聲近、通作叚借，揆之古韵部居，無不相合，可謂天下之至精矣。」後又寄書云：「讀大著，如入桃源仙境，窈窕幽曲，繼則豁然開朗，土地平曠。」蓋道其實也。今上御極之四年，家父以給事抗疏，首蒙允納，一時士大夫争傳奏牘中語，以爲立言，且觸邪指佞，無忝厥職云。是年春，奉命巡儀徵漕，秋又奉命巡濟寧漕。謝絶苞苴，弊竇屏除。凡所駐節，遠近肅然憚之，放恣者爲之歛跡。家父亦以激濁揚清爲己任，凡所聞見，據實直陳，帝用嘉之。是年冬，簡任直隸永定河道，於河工要務，悉心講求，事必躬親。帑歸實用，凡有加高培厚，建立埽工備急之儲胥，搶險之兵役，皆未雨綢繆。肅恭詳慎，巡察隄防，不避風雨，防汛之期，身爲督率。夜半往來工次，不覺其勞。所轄各員，陞轉補授，皆論才具之短長、公事之勤惰、資格之淺深以爲先後，未嘗以私意行其間。有善必奬，有過必懲，請謁不行，而虛缺第十六頁。著《直隸水道説》，舉五大川源流分合洞悉，指陳修治之方，先後次第秩然不紊。那侍郎在盧溝督工，問以直隸水道形勢，家父立即援筆畫紙成圖，縱横經緯，無不悉具，侍郎嘉歎久之。皇上知其學行，眷顧孔殷，屢稱河務熟悉，偶以天灾流行，致獲公過，猶降諭開釋，復加委任。十八頁以下全缺。

〔劉盼遂按：〕右文墨蹟藏鹽城孫氏，五色花箋，以莊楷書之。

【説明】

殘稿載《王伯申文集補編》卷上，寫於道光三年癸未三月。

臧禮堂小傳

臧禮堂，字和貴，常州武進人也。其高祖琳，篤學善著書，以《經義雜記》傳於世。兄庸爲漢學，討論精悍，所著《拜經日記》，當世通儒稱道之不衰。家居誦讀，則與禮堂相敬如師。禮堂性篤厚，以孝聞。持父喪，毀瘠骨立，三年不入於寢門。母嘗滯病，禮堂延醫治，罔瘳，憂不知所爲，則割臂肉以療。既又禱於神，求促己算以畀親，兄弟親戚聞而悲之。浙江阮撫軍延禮堂兄弟校《經籍纂詁》。時禮堂服喪未畢，則愀然曰：「吉服而往，余弗忍也。請施墨於冠，可乎？」撫軍嘉其志而許焉。其不與俗浮沈如是。又甚好學，治小徐《説文》，通其説。撰《古今孝子傳》數百卷，未竟其志而卒。卒時年裁三十云。王引之曰：自古獨行之士，烝烝孝弟，實有不可解於心者焉。方和貴之割肉療親，求以身代，夫豈不知死生天命，不可以人力與哉？愛深而憂迫，事之成否，其忘之矣。孔子曰：「甯武子愚不可及。」蓋信乎，其不可及也。

【説明】

文載《王文簡公文集》卷四，作於嘉慶十年乙丑。臧禮堂卒於是年。

贈中憲大夫趙公暨賈孫二恭人墓誌銘

趙公既歿之八年，其繼室孫恭人卒。明年，其子吏部郎中盛奎將扶柩合葬，來乞余銘。案狀：公姓趙氏，諱德俶，字復初，别字善亭。先世居山右之洪洞，明初徙居直隸永年，旋遷深州。四世祖諱秉謙。五葉共宅，朝廷旌其門，遂爲州望族。祖諱克中，字彦和，官房山縣教諭。父諱廷玠，字介玉，官四川重慶府經歷，貤贈中憲大夫吏部郎中。公隨任重慶。乾隆辛巳，介玉公卒於官，奉母張太恭人回籍，公年甫十五，一切部署如成人。嗣以家中落，爲禄養計，遂入貲爲縣尉。乙未，揀發甘肅，委署涼州府經歷，補寧夏尉。以母艱去官。丙辰服闋，補改陝西安定尉，旋升黄官嶺巡檢，調署雒南尉。庚申復署静邊縣巡檢。明年以疾乞歸。寧夏，故河套地。四渠析流，民賴灌溉。公涖任後，每春仲駐工，夏初旋署，爲籌其次弟挹注之法，歷二十餘年如一日。癸丑夏，河暴漲。漢延渠滚水壩圮，正牐斷流，緣渠稻禾就槁。觀察富公令公董其事，鳩工集料，三晝夜合龍。渠流通暢，灌溉無缺，寧夏人至今稱公德不衰。關中教匪滋擾，公奉調赴軍營，過留壩。其地四圍皆山，賊突至，人懷愳心。公曉以大義，督率軍勇防禦，賊衆遠遯，行旅弗驚。南山逋賊出没無定，商雒一路多被蹂躪。中丞令公署雒南尉，委以相機禦賊，遂與邑令團練兵勇演習排鎗，凡數十晝夜，賊不敢逼，雒城得安，其保障如此。平居嘗謂一生閲歷世故，惟「退一步想」四字能堅志長識。又嘗教其子盛奎曰：「居官以節儉爲本，供職以謹慎爲要。」聞者韙之。夫以公之賢，沈没下僚，似未得大展其用者。然吾謂一命之士，苟盡心於民生國計，其功即與將相等。蓋所用有大小，而所以用之者一也。如趙公者，未可以禄位限之已。

公卒於嘉慶十九年三月十九日，享年六十有九。以子貴，贈如其官。配賈恭人，正定府教授諱鳳吟公女。繼配孫太恭人，國學生貤贈中憲大夫諱珠公女。皆撙節持家，克勤婦職。孫太恭人相夫教子，尤卓卓可稱。道光三年，合葬於深州柳家莊之西北原，禮也。子二：長盛奎，嘉慶辛酉年拔貢生，今官吏部郎中軍機處行走。次盛舉，早卒。皆孫太恭人出。女四：賈恭人出者二，孫太恭人出者二。孫三：家廉、家熙、家燾。孫女五。余於公爲姻黨，知公深，故既志其大略，重爲之銘。銘曰：

其官則卑，其人則有爲也。其階則崇，其心則彌沖也。生有妻以爲輔，而家事治也。死有子以繩武，而後嗣熾也。惟實之豐，惟報之隆。藏之幽室，壽考令終。

【説明】

文載《王文簡公文集》卷四，寫於道光三年癸未。墓主是王引之姻黨。

皇清勅授文林郎通政司知事覃恩疊封中憲大夫工部營繕司郎中雨舟張公暨德配李太恭人長太恭人武太恭人合葬墓誌銘

賜進士及第光禄大夫經筵講官吏部左侍郎年愚姪王引之拜譔

賜進士出身榮禄大夫内閣學士兼禮部侍郎年愚姪白鎔拜書

賜進士出身光禄大夫刑部左侍郎年愚姪史致儼拜篆

公諱聖詔，字敬宣，號松畹，又號雨舟。先世居秦，始祖天禄公，始遷居晉之介休。曾祖良傑公，康熙乙卯舉人。祖恭友公，廩貢生。父新政公，康熙戊戌進士。生子四人，公其季也。公幼而頴異，七歲即善屬對，新政公綦愛之。暨公歿，哀毁如成人。長而篤學，善詩文，兼工書畫，然屢困場屋。以母梁太恭人年近古稀，亟圖禄養，遂援例得佐銀臺，偕德配武恭人奉梁太恭人來京謁選。構屋數楹，遍植花木，顔曰慈蔭軒，誌母德也。戊申歲，太恭人患熱症，公嘗藥侍疾，衣不解帶者數月。太恭人終，公喪葬如禮，無毫髮憾。辛亥服闋，還京，補官通政司知事。謂武恭人曰：「余亟欲仕進爲禄養也，今不獲養，雖萬鐘，奚裨乎？」遂移疾解組，以詩文自娱，家事悉委武恭人。恭人持家勤儉，有古賢母風。及卒，公深悼之。子三人：長之屏，以己未進士，官工部，出守榆林。次子之翰，浙江鹽大使。三子之綱，登壬午科賢書。皆有聲譽，公之教也。癸未冬季，以腹疾歸道山。彌留之際，猶以宗祠未建爲憾，囑諸嗣君務成其志。嗚呼！公於君子立身行己、承先啓後之道，誠可風矣。公生於乾隆丙寅年閏四月三十日寅時，卒於道光癸未年十月十九日戌時。初娶李恭人，繼娶長恭人，再娶武恭人。之屏、之翰、之綱，皆武恭人出也。之屏先公卒。女三人。孫四人：同鑨、同鑄、同鐵、同金。曾孫邁祖。之翰等將以道光五年　月　日合葬於本邑天峻山之麓，以狀乞銘於余。余不獲辭，爰爲銘曰：

梁岐之英，汾河之靈。緊生賢哲，樹厥典型。嘉耦曰配，淑德和鳴。銘諸幽宅，斯石永貞。

【説明】

張聖詔墓誌出土於山西省介休市，撰於道光五年，姚景庭藏拓並題簽。

倪教授行狀

倪教授模，字迂存，安徽望江人。教授與余同榜進士，當釋褐時，相見於稠人廣衆中，纔通姓名而已，竟不知教授之爲人，往來蹤迹落落如也。去年，延教授之孫人在，課余孫讀書，始得讀教授所撰《錢譜》，歎服久之。後又讀其《年譜》，見其經明行修，實足爲士林楷式，乃歎前此未獲深交於教授之爲不幸也。蓋教授性嗜古書，每得祕本，手寫口誦，夜以繼日。讎校經史諸書，無慮數十種。自少至老，曾無倦時。居京師，日遊書肆，不惜以重價購舊本，至於質衣以償。嘗應禮部試不第，載古書五千餘卷以歸。其好學如此。教習期滿，當得縣令而不就，曰：「與其俯仰時趨，孰若歸田著書之爲樂乎？」其恬退又如此。所著書甚夥。其有裨教化者，則倪氏《族約》；有裨經濟者，則《導淮由天長合肥注江辨》；有裨經傳者，則《雙聲古訓》十卷、《古今錢略》三十二卷，當世稱之。至其忠厚豈弟，洵有古人之風。歲在乙巳，望江大飢，教授力謀匡救。且首倡捐議，分散錢米，同邑賴以全活者無算。又擇高原，瘞其同族貧不能葬者二百餘棺。官鳳陽教授時，生員某有爲義舉而被誣陷者。教授廉得其實，白之郡守，獄乃得釋。其有志讀書而爲貧所苦者，教授招之學舍，予以膏火之資，士多賴以成立。其厚德之及人又如此。嘗書四語於座，云：「交耐久朋，無欺心語，作有益事，讀未見書。」此足以見生平之志矣。《禮志》曰：「博聞强識而讓，敦善行而不怠。」其教授之謂與！余雖不獲深交於教授，而溯其遺事，輒復低回傾慕之，而不能已於言也。道光八年三月三日，高郵王引之謹狀。

故鳳陽府學教授倪君墓表

君諱（謨）〔模〕，字迂存，姓倪氏，安徽望江人也。道光五年十一月以疾卒於家，享年七十有六。明年，葬於老雅灘，君八世祖之墓旁也。

【説明】

《行狀》、《墓表》均載《王文簡公文集》卷四。墓主與王引之同榜進士，墓主之孫倪人在受聘課王引之之孫讀書。王引之應倪人在請，撰此二文。

誥封通議大夫晉通奉大夫吴君暨梁夫人墓誌銘

君諱濟運，字崇階，號和衷，系出廣東新會縣棠美邨吴氏，十一傳至贈文林郎諱化龍，當明崇禎時，始居南海縣佛山鎮，遂世爲南海縣人。曾祖諱球，縣學生，候選州同，封儒林郎。祖諱維翰，縣廩貢生，候選州同，贈通奉大夫福建布政使。父諱恒孚，貢生，議叙通判，贈通奉大夫福建布政使。母黄氏，生母易氏，皆贈夫人。君天性純篤，自其少時，即以勤儉爲父所鍾愛。兄弟八人，君次七。同居子姓蕃衍，君一以友恭處之，庭無間言。嘗極力營建祠宇，以奉先祀，而於居宅之湫隘，則以爲先人所遺，不忍驟更居。恒慎交游，寡酬應。布衣蔬食，泰然自得。於養親課子外，絶無營求。其爲文，根極理要，不屑屑苟合時態，以故困躓諸生中。其訓子弟，必曰植品勵學，毋急功名、圖倖進。君冢嗣榮光，應童子試。縣令某有欲羅致門下，予以首選者，君峻拒之。謂榮光曰：「得失有命。士人進身之始，即以干請，他日何不可爲？」是歲院試，榮光雖未售，而其後卒成進士，入翰林，文衡疊掌，君之教也。君樂於恬退，嘗以貢授職教諭而未仕。榮光出爲觀察，不數年，洊歷方伯、護撫篆，一任浙省，三任閩中，皆於粤東水陸程途最便，數數欲爲安輿之奉，而君終未肯就。惟於郵筒中切切勉以勤職業，忠君事，無念身家。至於通家世好之爲達官，因公過粤，造訪其廬者，率固謝弗見。嘗顔所居曰「澹和」，著有《澹和堂制義》二卷，《詩鈔》二卷。生于乾隆辛未年十二月初四日，卒于道光戊子年五月十七日，享年七十有八。廩貢生，敕授修職郎，即用教諭以覃恩。初封中憲大夫陝西陝安道，再封通議大夫浙江按察使，晉贈通奉大夫福建布政使。娶梁氏，順德縣進士諱翰女，能執婦道，克贊家事。爲女相攸，郤邑豪某婚具，後豪以不義斃，人服其明哲。生于乾隆辛未年十一月二十五日，卒于乾隆壬子年八月十七日，年四十二。初贈孺人，累贈夫人。子十人：長榮光，嘉慶戊午舉人，己未進士，現官福建布政使；次錫光，先君卒；次彌光，附貢生，候選詹事府主簿，梁夫人出。次恩光，先君卒；次綬光，候選從九品；次垂光、燦光；次純光，幼殤，側室鄧氏出。次松光、盈光，側室伍氏出。女十八人：長適本邑陳倣麟，次殤，三適本邑梁瀛士，四適順德縣候選都司何星焕，五適順德縣監生黎敬書，六適本邑候選千總郭良，七適本邑候選布政使理問陳啓元，八適本邑監生舒成章，九適本邑區茂鈞，十適鶴山縣任焕亨，十一適本邑監生何裕明，十二殤，十三適新興縣監生簡彬泰，十四適鶴山縣候選詹事府主簿張懋脩，十五適本邑伍維章，十六適順德縣監生馬耀北，十七、十八俱幼，未字。孫五人：長尚忠，江蘇候補通判；次尚志，工部屯田司主事，榮光生。次尚德、尚懋、尚慈，彌光生。曾孫一人，福源。君之子將以六月十一日合葬君與梁夫人于白雲山龍公塘。君冢嗣與引之爲同年進士，以狀來請銘。引之謹案狀詮次如右。竊謂君生長豐厚之餘，遭遇顯揚之盛，子孫彬彬玉立，黻佩相繼。方榮光任黔藩時，乞假歸省，奉觴介壽，一門之内怡怡愉愉。及假滿入覲，荷蒙天語垂問，至再至三，可謂備極寵榮，而君顧無幾微華膴之念存於中，惟恐其子弗盡厥職。每遇拜恩遷擢，則勗勵有加。是以哲孚稟承考訓，朝夕敬事，所至民懷吏畏，嘖嘖有聲。嗚呼，此真足以爲世之式穀者風矣。乃不辭，而系以銘曰：

澹泊明志，和氣致祥。君力此二者，故道積厥躬，而家益昌。篤生賢配相君子，年雖未永婦德彰。穀詒于後永無極，千秋百世視此藏。

【説明】

文載《王文簡公文集》卷四，寫於道光八年戊子，即吴崇階與梁夫人合墓之年。墓主是吴榮光之父，吴榮光與王引之同榜進士。

石耀府君行狀

嗚呼，府君竟棄不孝等而長逝耶！痛憶府君自就養京邸以來，眠食安泰，日以著述自娱。去冬寒甚，府君坐不敢近窗，猶於卧牀，竟日端坐，取架上《新唐書》四函讀之。見兒孫輩，則道書中事，亹亹不倦。不孝引之竊意府君康健如是，期頤之壽可致也。孰意十二月十四日偶感時氣，即患流涕惡寒。服藥後，客感雖解，而精神委頓，飲食日減。初猶歠粥，既而粥不能進，乃易以米湯。既而米湯亦不能進，又易以牛乳。至正月二十三日，牛乳亦不能進，語言蹇澀，鼻息微喘。夜半，命不孝等扶坐，一一付以遺命。言畢，端坐不動，至二十四日寅時，遂棄不孝等而長逝。嗚呼，痛哉！泣思府君夙秉義方之教，仰邀特達之知，服官則守正無私，學古則窮年不倦。政蹟留在人間，著作垂於身後。不孝引之等雖昏瞶遺忘，不能事事周知，而追憶所及，敢不敬述之，以備國史采擇。謹和淚具狀如左：

府君諱念孫，字懷祖，號石臞，姓王氏。先世居蘇州，明初始遷高郵。高祖諱開運，治《尚書》有聲，爲高郵州學生員。曾祖諱式耜，博通五經，中康熙十七年副榜貢生，秉性方正，貧而好行其德，不樂仕進，以所學授弟子，卒老於家。祖諱曾禄，爲名諸生，試輒冠軍，雍正元年選拔貢生，理學湛深，氣宇和粹，學者從游甚衆。父諱安國，康熙五十六年舉人，雍正二年會試第一名，殿試第一甲第二名，賜進士及第，授職翰林院編修，歷官吏部尚書，賜謚文肅，崇祀鄉賢祠，國史有傳。文肅公元配車太夫人，繼配崑山徐太夫人，皆生子而殤。再繼配錢塘徐太夫人，乃生府君。先是，文肅公父贈尚書，公年逾七十，望孫甚切，豫爲之名曰「念孫」，謂文肅公曰：「有孫生則以是名之。」及贈尚書，公殁而府君生，文肅公悲喜交集，曰：「天佑吾父而予之孫，其將使紹吾父之業乎？」遂如遺命以名之。府君生三歲，而徐太夫人殁。時文肅公在籍，服闋，拜補授禮部尚書之命，遂携府君入都。府君性聰敏過人，在襁褓中已識二十餘字，人皆謂有夙慧。四歲而能讀《尚書》，矢口成誦。每讀，皆文肅公口授，無慮百數十行，俄頃皆已爛熟，一時都下有神童之目。七歲，而文肅公奉命蔽獄於陪都，慮京邸無人調護府君，遂携府君東行。時偕往之某公，夜作奏稿，援據經傳，恐有錯誤，則詢之府君。府君時方睡熟，應聲誦之，一字無譌。乃相與驚歎，以爲異才。八歲而能屬文，學爲制義，操觚即作全篇。十歲而十三經誦畢，旁涉史鑑。流觀往事，感慨激昂，嘗擬作《秦檜傳》，斷制森嚴，章法完密，文肅公覽而嘉之。由是期望府君益厚，勖之以忠信，示之以勿欺。故府君之持躬正直，得于庭訓者甚蚤。休寧戴東原先生，當代碩儒，精于三《禮》、六書、九數、聲音、訓詁之學。文肅公延請授經，而府君稽古之學遂基於此矣。十四歲而文肅公殁，府君哀毁過人。既而扶柩旋里，受業於翰林院侍講夏嘯門先生之門，篤志爲學，一無嗜好。童年而有老成之風，爲文根柢深厚，理法精熟，老師宿儒不能過也。嘯門先生嘗于所作文後評云：「生子當如孫仲謀。令人不勝歎羡。」其器重如此。服闋，應童子試，州試第二，府院試皆第一。府試題爲府君數年前所作，既出場，嘯門先生問尚能記舊作否，府君曰：「能記。」因援筆默寫原文及嘯門先生所改，一字一句無不脗合。先生大奇之，逢人稱道之不置。學使劉文清公歎賞府君之文，以爲軼羣之彦。既而過楊州，見都轉盧雅雨先生，乃知府君家世，則大喜曰：「文肅公有子矣！」歲在乙卯〔一〕，年二十二，恭逢高宗純皇帝巡幸江南。府君以大臣之子迎鑾獻頌册，蒙恩賜舉人，一體會試。府君感戴皇恩，益敦學業。居鄉，則與李孝臣先生惇、賈禮耕先生田祖晨夕過從，又與江都汪容甫先生中、寶應劉端臨先生台拱、興化任子田先生大椿、歙程易疇先生瑶田書札往還，講求古學。詩宗漢魏六朝，摹擬逼真；經訓則發明叔重、康成，究其閫奥。大興翁覃溪先生贈以楹帖云：「識過鉉、鍇兩徐而上，學居後、先二鄭之間。」蓋道其實也。歲在乙未，年三十二，試禮部中式。總裁爲無錫嵇文恭公、韓城王文端公、長白阿雨齋先生，同考爲仁和黄葭塘先生。碩學登科，當世榮之。廷試卷經籍紛綸，字畫古雅。乃以前十本進呈，引見，改爲翰林院庶吉士。大興朱笥河學士，品隆望重，凡新科後進投刺者，皆不答拜，獨于府君往謁，躬自答之，曰：「是當代通儒正士，不可以後進視之也。」既而乞假旋里，以著述爲事。常謝絶人事，獨居湖濱精舍，窮搜博采者四載有餘。年三十七入都，次年散館，欽命賦題爲《日處君而盈度賦》。同考者多不知所出，府君依衛恒《四體書勢》

本指爲之，且以告於同考者。同考者歸檢《晉書》，乃信，咸以是服府君之多聞且直諒也。賦載兩江制軍蔣礪堂先生《國朝同館賦選》，辭義精確，至今稱之。考列一等五名，奉旨以部屬用，籤掣工部，治事于都水司。都水司，河工估銷總匯之所也。府君素精熟于《水經注》、《禹貢錐指》、《河防一覽》諸書，至是益講明治水之道，爲《導河議》上下篇。上篇導河北流，下篇建倉通運也。漳浦蔡文恭公見而韙之。時奉旨纂《河源紀略》，府君爲纂修官。議者或誤指河源所出之山，府君力辨其譌，議乃定。《紀略》中《辨譌》一門，府君所撰也。南河有攔黃壩工題銷，本因原估浮多，加入墊陷重修，以符原估銀數。府君主稿議駁，白長官，入奏得旨，命工部尚書福康安往勘，府君隨往，遂删減如例。其遇事明辨類如是。性嚴正，不受請託。書吏偶有弊混，必燭察之，杜絶之，弊竇以清。而于部中美差，如琉璃窑、寶源局之類，絶不干求，長官保送，則力辭。少司空德曉峰先生最重府君節操經濟，以方閻大司空循琦，謂有過之無不及也。年四十一，補虞衡司主事。明年擢營繕司員外郎，保送御史，奉旨記名。又明年，擢製造庫郎中。又明年，從德少司空奉命勘浙江海塘工。年四十五，補陝西道監察御史。明年，轉掌山西道監察御史，尋轉掌京畿道監察御史。京畿道事繁任重，京察之年，無不列一等者，府君獨力辭不與。年四十九，歷俸已滿四年，例當保送知府。府君呈稱不勝外任，願供京職。論者嘉其恬退，有古人之風。明年，擢吏科給事中。又四年，轉吏科掌印給事中。其間巡視東城、南城、中城者各一年，管理街道者一年。批斷呈詞，皆秉公持正，約理準情，同事及屬官皆敬而愛之。司坊報案，毋許片刻稽遲，以免勒索。罪止枷杖者，皆不轉送刑部，以免拖累。每遇秋審，必詳閲招册，至再至三，力求可以從輕者而簽商之。四川嘗有囚已議緩決矣，府君察其犯事之年尚在幼年，乃以可矜簽商，而部議從之。蓋仰體卹刑之至意也。嘉慶四年正月，高宗純皇帝升遐。府君隨班齊集，深感累世蒙恩，朝夕哀慟，退而密草奏疏，劾大學士公和珅黷貨攬權。仁宗睿皇帝覽奏稱善，即日奉旨，明罰勑法，政府肅清。天下欽然稱之，比之鳳鳴朝陽，並傳誦疏中要語，以爲不愧名臣奏議云。是年三月，奉命巡視淮安漕務。九月，又奉命巡視濟寧漕務。於巡漕陋規，盡行裁汰，人皆服其廉潔。道路所經，凡吏治優劣，民間疾苦，無不悉心陳奏，仰荷聽納，次第施行。十二月，特授直隸永定河道。明年抵任，備料稽工，皆核實經理，浮冒之弊以除。河兵餉銀，則躬涖堂皇驗而授之，刻扣之風亦絶。防汛到工極蚤，巡察極勤。是歲水至一丈五尺，晝夜防護，得報安瀾。又明年五月以後，淫雨帀月，晝夜不休，水長至二丈有餘，越隄而過，南北岸同時漫溢，遂于六月奉旨革職逮問。尋奉上諭：「永定河雨水過多，河流異漲，竟漫盧溝橋面，衝決石工，不但人力難施，亦非意想所到。王念孫、翟蕚雲、陳煜，照尋常年分祗注意西岸土工，未能慮及沖決東岸石工，尚非有心玩誤。王念孫、翟萼雲等俱著加恩，發往永定河工次，交熊枚分派工段，令其自備資斧，上緊堵築挑淤，認真出力辦理，不但免其前罪，工竣尚可酌量加恩。欽此。」又明年三月，制軍陳簡亭先生奏請動欵修築河間高家口漫工，派令府君到彼督辦。奉上諭：「原任永定河道王念孫，係履勘原估之員，于該處情形，自爲熟悉。著那彦寶等飭王念孫酌帶永定河歷辦埽工之河兵，即赴河間，會同地方官，趕緊興工堵築，務臻穩固。欽此。」五月，奉上諭：「永定河大工，現在一切全竣。已革道員王念孫，同知翟萼雲、陳煜，自發往工次効力後，均極勤勉。王念孫著賞給六品頂戴，翟萼雲、陳煜著賞給七品頂戴，仍著留於工次，隨同那彦寶、巴寧阿防汛，俟秋汛平穩，該員等如果始終出力，再行奏聞，候朕酌量施恩。欽此。」九月，制軍顔惺甫先生奏，永定河道陳鳳翔懇請給假省親，並請簡員署理。奉上諭：「王念孫曾任永定河道，辦理河務，素尚認真。上年直隸雨水過多，隄工漫決，究屬人力難施，前已加恩，將王念孫賞給六品頂戴，留工効力，著即暫署道篆。本年直屬收成，俱尚豐稔，新料登場，王念孫當督率廳汛各員，將應購物料采買充足，勿致有誤，認真辦理以贖前愆。欽此。」府君乃之署任，益勵清勤如前日焉。又明年四月，奉上諭：「王念孫于水利情形講求有素，著加恩賞給主事銜，留于直隸，令其周歷通省。遇有關涉水利事宜，悉心紀載。俟一二年後，交直隸總督彙奏辦理。欽此。」府君遂上顔制軍書，臚舉畿輔水利章程。

其略曰「直隸大川有五：曰南運河，曰北運河，曰永定河，曰大清河，曰滹沱河。大清河之下游謂之淀河，滹沱河之下游謂之子牙河。永定、大清、子牙三河，必先合南北兩運而後入海河。每當伏秋之交，五河泛漲，畢注三岔一口，而海潮牴牾，洄漩不下。上游隄岸田廬，咸受其害。欲治直隸之水，必先治南北兩運河之減河。減河治，則入海之路有所分，而海河之受水較少。受水較少，則易於消納，而永定、大清、子牙三河乃得暢然入海河而東注。此治水之所以必先下游也。查北運河之兩減河、南運河之兩減河及南運河在山東境内之兩減河，皆不無淤塞。今宜大加疏濬，使得暢流入海。此六減河者既已疏濬，則南北兩運河不專恃海河爲出路，而入海之口自寬矣。南北兩運河既治，則次及於子牙河。當查明格淀隄殘缺卑薄之處，急爲修補。自當城以下，修築堅實，不設涵洞，以復其舊。再將子牙故道挑挖深通，仍由紅橋入運，則來溜遄行，沙不旁散，自無壅塞之患矣。其子牙河之在大城境内者，向分爲正、支二河，後大溜全歸支河，而正河遂淤。今當將正河疏濬深通，使兩河分流，以殺盛漲。其在獻縣者，當將完固口一帶疏濬深通，而於完固口建減水石壩二座，分水入減水河，以殺盛漲。如此，則子牙一河下游既得暢行，上游又得分泄。或疏或築，次第興舉，自可無潰決之虞矣。子牙河既治，則次及於大清河。大清河以東西兩淀爲停蓄宣泄之地，今當開通趙北口橋下各河，導西淀諸水，由毛兒灣入玉帶河。

又開通雄縣之窑河，以分白溝入淀之勢；又開通盧僧河，以分白溝上游之勢。此西淀諸水之當治者也。東淀之中亭河，當挑濬寬深，使與玉帶河分流，以緩盛漲。又玉帶河，自苑家口以東，分南、北、中三股，實爲東淀之腹，尤需挑濬寬深，使周通貫注，以資暢達。其自楊芳港至三河頭，均應一律開挑，以暢尾閭。此東淀諸水之當治者也。兩淀南岸，千里長隄，處處殘缺，應一律加高培厚，以資捍禦。如此，則大清一河首尾全治矣。至永定一河，挾山西、直隸衆山之水，建瓴而下。一過盧溝，則地勢漸平，水流漸緩，而沙亦漸停。及至下游，則沙無出路，而日漸淤塞。惟有將兩岸隄工增卑培薄，或添建埽工，以資捍禦，再於上游高處添建減水壩，以分盛漲之勢，亦得爲補偏救弊之方。格淀隄既已修復，則子牙、大清兩不相混，而永定、大清二河尾閭皆得暢泄，抑亦不無小補。是格淀一隄，實爲三河之關鍵也。總之，南北運河之減河既經疏導，則入海之路寬。格淀隄既復，則清濁各不相干。而子牙、大清、永定三河，咸得暢流而入運。五河既治，則全省河道已得其大綱。其餘衆河，應由各道府廳州縣逐一查明，分别奏辦。雖一勞難言永逸，而除害即以興利，實於河道民生大有裨益」云云。六月，制軍據以入奏，奉旨：「著俟秋汛過後，再令王念孫帶同本省熟諳河道之員，詳悉履勘。將如何次第興工之處，據實奏聞，候朕酌量簡派大員前往經理。欽此。」府君由是周行畿輔，（向）〔相〕度機宜。九月，河南衡家樓河水漫溢，上以運道阻滯爲憂。奉旨：「尚書費淳，著馳驛前赴山東臨清一帶查勘河道情形，並派主事銜王念孫隨往，亦著一併馳驛。欽此。」十月，奉旨：「費淳、鐵保奏，回空糧船全過張秋，辦理甚屬認真。但來年糧船北來，一切籌辦事宜，更關緊要，現已交費淳、鐵保、王念孫專辦。俟彼時新漕各幫全數挽過東境，再將伊三人一併施以重恩。至另片奏費淳帶同王念孫前赴臺莊一節，此時重運尚未開兑，吉綸自尚在臺莊一帶照料，費淳可以不必前往，著仍駐張秋經理一切。王念孫於河務情形素所熟悉，著即馳赴臺莊一帶，幫同吉綸辦理，所有應辦事件，由吉綸具奏。欽此。」又奉旨：「楊家莊、臺莊運河前已降旨，令吉綸會同王念孫逐一詳加履勘。若漕務有應辦事宜，吉綸須回至淮安任所料理，即可不必兼顧。王念孫於河務情形較爲熟悉，即專交伊辦理可也。欽此。」又奉旨：「費淳、鐵保奏籌辦東境内中運兩河情形，覽奏俱悉。前因黄水東注，中河一帶必有淤淺，應行疏濬泉源，以期蓄水濟運，來年重運經行尤關緊要。今據奏稱，接王念孫來札，查得迤南運河除應挑之汶上等汛及滕汛之十字河仍照例興挑外，其鉅嘉汛河道停淤處所及挺出淤嘴，必須大加挑挖等語，自應照所請辦理。即所稱微山湖上游之沛汛河，今年因雨澤較稀，收水稍弱，亦應挑挖深通。其自彭口閘以下及峯汛八閘河道，今年湖水既弱，全賴河水濟運，須比往年再挑深通。又滕汛東岸修永閘泉河一道，須展挑寬闊，以引泉流，亦均應如此辦理。看來王念孫于河道事宜，皆能明晰。現在費淳已前往查勘，即督率河員趕緊興工，一律挑濬，以利新漕爲要。欽此。」十二月，奉旨：「山東運河道員缺，著王念孫以主事銜署理。俟明年辦理重運事竣，再降諭旨。欽此。」明年三月，奉旨：「王念孫著給予四品頂戴，實授山東運河道。欽此。」運河冬挑，最爲弊藪。前任收工，以銅尺量之，遇泥水無不深入，驗得一尺，實纔數寸。府君改造梅花樁，以木篾横列，淺深立辨，屬吏無能掩飾。河員積習相沿，每於歲修之外，動稱某處工程損壞，請帑興修，以爲自便之地，名曰另案工程。府君履任，嚴禁虚浮，非實有損壞，不得報修，而另案之工始息。計在任六年，節省帑項至數十萬。又三年，以微山湖蓄水無多，因上游牛頭河淤塞所致，力白河帥，奏請挑濬牛頭河，以廣來源。又以微山湖衿民占種湖灘，阻撓挑河之舉，奏請禁止。疏入，奉上諭：「如所議行。」又以臨清閘内兩岸勢卑，蓄水易致旁泄，乃請加高兩岸，以爲蓄汶之地。每遇衛河盛漲，即閉閘蓄水，使汶高於衛，然後開放刷沙，以除抒口之患，至今賴之。濟寧州牧某加等索取陋規，民幾罷市。府君出示安撫之，並爲之揭報上游，遂罷某官之職，民困以蘇。又二年，巡視東漕。趙侍御佩湘奏參前任巡漕貪縱各欵，奉旨傳問，府君以爲實據。先是，巡漕某恐獨取財，官吏多應其求，府君堅飭所屬拒之。後饋送者皆獲咎，而運河道屬官獨免，人以是服府君之有先見。六月，又奉旨，偕趙侍御審平原民告縣令監斃無辜案。集兩造研訊，悉得其情。案未結，調補直隸永定河道。就道時，濟寧商民出郊遠餞，焚香酌酒，數十里中肩相錯、踵相接也，其爲輿情愛戴如是。十一月，以運河道任内卓異引見。越二日，召對，垂詢河務情形甚悉。甫旋署，會東河、陳河帥奏請啓放蘇家山閘，引黄入湖，以利漕運。而山東吉中丞則奏請挑濬棗林閘以南濱湖運河。上以府君曾任運河道，情形熟悉，乃召府君入都决其是非。府君謹對曰「東省運河，全賴湖水瀦蓄充盈。近年湖水短絀，前曾詳請挑挖牛頭河，而牛頭河之上游，即係趙王河。乾隆五十二年興挑之後，微山湖水即長至一丈二尺有餘。前亦曾稟請河撫兩院估挑，因工長費重未辦。若爲運河久遠之計，總以挑趙王河爲正辦，但必需認真挑挖深通，方能有濟。今微山湖水祇餘六尺八寸，來年重運經臨，實不敷挹注。而趙王河工段綿長，一時不能挑成。欲爲暫時權宜之計，舍開放蘇家山閘，别無辦法。查引黄入湖，不能不稍有淤墊，原非良策，但行之暫時，尚無大害。緣蘇家山閘口僅寬四丈，又係石底，開放可有節制。且黄水出閘之後，先向東流入水線河，築壩攔向北流，再西北，乃由毛邮河流入微山湖。冬令水行不能甚暢，且沿河紆折，至入湖時，挾沙不多，湖底亦不至大淤。一俟湖水敷用，即將蘇家山閘口堵閉。此策尚可權宜辦理。至挑深運河一節，微山湖界址雖在東省，其所蓄之水，東省惟八閘百餘里内資其灌注，江境則邳、宿一帶全賴此水下注。年來邳、宿運河淺阻，若將山東運河挑深，邳、宿以下全行高仰，於東省運道無甚裨益，而江境必致淺阻益甚。况湖水來源短缺，即將運河挑深，水勢亦不能增長」云云。樞臣據以入奏，奉上諭：「王念孫所言皆是。」遂依河帥權宜辦理，並命挑濬趙王河，爲久遠之計，而寢中丞之議。明年永定河水異漲，復至二丈有餘，人力難施，南北岸同時漫溢。府君立即具奏，自請治罪。尋奉旨，以六品休致。府君時年六十有七矣。不孝引之方自河南學政差旋，乃迎養於京寓。府君既罷職，彌感體卹之恩，謂不孝引之曰：「桑榆暮景，得以優游宴息，皆主上之賜也。」自顧生平讀書最樂，乃以著述自娱。亟取所校《淮南子·内篇》重加校正，博考諸書以訂譌誤。由是校《戰國策》、《史記》、《管子》、《晏子春秋》、《荀子》、《逸周書》，及舊所校《漢書》、《墨子》，附以《漢隸拾遺》，凡十種八十二卷，名曰《讀書雜志》，陸續付梓。年七十一，不孝引之以大理寺卿蒙恩簡任山東學政，乃侍養府君于學署。濟南山水，府君顧而樂之。暇則討論經籍，以怡悦性情。越二年，不孝引之差旋，仍侍養府君于京邸。府君修學著書，忘食忘憂如故也。嘉慶二十五年七月，仁宗睿皇帝升遐，府君於寓所成服，哀號不已。後每憶知遇之恩，輒嗚咽流涕。今上道光紀元之五年，府君年八十二。是年鄉試，距府君蒙恩賜舉人之年已周甲矣，例當重與鹿鳴宴。八月，順天府奏聞，奉上諭：「陸以莊等奏原任永定河道王念孫係乾隆乙卯科欽賜舉人[二]，在京就養，請就近重赴鹿鳴筵宴一摺。王念孫曾任道員，緣事降四級休致。伊係吏部侍郎王引之之父，年登耄耋，蕊榜重逢，洵屬藝林嘉瑞。著加恩賞給四品職銜，准其重赴鹿鳴筵宴，以光盛典。欽此。」府君恭詣午門外謝恩，並賦《紀恩詩》六章，以志銘感之忱。越二年，不孝引之充武英殿總裁，奉旨重刊《康熙字典》，乃偕同館諸君子，博考原書，校正傳寫之誤，並撰《字典考證》十二册，恭呈御覽，皆仰承府君指示而成。府君曰：「欽定《字典》，爲信今傳後萬世不刊之書，亟宜詳校更正，以成善本。」乃先校數册，以爲法式，命不孝引之倣而行之。去年夏，府君猶自撰《墨子雜志叙》，且手書之。冬，《讀書雜志》付梓甫畢，府君猶手書《逸周書》以下卷帙先後，命依此爲次。嗚呼，孰意竟成絶筆耶！今年開印前，不孝引之日侍湯藥，方冀調理就痊。既開印，公事稍多，慮不能兼顧，乃具摺陳情，乞恩給假。蒙賞假十日，並蒙召見垂問府君病原，且諭以服人參之方。又問：「汝父生辰在何日？」不孝引之謹對訖，又諭以「善爲調養，明年便是九十」。聖恩優渥，歸向府君敬述之，府君感激涕零。越二日而病勢垂危，乃諭不孝引之曰：「吾受三朝厚恩，未能報稱，汝必盡心竭力以報主知。」並諭諸孫及諸曾孫服官者勉勤職業，讀書者奮志琢磨，必毋怠棄自甘，以承世德於勿替。不孝等謹泣而聽之，而府君遂從此永訣矣。嗚呼痛哉！府君性方正，善善惡惡，悉本至誠。喜怒必形於色，是非曲直，持論無所依違。又最寬恕，朝有過夕改，則與之。一話一言，表裏如一，不作世故周旋之語。而休戚相關，哀樂過人，朋友知識有所患苦，輒憂不能釋，如身際其阨者然。苟宜周卹，必竭力爲之。尤篤於一本之誼。府君從弟承祖公貧不能自完，府君分田二頃、餘宅一區給之。後復不能自完，又贍之以穀。逮承祖公夫婦相繼殁，又養其遺孤於家。既長，又給資婚嫁，而月助薪水之費。歲寒，則有衣費；應試，則有路費。其在五服以内及支派較近者，皆資助有差。終府君之世，有如一日。見人有一善可録，一長可取，輒稱道之不置。生平學問之交，皆終始不渝，久而彌篤。同志之士以著述請教者，府君皆逐一簽商，直言無隱。其遺書未及改正者，必爲去其小疵，以成大醇焉。自壯年好古，精審於聲音、文字、訓詁之學，手編《詩三百篇》、九經、《楚詞》之韵，剖析精微。分顧亭林古韵十部爲二十一部，而於支、脂、之三部之分，辯之尤力，以爲界限莫嚴於此。海内惟金壇段茂堂先生與府君暗合，其他皆見不及此。而分至、祭、盍、緝四部，則又段氏之所未及。嘗宗《説文》之字而黜俗體，爲《六書正俗》一書。既而識解益超，自謂所見猶淺，乃屏其稿而棄之。及官御史時，治事之餘，必註釋《廣雅》，日以三字爲率，寒暑無間，十年而成書，凡二十二卷，名曰《廣雅疏證》。學者比諸酈元之注《水經》，注優於經，云：「《疏證》校訂甚精，援引甚確，斷制甚明。尤善以古音求古義，而旁推交通，闢先儒之閫奥，作後學之津梁，爲自來訓詁家所未有。」金壇段茂堂先生爲之序，且詒書云：「讀《疏證》，如入武陵桃源，取徑幽深，而其中曠朗。」蓋知之深也。嘗作《方言疏證補》一卷，精核過人。晚年猶以精力衰頽，不能卒業爲憾。至於講明經義，多發前人所未發，不取鑿空之談，亦不爲株守之見，惟其義之平允而已。不孝引之過庭之餘，隨時手録，恭載於《經義述聞》及《經傳釋詞》中，已梓行於世矣。雲貴制軍儀徵阮雲臺先生深重府君訓詁之學，以爲出惠定宇、戴東原兩先生上，遂以《廣雅疏證》、《經義述聞》、《經傳釋詞》及《史記》、《漢書》雜志内旁通經訓者，采入《皇清經解》，以廣其傳。府君又長於校讐。觀察海康陳觀樓先生見府君所校《大戴禮記》、《淮南子》，歎爲卓識，精思超越流輩。陽湖孫淵如觀察見府君所校《管子》，歎其精確，以爲他人百思所不能到。三任河道，官事有暇，仍從事於校讐。迨就養京邸，年臻耄耋，猶目覽手記，孜孜不已。嘗笑而言曰：「人生各有所樂兮，余獨著述以爲常。」其篤信好學也如是。生平識高學正，惟奉經訓以周旋，而不惑於二氏之學。舉俗人之祈禱福祥，通人之崇尚虛無，皆鄙棄而不爲。常服膺於唐傅奕、韓退之之崇儒貶佛，以爲有識者定當如是。又常稱述湯文正公之請毁五通神象，先文肅公之駁立龍神廟，大其事，誦其辭，以爲此《詩》之「求福不回」、《論語》之「知者不惑」也。故凡祀典所無者，皆不謁其廟。居官事上，侃侃不阿。事皆直道而行，毫無迎合。每請見，公事而外，語不及私。初見時，上官或怪其冷落，後乃坦然相信。上官某公與府君志趣不合，及某公被嚴譴，平日阿諛者皆反眼若不相識，府君獨周卹其孥，不以今昔異致，某公感甚，且自悔其不知人也。屬官公事，治者獎勵之，少有牽混，則加以嚴飭，而禮節偶疏，則弗之責。薦舉與否，皆視其涖事之優劣，人無敢干請者。河工題銷到部，往往準駁參半，獨府君申詳之案皆與例符，無可駁斥。工部司事者，咸服其清且慎也。更歷彌多，志守彌峻。嘗誦《左傳》「足欲亡無日矣」之語以自警，故廉正之操，久而不懈云。教不孝引之、敬之以敦品讀書、謹身節用爲要。不孝引之年十歲時，府君以朱子《童蒙須知》命手録置案頭省覽，暇則講解朱子小學，佐以吕新吾先生《小兒語》，俾知寡過之方。年過二十有五，府君又示以《爾雅》、《方言》、《説文》之學，俾由此以通經訓。至於古近體詩、古文時藝，亦必使取法乎上，一切苟簡之學不令寓目也。及不孝引之官編修，府君訓之曰：「文學之臣，績學宜勤，持躬宜慎，當以汝大父爲法，庶幾有所遵循。」其後四任典試，府君又訓之以國家掄才大典，當仰體求賢之意，詳慎拔取。至於三品以上不收規禮，又當謹遵諭旨而行，以端節操。兩任學政，府君又訓之以培養人材、整飭士習及關防幕友家人，以稱職守。歲在丁巳，不孝引之奉命按福建李藩司自縊獄，府君又訓之以廉潔自持，公平定案，毋稍瞻徇，以仰副委任之重。至洊升卿貳，擢任正卿，府君又訓之曰：「汝大父立朝忠清亮直，汝必秉公持正，以繼前徽。」不孝引之皆謹識而遵守之，不敢忘。教不孝敬之曰：「古體詩當以漢魏六朝爲宗，下逮有唐諸大家，以正所趨；近體則唐稱極盛，而中晚氣格漸弱，已無足法。有宋以後，古近體皆可涉獵。當知其佳處得力於唐人，而新其壁壘，不可轉襲宋人之貌。世徒嗤明代七子規仿盛唐，爲優孟衣冠，而不知去唐學宋，又出七子之下。至古體用韵，當依《唐韵》部分，無若填詞家信筆出入也。」不孝敬之亦謹識而勉學焉。馭童僕，寬嚴並用，峻厲中寓體卹之意。故服役者，多知感激。性喜儉約，衣服飲食宫室器皿之屬，但求給用而已，不求美麗。不孝引之嘗記府君官主事時服一嵌石帶版，其後内任科道，外任觀察，至于就養京邸，數十年不改爲，他皆類此。自乾隆庚子歲入都，數十年皆塊然獨居，不畜妾媵，酒食游戲無所徵逐，澹然安之，不厭岑寂也。東河河帥某嘗過府君署，見其廳事朴陋，寢室中惟古書數架而已，乃歎服不已。府君生於乾隆九年三月十三日寅時，卒於道光十二年正月二十四日寅時，享年八十有九。府君高祖父、曾祖父、祖父皆以文肅公貴，累贈光禄大夫、禮部尚書。高祖母茆太夫人、曾祖母李太夫人、祖母車太夫人並贈一品夫人。父文肅公本身應得封典，已貤贈外祖父母。道光八年，以不孝引之官誥贈光禄大夫工部尚書加二級。母車太夫人、崑山徐太夫人、錢塘徐太夫人並誥贈一品夫人。府君前以官吏科掌印給事中，加二級，誥授中憲大夫。至是晉封光禄大夫工部尚書加二級。先母吴太夫人，同邑增廣生貤贈文林郎翰林院編修諱鋐公女，孝慈勤儉，相夫教子，動中禮法，誥封恭人，晉贈一品夫人。子二人：長不孝引之，乾隆六十年順天鄉試舉人，嘉慶四年會試中式，殿試第一甲第三名，賜進士及第，授職翰林院編修，洊升禮部尚書，充經筵講官、武英殿總裁、國史館副總裁，誥授光禄大夫。娶同里廩貢生沈諱業廣公女，誥贈一品夫人。繼娶雲南布政司經歷貤贈承德郎户部雲南司主事宛平范諱（鐘）〔鍾〕公女，誥封一品夫人。次不孝敬之，高郵州學增貢生，貤封承德郎户部福建司主事，出嗣府君三叔父迪城公爲後，娶浙江寧波府通判泰州宫諱豫基公女，貤贈安人。女三人：長適寶應增貢生朱聯奎，次適儀徵附監生鄭樞，三適同里附生胡道傳。孫八人：壽昌，道光元年正二品廕生，今官户部山東司郎中；彦和，議叙直隸州知州，今官廣西鬱林直隸州知州；壽朋，蚤殁；壽同，道光五年選拔貢生，考取八旗教習。不孝引之出。壽昌娶廣西桂林府知府代州郎名錦麒公女，繼娶户部郎中江寧陶諱涣悦公女；彦和娶胡道傳女，繼娶奉天海城縣知縣平湖沈諱學詩公女；壽同娶光禄寺卿前湖南巡撫興縣康名紹鏞公女。壽山，議叙從九品候選，壽祺，高郵州學附生，葆和，業儒，保定，幼，不孝敬之出。壽山娶山西大同鎮總兵泰州劉名國慶公女，壽祺娶江蘇金壇縣訓導同里俞名光祖公女，葆和娶江南高寶運河營守備吴縣吴名國棟公女。孫女九人：不孝引之出者二，長適甘泉縣學附生徐玉華，次適刑部郎中宛平史致蕃。不孝敬之出者七，長適同里湯定成，三適候選縣丞汾陽韓錕，四許興化徐德駒。曾孫八人：恩溥、恩湛，孫壽昌出。恩溥聘舉人候選主事仁和韓諱綬章公女。恩來、恩沛、恩洽，孫彦和出。恩來聘左春坊左中允平湖徐名士芬公女。恩澤，孫壽同出。恩長，孫壽山出。恩海，孫壽祺出。曾孫女十人：孫壽昌出者三，次許錢塘邵延棟，三許武進周榮桂。孫彦和出者二，孫壽同出者二，孫壽山出者三。道光十二年歲在壬辰五月既望，不孝孤哀子引之、降服子敬之泣血謹狀。

【説明】

《行狀》原載《高郵王氏遺書·高郵王氏六葉傳狀碑誌集卷四》。王引之以此《行狀》呈進士、學政徐士芬，徐王氏姻親。據此撰《原任直隸永定河道王公事略狀》，以備史館採録。王引之又呈請阮元，阮元撰《王石臞先生墓志銘》。俱詳丙編《碑傳》。

【校注】

〔一〕〔二〕「乙卯」，誤。《高郵王氏家集》本作「乙丣」，丣，古酉字。《高郵王氏遺書》以形近誤作「卯」。乾隆三十三年，正是乙酉年。

太子太師兵部尚書閩浙總督金匱孫文靖公神道碑銘

兵部尚書閩浙總督金匱孫公既卒之明年，其孤慧惇、慧翼以狀來謁，曰：「先大人葬有期，幸有窆石閒最録平生行事，俾車過者知式。狀繁不可次也，願書其大者。」予與公乾隆六十年同舉鄉試，知公最久，樂爲删舉大要以付樂石。乃言曰：公官終閩浙總督。自起家翰林，前後七官，不出閩中，閒一爲皖撫，曾不淹時，復移閩。天生公才，殆爲閩也。當閩事盤錯交會，千緒萬隟。小而権鹺儲糧，浚陂贍灾；大而治樓船，詰海寇。文吾武巨，無所不有。閩之全局，不後不先，待公以清以平，以底無事，故曰公之才爲閩而生。閩自雍正閒，聽漁海者鬻鹽，量肩而食，計擔而征，名曰水販。乾隆七年，舉販者爲商，自其始眥弱，近益匱。公諳其原，熟其地勢，紓其課，清其界，三年官私交便。臺灣地氣厚，歲再熟，國家用兵力得之，今欲享其報，莫如食其粟。公前後兩弛船禁：畿輔飢，召商運米如天津；浙飢，召商運米如乍浦。舶行衽席，商赢民飽，海表有秋，中國衎衎〔一〕。噶瑪蘭，香臺分也，生番處之，百貨不通。其咽喉道曰加禮遠，曰烏石，不爲官津，棄二港矣。港棄于官，莫誰何，則民渡者衆矣。棄港則廳官仰饋，廳兵仰糴；港籍于民舟販衆，利盡在民，皆不便。公剔二港，俾達名於輿圖，粳糯流行，吏扼而譏，臺如援，噶瑪蘭如闢。道光六年五月，臺灣民李通與粤民黄文潤械鬥事起，彰化、嘉義皆警。公檄提督許松年往，而駐廈門援之。提督集閩粤民勸龢，公以爲失體。六月，公自渡臺，陸擊之，水迾之，擊其南，杜其北，衆蹷而潰。乃使閩人縛閩人，粤人縛粤人以獻。二械匪之殷也〔二〕，番割附之。番割者，内不逞之人，老于番而能左右番者也。其魁曰黄斗乃、黄武二，負山阻溪。公分三旅擣之。兩師涉溪，溪漲，山滑如錫，師重足猱登，卒禽二黄。南自彰嘉，北至于澹水，悉平。十一月，公以舟師歸福州。莆田東竟，承永春、仙遊、海化三州縣之水，以趨大海。宋世侯官李宏截巨流而瀦之，又分其流，使南北背馳，溉民田四十萬，所謂木蘭陂者是也。陂之興，既留水之出，陂外有隄，以禦潮之入。隄畔釃衆溝，以蓄入者，宣出者。隄之長千一百丈，溝之目一百七十有八，爲陡門涵洞焉。隄缺溝窒，潮有之上田爲斥鹵，公憂之。會其年颶風海嘯，隄盡壞。公因敗爲功，頒《杭州海塘式法》以示莆之人，出俸緡，倡其衆，逾年而完，粒及百世，莆田立祠祠公。公百廢具脩，尤鋭意水利，木蘭陂最鉅矣。他若福州之小西湖，興化之小西湖、延壽陂，皆久不治，次弟濬治，罔後時。公簡軍實，謂軍器恃火器，火器恃礮，礮以胡忠憲《籌海圖編》中所列過山鳥者最善。國朝百戰百勝，用此居多，閩營未之聞也。奏造此礮三百四十一門，報可。閩于東南行省最大，凡隸掌故，百年不問，後難問矣。公考省志，自郝玉麟監修，箸録七閣，于今百年。官之駐劄有易者，水道異，險要異，海戍有徙者。總隧聞，勒新志，有最有目，爛若繁露〔三〕。公始終于閩十九年。古者，司勳詔王大烝，其差曰勳，曰功，曰庸，曰勞，曰力，曰多。若孫公，可謂力矣，可謂勞矣。按狀：公姓孫氏，諱爾準，字平叔，貫江南常州府金匱縣。考諱永清，官至廣西巡撫。妣顧氏。公乾隆六十年舉人，嘉慶十年進士，歷官翰林院編修、福建汀州府知府、鹽法巡道、汀漳龍巡道、按察使、布政使、安徽巡撫、福建巡撫、閩浙總督，賞帶花翎加太子少保，贈太子太師，予謚文靖。公生乾隆某年，卒道光十二年，年六十三。以某年某月某日葬於某鄉某山之賜塋。子二：慧惇、慧翼。銘曰：

頎乎其昂，豐乎其藏。胡渟乎其怒羯，而熠乎其遄亡。有臣如此，載筆之光。

【説明】

文載《王文簡公文集》卷四，寫於道光十三年癸巳。

【校注】

〔一〕衎衎：和樂貌。

〔二〕殷：盛。

〔三〕繁露：冕旒上之懸玉。

族孫婦江氏傳

族孫婦江氏，貞女也，亦孝婦也。許嫁族孫豐，而豐病没時，江氏年二十有三，聞之立欲適，王氏父母及親族婉勸之。江氏慟不欲生，水漿不入口者六日。父母知其志不可奪，乃聽適王氏守貞。對柩成服，哀慟欲絶。父母復欲厚匳以慰其志，江氏卻之曰：「孑然殆盡之身，茍延旦夕。爲奉養祖姑及翁姑計，厚匳何爲？願以鍼黹供養，珠翠釵珥皆屏去。」居久之，祖姑以下憐其貞，且喜其孝，温凊定省，寒暑罔閒也。又能先意承志，分勞苦，佐甘旨，必得祖姑及翁姑歡。翁姑疾，焚香默禱於神，請以身代。故戚里交稱其貞孝焉。歲在甲午四月，予以先大夫憂，服闋，至廣陵買舟，將入覲。江氏翁詔具以江氏貞孝事語予，予聞而嘉之。夫有貞孝之行者，雖在他族，尚欲表章之，以維風教，況同族乎？若江氏之行，可以勵節，可以勸孝，其諸一世之楷模，豈維予族則效之而已哉！是爲傳。道光十四年八月既望撰。

【説明】

《傳》載《王文簡公文集》卷四。

鮑樹堂通政傳

通政諱勳茂，字根實，號樹堂，徽州歙人也。通政與余爲姻家，其子繼培與余幼子壽同友壻也。因此得與通政相往還，孰察通政之爲人，每歎爲忠厚長者。歲在癸巳，余方居先大夫憂，廬於天長城北祠堂内，而通政以是年九月歿於蘇州郡城。通政之子崇城，貽余以《通政行述》，請余填諱。及明年，余大祥後，又請爲之傳。余惟通政之行己、服官，稱於鄉黨，著於朝廷，固無俟余之論述，而其宅心之醇粹，誠有大過人者，不表而明之，則無以爲後來者法。蓋通政之生平所以不可及者有二，謹與厚而已。通政恭而有禮，親朋燕集，竟日無惰容，飲量極洪，卒無酒失。退讓恂恂，雖後進屬僚，亦無敢慢。嵇文恭公嘗書「恭壽」以顔其堂。敦崇節儉，凡飲食衣服之精美者，多以畀人，而自用其菲且惡者。冠帶鞾履，或十數年不改爲，是其謹也。通政之爲巡城督飯廠也，則捐己資以施之。其卹普濟堂窮民也，則市棉衣以與之。其救疫也，則用良方爲藥以給之。其救淫雨壞民居也，則奏旂民修屋，暫免呈報以便之。是其厚也。及章疏入告，屢建嘉猷，則又能見其大，扼其要。夫惟平日庸言是謹，是以言必有中也。至於糾無賴以安良，杜囤積以救荒，禁掘冢以保枯骨，一皆仁術之曲全，嚴厲之中彌見其用心之厚。其他睦婣任卹，爲宗族婚友所交推者，則又不可枚舉。嗚呼，若通政者，其諸德盛禮恭有孚惠心者與！余故綜通政生平之懿行，唯謹與厚，是難能也。敢以質之當世之品藻人物者。道光十四年三月癸巳，高郵王引之撰。

【説明】

文載《王伯申文集補編》卷上。

皇清誥贈通議大夫福建按察使蕭山縣學生綸宣王公神道碑

吾自庚戌之歲侍養先大夫於京邸，適畹馨中丞以選拔應朝考，因得奉教焉。下帷之餘，時相過從。竊歎中丞學識之淹通，聞見之淵博，爲今世所稀。及中丞成進士，爲縣令，惠政循聲徹於海内，得仰膺簡畀，開府七閩，又未嘗不歎其經濟之隆，足以繼前賢而昭來許。及中丞以其父贈公綸宣先生《墓志》及嚴太淑人《行述》見示，乃知中丞之學古治官，皆出於先人之彝訓也。贈公佐人治獄：洛陽嫠婦夜爲其鄰由四羣所殺，攫賣布錢六百餘去，公令偵焉。見四羣之妻屢窺垣，索其牀，獲錢如數，因抵四羣罪。上蔡民張四婦投繯死，已成讞矣。公在汝寧閲其牘，謂知府曰：「婦腹刃創洞膜，非自戕也。」詰之，得先受夫刃，而後就縊。狀論如律。有傭竊主藏銀百兩，法應流。公曰：「銀藏内室，傭何由知？」鞫之，則造謀者婢，傭末減〔一〕，人稱明恕。佐治洛陽時，有吏入白事，良久，出袖中金若干，請狀。公厲色叱之去。其守正如是。所主傾心倚之，多遷擢去，他守令益重公，交致幣聘。贈公自奉約，束脩之饋，盡以奉親。親歿後，寄家不過五六十金，其餘分散故舊之貧者。與人書，皆手自爲。有故使人，必題紙尾曰「屬」。有公事令某代，非敢慢也。其誠又如是。贈公元配蔡太淑人，婉娩淑慎，聞於鄉黨。繼配嚴太淑人，勤儉持家，尤明大體。贈公出遊，嚴太淑人承顔怡志。比殁，盡粥嫁時衣飾營辦，凡附身附棺之物自裁製。織紝組紃，不問寒暑。節所入買書，勗子讀。既禄養，服食樸素如平常。嘗戒子：「勿妄費，寒儉之家無凍餒足矣。一旦告貸，開口甚難，省一錢即留一分廉恥。」又嘗戒子曰：「昔吾隨汝父洛陽，汝父佐人治一獄，可重可輕，疑而未決。吾曰：『婦人不識例，以理論之，當重則重；如疑，似宜從輕，勿枉殺人，爲子孫留一盂飯。』汝父以爲然。毋作孽貽我憂也。」然則中丞之學古治官，皆贈公及太淑人之垂範，有以啓之，宜乎仰副國恩，俯酬民望，而勛業焕然也。公於嘉慶十四年以子官誥贈通議大夫福建按察使，公之配贈淑人。歲在甲午，中丞以神道碑文請。予曰：「潛德之光，是不可以不志。」乃不揣固陋而揚搉之云。道光十四年八月既望，高郵王引之譔。

【説明】

碑文載《王文簡公文集》卷四，碑主是王晼馨之父。王晼馨王紹蘭。與王引之情誼篤厚。

【校注】

〔一〕末減：古刑名術語，定罪後減等處刑，從輕發落。

詩文

制藝文

仲叔圉治賓客祝鮀治宗廟王孫賈治軍旅〔一〕

即衛君之無道，而論其政，不能自治，而能使人治也。夫賓客、宗廟、軍旅，非其人不能治也。若圉若鮀若賈，用之者，殆各因其才而任之者耶？嘗考《太宗伯之職》，以吉禮祀邦國之鬼神，以賓禮親邦國，以軍禮同邦國。誠以治神人，統六師，經邦之要在此三者。顧行之於至治之時，則人以爲王明，並受其福。其夫君德不明，而才俊足以任事，將以爲國有人焉，誰復推本於其君之故者？而若靈公不喪之疑，獨未可爲無道中之定論也。蓋國有八政，其大者曰賓，曰祀，曰師。而國有九式，其重者曰祭祀，曰賓客，曰軍旅。乃孰意靈公當無道之時，固一一而治之哉？問誰掌大賓之禮及大客之儀，則孔圉是。夫昔者，圉欲攻太叔，而訪軍旅之事，則圉固志在軍旅矣。然而上擯則職有攸宜，掌客則才曰可使，應對嘉賓，鮮有敗事，唯其敏也。效勞贈賄，無或失儀，唯其好學也。是故靈之方生也，衛之臣或夢康叔謂己曰：「余使圉也相之。」故靈公以立，則豈唯吾君是賴，宗廟之靈實寵嘉之矣。宗廟者，衛之先公所式馮焉者也。君則不德，而祝固有人，豈曰矯舉以祭乎？則夫掌六祝之辭以祈福祥，以求永貞，命鮀當之，誰曰不可？當日者齋敬之勤，威儀之則，容貌之崇，敬恭明神而爲之祝，其亦遠於佞矣。雖召陵之會，蔡不先衛，鮀亦習於兩君相見之儀而要之。社稷之隸自有專司，不得越尊俎以相代也。若夫君行師從，卿行旅從之論，又其餘事矣。抑吾觀往者衛欲叛晉，其蒐而車乘，警而師徒，使五伐我而猶可以戰者，則王孫之爲也。夫鄟澤之盟，賈趨進曰：「衛君敢不唯禮是事！」其亦達於擯相之禮矣。然而公朝大夫必與賈謀之，公朝國人必使賈命之，則治軍旅，固賈之專責也。雖媚奧竈者不達五祀之禋，而詰戎兵者可免三軍之懼，衛之人至今稱賈之功不衰。蓋論無道之象，則雖有賓客，而内惡不諱也；雖有宗廟，而黍稷非馨也；雖有軍旅，而四郊多壘也。原不能以此怨靈，而即推其立政而以生才之難。時則有若仲叔圉而無貽君以羞也，時則有若祝鮀而不致神其吐也，時則有若王孫賈而可爲國之幹也。此其能使之分治，未始不本於知人，而何疑於不喪耶？

本房加批：

援引經傳，法自心生，趣從筆到，後勁尤爲所向無空闊也。

苟日新日日新又日新〔一〕

「新」有與「日」並進者，誦《盤銘》而如見聖心矣。夫湯，固德日新者也。日無窮，新亦與之無窮，湯之銘於盤者如此。從來德之及乎天下者，先於一身者也。而德之貫乎終身者，先以一日者也。古聖人傳心之學，意不盡言，而寓目存之，往往即小以觀大。蓋以附吾身者，其事既與身相通，則閲此日者，其理即可以日相較也。吾誦湯之《盤銘》，而見日新之象焉。新之革其故也，必待污之既積，而後思除而去之。世固無此人情。而盤之於新，其取資甚便者也。見以爲至適，則一舉而有其畢舉者矣。新之復初也，使其垢之不存，而猶必豫爲防之。世亦無此過慮。而新之於盤，其爲用，遞更者也。見以爲至常，則屢易，而有其不易者矣。夫日新之爲盛德，其積累非一朝夕矣。而日新之在《盤銘》，其文辭則三致意焉。誠有味乎，其言之耳。日烏乎其有始？而有見爲始者，所爲履端於始也。自新者象之，非天下之至剛者乎？身一日不沐，而垢生焉。德一日不修，而私累焉。而不慮乎此也。(日)〔曰〕「苟日新」，日烏乎其爲繼？而未有不繼者，所爲日以繼日也。自新者象之，非天下之至純者乎？潔身者想忘乎日之延，崇德者不知其日之益，則有樂乎此也。曰「日日新」，□〔日〕烏乎其有復？而未有不復者，所爲日復一日也。自新者象之，非天下之至貞者乎？盥之薦也，日既過而除之；德之勤也，日未來而待之，則莫盡乎此也。曰「又日新」，日與日爲對待，使新有空缺之數，則已去者不留。夫聖人之異乎人者，神明而同乎人者，歲月乃以昏氣乘之，而漸流於污下，以寅清凜之〔三〕，而益進於高明，則日可居而不可翫也。所以持此意，以爲不邇聲色，不殖貨利之源。而誦日躋者，亦羣窺聖敬。日與日爲循環，使新有阻隔之期，則相覿者無色。夫聖人之不同乎人者，志氣而不異乎人者，容儀故默與天通，而難知其要渺。明於水鑒而可喻其精微，則日可惜，而亦可計也。所以推此意以爲奄有九有，表正萬方之略而革舊俗者，亦咸於惟新。此湯之下闕。

題理盡在「日新」二字中。下二句言功，無間斷耳。文跟《盤銘》疏發實義，澄澈空明，掃却一切詞障。

敢問何謂浩然之氣曰難言也〔四〕

離養而問氣，欲言之而知其難也。夫氣非自孟子發之，已不易言，而況浩然之氣哉？丑以是問，而答以「難言」，則即此已想見其欲言之妙也。且言之出於共聞者，與出於創聞者不同矣。共聞者，雖極學問之高深，而可以相喻。創聞者，即以一身之運用，而不能相解。故待問者，有時扣而不鳴，非靳也。以問者，聆於師之言，舉其中而遺其上下，而不尋夫致此之由，則凡言之著乎象者，固不能驟得其涯涘也已。孟子言：「我善養〔吾〕浩然之氣。」孟子固合養以言其氣，而非專著其氣也。專著其氣，則浩然者自在。孟子之身，豈他人之所能預哉？乃公孫丑以孟子與論氣，而並及之也。而問「何謂浩然之氣」，以爲是氣也，丑固未之前聞也。凡今人之未能發者，而古人亦未之發。是必夫子所獨得者，而後稱心而言，人亦易足也。是氣也，夫子亦未嘗舉之爲教也。凡平日之不輕及者，而今日偶一相及，是必夫子所樂告者，更不計告非其人。雖言不著矣，則姑置養之者於不呈，而獨論其氣，是猶向之聞「志至」「氣次」，而但問氣之次也；置善養之者於不求，而特求其氣，是亦猶向之聞「持其志，無暴其氣」，而但問「無暴其氣」也。然而是氣也，非若氣次之易言也。蓋凡氣，附乎志而見者也。而浩然者，渾渾何所附乎？非若「無暴其氣」之易言也。蓋凡氣，統乎志而見者也。而浩然者，洋洋何所統乎？且夫「善養吾浩然之氣」，孟子既已言之矣，特公孫丑未嘗求之，不知其意耳。如但問其氣也，孟子曰「難言也」，理必兼陳乎上下，而後以言該上下之全。今欲氣之傳於言，必言之肖夫氣也。浩然者，孰形而上，孰形而下，安得肖之而傳之耶？舉聖賢之氣，混處乎禀受之氣，區而別之，而欲暸然於口，則將求其辭之達，而於何者會其歸；將求其辭之寡，而於何者尚其要，而奚爲易之也？非女之有問，吾幾自忘其言之不盡意矣。詣必統貫乎始終，而後以言具始終之旨。今欲氣之備於言，必言之盡夫氣也。浩然者，孰基其始，孰究其終，安得備之而盡之耶？舉千古之氣，默糸於夙夜之氣，渾而合之，而欲相説以解，則必聲入者心通，而理不能代心而受；時至者學化，而教不能與時爲迎，又豈其秘之也？即向之（目）〔自〕言，吾亦不意夫女之善於問矣。如使女充乎此氣之中，自可不言而喻。若必我爲之悉言其故，是當先識其難。蓋知其難，而後可言耳。

本房加批：

下數節是難言，實際非於題後作轉語。會得斯旨，題理雪亮，下筆更覺静逸有神。

【説明】

文載《王伯申文集補編·附録一·制藝文》。王引之乾隆乙卯應順天鄉試，嘉慶己未應禮部試，癸亥又大考。此制藝文不作於乾隆乙卯，即作於嘉慶己未，疑未能明。

【校注】

〔一〕語出《論語·憲問》。邢疏：「言君衛靈公。雖無道，有此三人所任者，各當其才，何爲當亡？」

〔二〕見《禮記·大學》。孔疏：「此謂精誠其意，修德無已。」此「苟」當音己力切，通「亟」，急速。參段玉裁《説文注》九篇上。

〔三〕寅清：謹敬清明。語本《尚書・舜典》：「夙夜惟寅，直哉惟清。」

〔四〕語出《孟子・公孫丑上》。公孫丑問，孟子答。

乾隆鄉試策問

第一問 乾隆乙卯　恩科鄉試

許氏《說文解字》曰：「易，蜥易也。象形。祕書說：『日月爲易。象陰陽也。』」「書，著也。」又曰：「著於竹帛謂之書。」「詩，志也。」劉熙《釋名・書契》篇云：「易，易也。言變易也。」「書，庶也，紀庶物也。亦言著也，著之簡紙，久不滅也。」「《尚書》者，尚，上也。㠯堯爲上，始而書其事也。」「詩，之也。志之所之也。」「叙，抒也。抒泄其實，宣見之也。」疑《序卦》者，始於歐陽永叔，㠯爲「《十翼》之說，不知起於何人。秦漢㠯來，大儒君子所不論也」〔一〕。其後李清臣則謂《易》卦之序，二二相從，惟《序卦》不協，每有不可合而强通者。〔二〕葉適亦謂《易傳》惟《序卦》最淺陋，於《易》有害。〔三〕案《漢志》：「宣帝時，河内女子掘地得全《易》，《說卦》中、下二篇，污壞不復識，後人遂㠯《序卦》、《雜卦》足之。」然則《大易》之有《序卦》、《雜卦》，亦猶《周禮》之有《考工記》耳。疑《書序》者，蔡仲默《書集傳》，謂其識見淺陋，無所發明，非孔子所作。疑《詩序》者，鄭樵始倡其議〔四〕，朱子本之，㠯作《詩序辨說》，謂《詩序》之首句已有不得詩人本義而肆爲妄説者。馬端臨《經籍考》則云：「《書序》可廢，而《詩序》不可廢；《雅》、《頌》之《序》可廢，而十五國國風之《序》不可廢。」蓋㠯《書》多直陳其事，《詩》多寄託之詞。寄託之最多者，尤莫甚於國風，非《序》則不知其所㠯作也。其實《詩》、《書》之《序》均不可廢。大史公作夏、殷諸本紀，魯周公、宋微子諸世家，多取《書序》之說。《尚書大傳》載《九共》曰：「予辨下土，使民平平，使民無傲。」〔五〕載《帝告》曰：「施章乃服明上下。」〔六〕今篇名皆在《書序》中，信而可考。而蔡氏疑其依文附會，過矣。言古韻者，必㠯《三百篇》爲準，其與今韻異者，如「慶」字今音去敬切，古音去羊切；「馬」字今音莫下切，古音莫補切；「服」字今音房六切，古音蒲北切；「下」字今音户假切，古音黄古切。若斯之類，朱子、吴才老㠯爲叶音，戴侗、陳季立㠯爲正音，〔七〕而正音之説爲允，不然，作之既非一人，采之又非一國，何㠯皆用叶音而不用正音也？《易》韻之見於彖辭者，若「初筮告，再三瀆，瀆則不告」〔八〕、「震來虩虩，笑言啞啞」之類是也〔九〕。見於爻辭者，「復自道，何其咎」〔一〇〕、「眇能視，跛能履」之類是也〔一一〕。見於《繫辭》、《説卦》者，「鼓之㠯雷霆，潤之㠯風雨；日月運行，一寒一暑。乾道成男，坤道成女」〔一二〕、「天地定位，山澤通氣」之類是也〔一三〕。至於《彖傳》、《象傳》、《雜卦》用韻者，不可枚舉矣。

《書》韻自《臯陶謨》「喜」「起」、「明」「良」爲千古用韻之祖，其它亦閒有用韻之文，而惟《禹貢》、《洪範》爲最密。《禹貢》之韻，若「至於岳陽」、「至於衡漳」，「厥艸惟繇，厥木惟條」，「淮沂其乂，蒙羽其藝」，「彭蠡既豬，陽鳥攸居」，「漆沮既從，灃水攸同」。「荆岐既旅，終南惇物，至於鳥鼠。原隰底績，至於猪野」之類是也。《洪範》之韻，有字異而爲韻者，「木曰曲直，金曰從革，土爰稼穡」之類是也；有字同而爲韻者，「惟時厥庶民于汝極，錫汝保極」之類是也；有隔句爲韻者，「有猷有爲有守」、「不協于極，不罹于咎」之類是也。若其古有韻而今誤讀者，「子孫其（逄）〔逢〕，吉」，傳㠯「（逄）〔逢〕吉」連讀，而解「逢」爲「遇」，不知「逢」字與下文五「從」字、一「同」字爲韻。逢，大也。「子孫其逢」，猶云其後必大，此當據馬融注㠯正之者也。「于其無好」，與下文「咎」字爲韻，自唐石經「好」下衍「德」字，遂失其韻，此當據《史記集解》所引鄭注㠯正之者也。《易·（大畜）〔无妄〕·（九）〔六〕二》：「不耕，穫；不菑，畬；則利有攸往。」《坊記》引作「不耕，穫；不菑，畬；凶」。《恒·六五》：「恒其德，貞。」《緇衣》引「貞」作「偵」。此《禮記》引《易》之異文也。《君奭》「在昔上帝割申勸寧王之德」，《緇衣》引「割」作「周」，「申勸」作「田觀」；又引《吕刑》「播刑之迪」，「迪」上有「不」字；「苗民弗用靈」作「匪用命」。此引《書》之異文也。《表記》引《詩》「彼其之子」，「其」作「記」。《禮器》引《詩》「匪棘其欲」，「欲」作「猶」。《緇衣》引《詩》「誰能秉國成」云云，今《詩》

所有；其上文「昔吾有先正」云云，今《詩》所無。此引《詩》之異文也。恭讀御纂四經〔一四〕、《欽定三禮》〔一五〕，如日月經天，江河行地。生斯世者，得昌服膺聖訓，折衷羣言，豈非厚幸哉？

【説明】

此卷原載《高郵王氏家集·王文簡公文集》，撰於乾隆六十年乙卯。是年八月初九日，王引之應順天鄉試，中舉。王壽昌等《伯申府君行狀》云：「是科策問五經小學、古韻部分異同。」與此卷正合。標題係整理者所加。

【校注】

〔一〕歐陽永叔説，見歐陽修《易或問》其二。

〔二〕李清臣説，未詳。

〔三〕葉適説，見《習學紀言》、《水心先生文集》，在《四庫全書》。

〔四〕鄭樵説，見鄭樵《六經奥論》、《詩辨妄》。朱熹《詩綱領》引。《六經奥論》有通志堂經解本，《詩辨妄》有顧頡剛輯本。

〔五〕〔六〕又見《尚書·序》孔穎達正義。

〔七〕朱子，見朱熹《詩集傳》。　吴才老，見宋吴棫《韻補》，朱子叶音説實採自吴棫。　戴侗，見所著《六書故》。　陳季立，見明陳第《毛詩古音考》。

〔八〕見《易·蒙》卦辭。卦辭亦稱彖辭。

〔九〕見《易·震》卦辭。

〔一〇〕見《小畜·初九》爻辭。

〔一一〕見《履·六三》爻辭。

〔一二〕見《繫辭上》。

〔一三〕見《説卦》。

〔一四〕御纂四經:《御纂詩義折中》,清傅恒撰;《御纂春秋直解》,傅恒撰;《御纂周易折中》,清李光地等撰;《御纂周易述義》,傅恒撰。

〔一五〕《欽定三禮》,即《欽定三禮義疏》,乾隆十三年敕撰。

試帖詩

賦得燈右觀書 得「風」字〔一〕,五言八韻。

書愛編蒲緑,燈看吐藥紅。位同居貴左,時值夜方中。虚席安排巧,開函表裏融。光斜分半榻,影静豁雙瞳。豈慮披圖礙,猶疑鑿壁通。簾疏邀落月,屏曲障西風。萬卷藏何富,三商聽未終。右文明聖治,典學仰宸衷。

本房加批:

處處著眼燈右，遠致清神，耐人諷玩。

賦得緣督爲經　得「中」字，五言八韻。

守經傳秘指，善惡境皆空。惟以心緣督，斯爲道集躬。動原安汝止，執必用其中。大義憑商榷，羣情待折衷。無偏無黨協，是訓是行同。理本周常變，神還徹始終。順施源早正，久道量彌充。皇極探精一，謨猷仰至公。

賦得辭尚體要　得「尊」字，五言八韻。

修辭宜握要，得體乃知言。漫許三端利，何如片語尊。有綱皆舉網，無葉不歸根。但使吭能扼，奚憂舌莫捫。理常思窾導，説豈效瀾翻。返本方該末，窮流即溯源。簡明心可會，約略緒寧繁。綸綍宣丹詔，文章重體玄。

賦得獸炭　得「蒸」字，五言八韻。

巧製傳羊琇，豪華亦足稱。鴨鑪温乍蓄，獸炭煖全蒸。赤口噴初遍，猽毛燎未曾。火牛看餤吐，燧象訝烟升。然角犀同照，嘗鹽虎並騰。血脣明似炬，隅目炯如燈。散燠寒光歛，含威猛氣增。樽開金殿日，率舞勢齊興。

賦得記事珠 得「珠」字，五言八韻。

往事從何記？尋源藉慧珠。因心原不隔，在手適相符。乍以三隅反，如穿九曲紆。星羅真可數，月印總無殊。象罔求何易？牟尼照已輸。探疑明鏡徹，藏合智囊俱。寶氣觀原朗，圓光鑒不孤。燕公多碩畫，曠代仰訏謨。

賦得竹聲兼夜泉 得「清」字，五言八韻。

夢裏琤瑽響，林泉正月明。輕風吹竹葉，遥夜雜波聲。濤豈如松遠，音原共水清。暗摇宣爽籟，低咽間疎更。瑟瑟疑交奏，涓涓自迭鳴。幽篁聽未寂，碧澗韻仍生。支枕心逾静，披衣耳乍盈。絲桐如可寫，一曲寄高情。

賦得潤下作鹹 得「鹹」字，五言八韻。

水泉原卜坎，山澤亦占咸。就下常含潤，成功乃作鹹。熬波同雪白，佐食應冬嚴。海客新嘗味，鹽人舊設監。釜湘傾萬斛，舟運轉千帆。與鐵供征税，偕絺入貢函。地原名以鹵，義合訓爲銜。鼎鼐調元化，和羹定不凡。

賦得遊絲横路 得「留」字，五言八韻。

何客異鄉遊，春暉靄若流。晴絲横裊裊，別路去悠悠。無力隨舒卷，多情暫逗遛。日暄南浦外，風軟灞橋頭。爲惜行踪急，還憐道里修。故將維縶意，聊解別離愁。戀戀如相阻，依依似欲留。征塵終莫挽，空自逐烟浮。

其二

頗有纏綿意，悠然一縷浮。正憑羸馬度，忽似故人留。細引榆錢貫，低隨柳帶抽。時拖三兩尺，畫出淺深愁。原草碧方長，野花紅更稠。此心同縹緲，極目自夷猶。繞轡情難已，牽衣思轉柔。不知東逝水，何自急長流？

賦得日色明桑枝 得「宜」字，五言八韻。

桑陰相接處，日色正暄時。錯認陽烏影，來棲若木枝。九華昇自滿，五畝種偏宜。緑葉林間秀，圓光隴上移。試看清影動，知有惠風吹。朗潤□芳陌[二]，青葱蔭短籬。柳殊新月照，花異夕陽遲。戴勝方占候，爰求正及□。

其二

皎皎清光透，紛紛翠葉披。乍摇千樹影，如暖萬年枝。蠶箔來何早，烏踆到轉遲。寒煙消綺陌，新緑滿疎籬。草際風浮日，松間月挂時。每當斜景射，恰見午陰移。嘉木盈蓬島，芳林繞鳳池。智臨欽普照，羣仰大君宜。

賦得平秩西成 得「成」字，五言八韻。

宅西隆帝命，萬寶及時成。政以平均洽，功緣秩叙明。裁衣金落剪，薦稻玉炊秔。公子裳初整，曾孫稼早盈。辨辰逢酉就，占日協庚更。兑説方宜正，秋揫義益精。絪緼諧物化，次第合天行。敬授勤民事，調元治道亨。

賦得同人于野 得「人」字，五言八韻。

集益資三友，同心協二人。涉川行乃順，于野愛還均。上下聯交廣，西南得助神。天高聞鶴唳，海闊引鷗馴。象卜來无咎，爻占富以鄰。似蘭芬自遠，如水味逾醇。拇解朋斯至，筐承信早伸。無私參覆載，萬類荷陶鈞。

賦得百川赴巨海 得「收」字，五言八韻。

北極羣星拱，南溟衆派收。百川趨渤澥，萬里赴瀛洲。向若河名伯，朝宗瀆視侯。黄牛辭渡口，白馬入潮頭。觀本難爲水，歸應不擇流。决來三既入，播處九皆投。浪繞蓬山闊，詩聞鄮郡留。海涵惟聖度，蠡測陋推求。

賦得夜雨剪春韭 得「盤」字，五言八韻。

處士方留客，嘉殽可接歡。繞畦過夜雨，剪韭入春盤。濕泛光千點，濃裁緑一團。好將挑菜比，錯作獻羔看。嫩葉抽初遍，香根潤未乾。截來雙刃薄，灑徹五更寒。翠釜知先熟，黄粱擬並餐。七菹供御膳，疏食念艱難。

賦得疎雨滴梧桐 得「聲」字，五言八韻。

何處廉纖響？高桐百尺盈。微雲收樹影，疎雨弄秋聲。滴葉微微濕，垂絲點點輕。數行珠錯落，一片玉瑽琤。林外斜陽照，窗前曉夢驚。蕉心同帶潤，松籟共含清。淺緑多時换，新涼幾處生。襄陽懷逸思，佳句快先成。

賦得秋草含緑滋 得「滋」字，五言八韻。

靃靡春緑砌，芊眠夏滿池。却逢秋色麗，猶帶緑痕滋。南浦今朝望，西風昨夜吹。誰將清露染，都似碧雲垂。丹映楓千樹，黄分菊一枝。柔茵舒冉冉，翠帶展遲遲。涼意侵書幌，濃陽到綺帷。入簾新得句，爲和景陽詩。

賦得螳螂向蟬 得「琴」字，五言八韻。

高樹螳螂集，閒亭客撫琴。每當傾耳處，知有向蟬心。斧利乘風運，緌長帶露吟。乍前仍乍却，相伺已相侵。細聽揮絃急，真如奮臂臨。偶同貍捕鼠，幾忘雀窺林。焦尾聲何猛，昂頭志欲擒。中郎通妙解，千載歎知音。

賦得天道如張弓 得「平」字，五言八韻。

結網疎寧失，張弧滿不傾。道原如矢直，象乃似弓平。多寡從民欲，高卑準物情。取諸弦上下，驗以月虧盈。勢以憑虚審，功由入彀成。試觀謙受益，何異射無争。宥器殊欹側，持衡等重輕。無私參覆載，大化協光亨。

賦得金在鎔 得「金」字，五言八韻。

六工名重冶，三品貢惟金。鼓橐歸鎔鑄，披沙憶揀尋。爐開疑雪點，鼎煖訝丹臨。價擬雙南貴，功經百鍊深。江雲騰藹藹，紫霧鬱森森。影耀星芒射，光融火氣沈。甄如陶正巧，琢比玉人心。作礪崇廷訓，裁成德共欽。

賦得江南江北青山多 得「秋」字，五言八韻。

振策金山頂，山光入望收。看來南北岸，畫出淺深秋。翠夾屏千幅，寒摇荻一洲。黛痕分兩道，練影曳中流。無數晴嵐映，相隨雪浪浮。蒼茫連海嶠，指點上漁舟。赤壁他年賦，高臺此日遊。何如蓬島峙，青滿鳳池頭。

賦得風泉滿清聽 得「清」字，五言八韻。

野樹連山暗，流泉徹夜鳴。隨風纔送響，入聽最怡情。院静松生籟，崖高月有聲。愛他寒吹滿，助我道心清。瀌瀌波常注，泠泠耳乍盈。嫩涼無限好，幽夢幾回驚。曲折來層嶂，潺湲到五更。西園邀睿賞，珠玉瀉昆明。

其二

拂座凉先到，披衣聽更明。月依丹嶂出，風與珠泉鳴。爽入千崖滿，音傳萬壑清。每當傾耳處，都是躍波聲。應識池添漲，渾忘漏轉更。半山流水曲，一夜小樓情。玉笛吟還似，瑶琴寫未成。南薰聞雅奏，佳氣繞蓬瀛。

賦得鴻毛遇順風 得「毛」字，五言八韻。

縱壑魚焦尾，沖天雁刷毛。風聲吹習習，雲路上高高。但喜銜蘆便，渾忘舉翮勞。快哉欣得助，善也適相遭。羊角千尋轉，鵬程萬里翶。奮飛憑羽翼，决起笑蓬蒿。鷺序民登俊，鵷行士列髦。南薰恩共沐，作頌繼王褒。

賦得從善如流 得「功」字，五言八韻。

晋卿能聽納，薄伐奏膚功。好善從偏易，如流應不窮。盈科機莫禦，受責量原同。籌策探來正，江河决後通。溯洄徵雅意，涵泳本虚衷。浩浩心常洽，淵淵度益洪。衆情真在囿，成見已全空。察邇推虞帝，羣欣執厥中。

賦得清風來故人 得「時」字，五言八韻。

爽籟披襟受，歡然若故知。新涼招甫到，舊約踐非遲。迎向花陰後，邀來水面時。伴予琴共響，和汝籜先吹。入座通懷抱，開軒話別離。與俱誠不厭，肆好更堪思。聲氣求還易，寒温叙最宜。感君噓拂意，莫咏《谷風》詩〔三〕。

賦得良田無晚歲 得「成」字，五言八韻。

《大有》書何早〔四〕，嘉禾萬畝盈。定知田不易，乃使穀先成。沃壤如膏潤，新畬似罫平。氣方溥玉露，穗已擢金莖。直訝穜爲稑，還疑稉化秔。白誇雲子熟，青見稻孫生。得地應多稼，逢年在力耕。降康歌聖世，長此協豐亨。

賦得斲雕爲樸 得「初」字，五言八韻。

太素原無色，雕鎪竟爛如。何須丹艧染，應借斧斤除。豈以文爲貴，毋寧質有餘。八材留渾樸，五采謝紛挐。止與觚同破，誰言藻妄攄。陶匏誠並著，杞梓用先儲。郅治崇修古，淳風重復初。茅茨知不翦，儉德仰宸居。

賦得飛蓬不賓 得「真」字，五言八韻。

虛譽應何似？飛蓬足比倫。跡雖行萬里，材豈過千人？愧異麻中直，難言席上珍。圭璋寗共選，蕭艾竟爲鄰。乍覺游揚切，誰期賞鑑真。質仍同草芥，品未絶風塵。始悟聲稱美，惟欽道德純。聖朝崇實學，更納四門賓。

賦得桐葉知閏 得「桐」字，七言十二韻。

指辰柄轉天時著，遁甲經傳物象通。欲識盈虛生閏月，試將消息問孤桐。輕花朵朵瓊爲蘂，嫩葉雙雙翠作叢。影小忽添金井上，氣靈潛應玉衡中。一珪剪就形偏異，五歲占來數正同。淅瀝窗前曾滴雨，扶疏檻外自摇風。誰知小圃開神算，竟向芳枝測化工。池藕驗時靈並著，階蓂長處瑞俱隆。雲排百尺清陰滿，日紀三旬暖律融。認罷奇零真不爽，積從章蔀更難窮。華林曉入烟光麗，閬苑春開樹影籠。敬授心原符化育，左扉駐驆典攸崇。

賦得哈密瓜 得「甘」字，七言十二韻。

燉煌古擅瓜州號，今日奇珍快遠探。植傍伊吾光漾碧，來從哈密味流甘。月氏引蔓添膏渥，星海浮波助澤涵。播種時過張掖郡，傳芳直到李陵龕。寒分沙磧千重雪，緑染天山一片嵐。絶塞也應知戊日，中田幾度課丁男。濃咀玉液疑藏蜜，輕試銀刀勝剖柑。馬首香盈浮碧盌，駝峯裝解瀉筠籃。榮依沃土還超五，瑞軼靈芝不數三。素蘂全如冰谷浄，仙漿半帶酒泉酣。名齊蒟蒻來關外，價敵蒲桃獻漠南。正似厥包蒙錫貢，絺巾曲禮舊曾諳。

賦得敦俗勸農桑 得「敦」字，七言（八）〔十二〕韻。

聖念殷勤崇本務，羣欽實政被黎元。旁咨耆艾風咸播，首勸農桑俗自敦。處處秧針纔出水，家家蠶箔已盈門。隴頭叱犢晴雲滿，陌上攜筐曉日暄。作苦相安無逸志，先勞罔倦荷恩深。藉田一撥躬扶耒，蘜館三繅早築垣。禁奉野虞籌本預，命宣保介語何温。丁寧惟慮慆淫長，辰告奚辭教誡煩。臺笠影斜看四野，紡車聲遠聽千村。嬉遊那復來城市，淳樸猶將示子孫。始信恒心堪復古，應知雅化在探原。太行早度詩言志，不及唐虞治道尊。

賦得華桐發岫 得「華」字，七言八韻。

曲水詩成説作序，元長賦物最堪誇。萍飄沚畔初生葉，桐發山頭漸著華。碎蘂紛紛才半吐，晴嵐漠漠未全遮。香輕散遍峰前霧，色麗添成嶺外霞。翠隔千層螺乍染，素凝幾點玉無瑕。鳥銜細乳朝煙護，人愛清暉夕照斜。槲徑開來春夜雨，松風吹落碧溪沙。未如蓬島多芳植，百尺龍門是帝家。

賦得朱櫻春熟 得「都」字，七言十二韻。

太沖賦可參方志，佳果流甘羨蜀都。夏柰低垂如積素，春櫻早熟宛塗朱。分明染遍胭脂雨，錯落排成火齊珠。最好瑛盤同帶赤，不隨野橘漫稱盧。枝多黃鳥銜來久，鞍控青絲載去無。花霧結將真琥珀，麥風吹出碎珊瑚。火星个个穿雲見，翠籠聲聲隔巷呼。贏得蔗漿千滴潤，釀成崖密十分腴。桐芭拂處光相映，萍實看時色豈殊。恰伴紅綾宵入宴，試偕緑笋晝開厨。寢園初薦精誠著，御殿遥頒惠澤敷。闕下簪毫同作啓，拜恩願繼庾肩吾。

賦得春風扇微和 得「和」字，七言八韻。

淵明觸景添吟興，倚檻春風幾度過。日暮輕飄雲早散，天晴微扇氣偏和。柔條暗拂鵝黄柳，細皺徐生鴨緑波。汎遍草間痕繞岸，吹來花上蘂盈柯。披襟乍喜飄從我，鼓篓還疑動自他。寒燠相兼光淡蕩，去來無定影婆娑。化宣堯陛初調律，愠解虞絃已作歌。正似仁心能育物，頌聲長願繼《卷阿》〔五〕。

賦得露下天高秋氣清 得「高」字，七言六韻。

如許清光此夜遭，更逢秋露灑蘭皋。洗將碧靄千層迥，懸出銀河一線高。草濕尚聞蟲自訴，雲消惟見雁來翱。潤含竹葉傳微響，爽入松風起翠濤。山下孤帆何處宿，月前雙杵幾人操？步檐遠望情無極，南極詩成欲和陶。

賦得孚尹旁達 得「中」字，五言八韻。

寶玉孚忠信，流輝望不窮。即今筠似竹，憶昔氣如虹。乍覺温其色，從知美在中。澤滋三采潤，光燿五重通。倘與明珠並，還疑照乘同。英華知盡發，和順已先充。有斐文全著，無瑕德早豐。聖朝方輯瑞，典禮慶昭融。

賦得山桃發紅萼 得「紅」字，五言八韻。

春意盈山徑，桃林暖氣融。未看花綻蘂，先見蕚成叢。疊嶂千層碧，芳苞萬點紅。半含朝露濕，斜帶夕陽烘。顆顆驪珠似，離離火齊同。欲開仍待雨，微吐更迎風。掩映羣峯外，參差淡靄中。武陵知不隔，仙露喜遥通。

賦得天雨洗兵 得「天」字，五言八韻。

王師原似雨，雨洗自從天。兆以《商郊》見，文惟《説苑》傳。雷聲聽帳下，風影送營前。淅瀝仍隨霧，溟濛不帶煙。濕浮矛丈八，潤滿甲三千。寶劍秋霜浄，雕弓夜月懸。恰符仁澤布，正值凱歌旋。壯士河同挽，昇平洽萬年。

賦得天臨海鏡 得「天」字，五言八韻。

太上隆居正，神明契物先。鏡清原似海，臨遠亦如天。蓋倚青霄迥，銅磨碧浪圓。覆周人億兆，涵澈界三千。象仰星環極，光超月印川。如雲瞻更迥，于水鑑斯全。體位誠符《坎》，崇仁久法《乾》。小臣恭獻頌，敢以繼延年。

賦得戴勝降于桑　得「環」字。

有鳥翩然降，前村幾樹環。桑枝陰羃䍥，花勝綵斒斕。似自層霄外，來棲十畝間。柔條疎復密，繡翼往仍還。暮雨華冠濕，朝晴褐羽斑。數聲《金縷》伴，一片緑雲間。王建詞誠雅，張何咏亦嫻。未如天翰重，織事仰思難。

賦得天孫雲錦　得「孫」字，五言八韻。

秋雲真似錦，組織藉天孫。札札梭常運，纖纖手自翻。遂成絲五色，不減帛千純。濯漢摇波影，臨風淡剪痕。何年操杼柚，此日繡乾坤。經緯文偏密，裁縫迹不存。橋邊原藉鵲，機上又成鴛。恰羡爲裳麗，文章吏部傳。

賦得信及翔泳　得「孚」字，五言八韻。

淳信徵丕應，羣生默感孚。天淵真遍及，翔詠總無殊。浪静鯤鵬化，書傳鯉雁俱。來儀多翽羽，報德有明珠。雅化歌維鵲，那居樂在蒲。鶼飛祥並鰈，魚躍瑞先烏。量闊鷗堪狎，威宣鱷可驅。延年寧足數，大澤頌涵濡。

賦得春風似剪刀 得「刀」字，五言八韻。

知章工咏柳，吟興説詩豪。最愛風徐度，還疑剪乍操。快哉功正巧，善也運非勞。觸處皆成絮，裁來早作絛。燕穿渾欲似，鶯織妙相遭。弱線和煙製，輕絲帶雨繅。自然成翠纈，即此是并刀。吹到靈和殿，行行拂曙袍。

賦得守始治紀 得「韓」字，五言八韻。

論道能知要，名言試憶韓。守常先建始，治紀重開端。溥本誠非易，提綱自不難。淵源通帝典，條教肅《周官》。發軔真堪擬，棼絲莫並看。慎除千里謬，勉想四方安。極悟函三正，疇從協五觀。執中欽聖化，覆載布恩寬。

賦得民生在勤 得「民」字，五言八韻。

聖德符天健，先勞示下民。遂令勤作苦，無敢避艱辛。衣食留長策，胼胝勵一身。蘭燈機下女，莎笠隴頭人。努力無時已，程功又日新。自然能補拙，從此不憂貧。武子箴規切，莊王誥誡頻。何如崇敬授，東作遍三春。

賦得摛藻爲春 得「春」字，五言八韻。

近光瞻帝治，睿藻正敷陳。化滿三千界，華開九十春。風聲垂有象，烟景播無垠。禮樂多時洽，乾坤此日親。焕乎文最麗，聖也用何神。月令開端早，天工設色均。發舒原用甲，引達必於寅。至德調元氣，陽和被萬民。

賦得拔茅茹 得「連」字，五言八韻。

三陽方並進，初九導其先。蘭臭聞原久，茅茹拔自連。從羣占萃聚，出類卜升遷。穎似嘉禾合，絲如碧藕牽。乃知根早茂，益信氣相聯。藉用徵无咎，朋來慶得全。榮華誇此日，草莽憶當年。聖德栽培厚，《菁莪》育衆賢〔六〕。

賦得巵言日出 得「新」字，五言八韻。

至理徵時出，名言重日新。妙原同轂轉，圓亦似巵陳。斟酌機相引，低昂應若神。每當傾瀝液，長此味清醇。物論齊偏永，天倪驗甫真。支離方入世，曼衍更隨人。得間頤頻解，因端緒屢申。聖謨垂萬載，巍焕著絲綸。

賦得正本而末應 得「元」字，五言八韻。

《春秋》書正月，本末道堪論。用自端三統，時維首一元。如星環太乙，似水導崑崙。有歲方能應，窮流必溯原。握樞符子丑，資始合乾坤。被化機誠速，居中理不煩。會歸斯錫極，恭默本無言。盛世平康協，巍巍帝德尊。

賦得青草仍過雨 得「青」字，五言八韻。

芳草團新緑，郊原雨既零。淺深千里潤，高下一時青。霏靡隨風動，廉纖入夜聽。如膏頻布澤，似帶久傳形。弱綬垂應濕，新袍染未停。墨雲拖遠岫，翠色映疎欞。淅瀝初侵砌，芊眠舊滿庭。栽培欣已荷，大澤遍生靈。

賦得游絲映空轉 得「文」字，五言八韻。

嘉禊多時咏，游絲幾縷分。行空偏宛轉，映日自繽紛。上下明晴絮，欹斜宕夕曛。散隨花外雨，捲逐樹頭雲。高引浮烟暖，低翻帶草薰。飄摇垂柳影，變幻緑波紋。燕剪裁應密，鶯梭運更勤。蓬山盈瑞靄，佳什繼休文。

賦得麥隴青青三月時 得「飛」字，五言八韻。

名篇傳李白，麥隴雉朝飛。翠色當三月，青光繞四圍。無邊浮翠浪，一色助晴暉。暗染晨煙碧，濃藏暮靄霏。清陰分柳陌，緑意接苔磯。驛驛新苗盛，翩翩繡羽翬。味餘垂睿藻，穡事念民依。願上《思文》頌〔七〕，來牟遍帝畿。

賦得階前樹拂雲 得「林」字，五言八韻。

拂檻花千片，凌霄樹百尋。仙家新洞府，畫意古雲林。繞屋全摇翠，遮樓半結陰。濃排青靄靄，秀挺碧森森。松竹窗前静，煙霞户外深。坐看雙鶴返，閑聽一蟬吟。捲幔山初入，憑欄月又沈。不逢佳客到，誰與洽蘭襟？

賦得山輝川媚 得「藏」字，五言八韻。

珠玉珍雖秘，山川氣必彰。輝連峰絶頂，媚到水中央。未曙霞明嶂，非秋月照塘。千層通樹色，十里映波光。誰遣幽姿露，應知至寶藏。朗添丹磴上，潤滿畫橋旁。麗彩常增美，鴻文最擅長。經天懸日月，焕發仰宸章。

賦得和風與節俱 得「春」字，五言八韻。

敬祖傳名句，韶光值暮春。和風無限好，令節與俱新。飛絮方高柳，吹波又麴塵。快哉如有約，善也適相因。榆莢飄從雨，桃花散滿津。故將噓拂意，來伴豔陽辰。乘化原無意，隨時若有鄰。聖心崇茂對，偃草沐皇仁。

賦得四月清和雨乍晴 得「和」字，五言八韻。

小雨天旋霽，時暘景若何。候方占長養，氣更值清和。野外雲光斂，林間日影過。麥添晨氣潤，槐散午陰多。嶺現青流黛，池盈緑染波。陰晴全不紊，寒燠兩無頗。天與留佳節，人惟聽愷歌。洗兵知有兆，大化秩南訛。

賦得積流成江海 得「江」字，五言八韻。

積學原如海，朝宗亦似江。細流歸屈曲，激浪響錚鏦。略記三千派，驚看百丈淙。濁同清合一，小會大成雙。秋水浮仙島，春波出釣矼。青銅磨遠嶼，素練繞輕艭。蜃吐波心氣，魚游石上瀧。淵泉欽聖量，被澤盡敦龐。

賦得清風隨扇動 得「隨」字，五言八韻。

久有披襟想，相逢舉扇時。一輪明月轉，幾度惠風吹。拂去當窗好，飄來入座宜。故人如約否，爲我試招之。結伴來時速，乘機應匪遲。寒光摇簟席，秋意動蒲葵。習習聲先度，團團影自隨。南薰開雅奏，雉尾出彤墀。

賦得漁者宵肅 得「琴」字，五言八韻。

徽猷推子賤，單父正鳴琴。遂使求魚者，皆存愛物心。古潭波瀲瀲，別浦夜沈沈。鱣鮪歌從昔，鯤鮞惜自今。百囊罛乍解，三尺法如臨。月黑乘流暗，星低躍浪深。占時雖向晦，行善必於陰。解網遵仁政，民情積悃忱。

賦得簫韶九成 得「成」字，五言八韻。

古樂誰觀止？《韶箾》妙舞呈。列因三歲展，歌共九原成。彩羽排同順，朱干握並輕。朔南歸覆載，五六邁英莖。數與分官協，音偕迪德明。一夔真稱職，九始共傳聲。搏拊人齊咏，雝喈鳳早鳴。凱旋聞雅奏，率土慶昇平。

賦得摛藻爲春 得「賓」字，五言八韻。

光華欽聖治，摛藻協鴻鈞。天煥玄黄采，人遊錦繡春。八荒歸潤色，六合荷陶甄。日照江山麗，風吹草木新。化工雕飾巧，元氣發抒神。郁郁羣生茂，彬彬萬象勻。文垂真有斐，德溥更無垠。壽考章雲漢，咸占利用賓。

賦得十月成梁 得「成」字，五言八韻。

夏代書冬令，輿梁建早成。築場欣久咏，除道讓先營。正詘褰裳力，聊當鼓楫行。一痕冰始結，百尺影初横。踐處鰲身闊，鋪來雁齒平。藏虹臨水見，偃月帶寒生。人迹兼宵渡，車聲傍曉盈。聖朝崇利濟，《習坎》道咸亨。

賦得洗心藏密 得「心」字

《繫詞》標聖學〔八〕，妙義孰追尋？有守藏于密，無瑕洗厥心。德猶儒者浴，思以哲人沈。冰雪聰明浄，淵泉度量深。自然消俗累，誰與測幽襟。頌擬《維清》作〔九〕，詩將不顯吟。澡身基自昔，抱蜀仰從今。宸翰先垂法，光輝普照臨。

賦得蒼苔繞砌上 得「來」字，五言八韻。

層層排玉砌，點點上蒼苔。得地綿延布，依人次第來。舊痕經雨長，新緑作雲堆。似字侵階滿，如茵襯屐纔。幾重攀屈曲，四角度縈回。簷近還承溜，庭閑不染埃。佇看鄰檻畔，漸欲到牆隈。華省丹墀接，誰推咏物才？

賦得萬物生光輝 得「春」字，五言八韻。

化工昭物象，吹萬樂芳辰。輝滿三千界，光生九十春。草頭風影動，川上日華新。曉嶂明晴樹，濃煙映緑蘋。暄妍修禊地，照耀踏青人。繡甸千層麗，仙圖一幅勻。文章看大塊，德澤轉洪鈞。普照開金鏡，帲幪仰至仁。

賦得明德惟馨 得「馨」字，五言八韻。

聖德孚蒼昊，居歆儼在庭。齋明欽匪懈，孝享頌惟馨。嘉粟同芳潔，焄蒿格杳冥。吉蠲原有本，芬苾總無形。天胙神庥溥，予懷帝謂靈。亶時通肸蠁，合莫感清寧。傳紀虞臣論，《書》傳伏氏經。升聞推至治，抱蜀仰儀型。

賦得春風扇微和 得「陶」字，五言八韻。

和氣三春滿，微吟句憶陶。恰當風乍動，宛若扇方操。影漾含煙柳，香霏帶露桃。細飄雲擘絮，徐送雨流膏。曉度餳簫遠，晴翻酒旆高。悠揚舒草夢，淡蕩入松濤。直使羣生遂，非關萬物撓。南薰聞雅奏，覆育遍神臯。

賦得真珠船 得「書」字，五言八韻。

得間良非易，奇珍若畀余。珠穿光乍徹，船放寶先儲。渡喚迷津早，求緣濁水徐。璇源輝岸久，學海汎舟初。載滿探驪後，資添剖蚌餘。首寧浮畫鷁，目不混鯨魚。象罔尋偏易〔一〇〕，牟尼運豈虛。濟川欽帝命，照乘炳賢書。

賦得吴緜軟於雲 得「温」字，五言八韻。

見説吴緜好，鋪來體自温。白應如雪積，軟乃似雲屯。春晚繅絲密，天晴擘絮繁。重輕初有色，舒卷並無痕。寒日多時透，柔風幾度翻。披非從玉女，織不借天孫。蜀錦寧堪比，齊紈詎足論！祥光瞻棟牖，挾纊早霑恩。

賦得春風扇微和 得「春」字，五言八韻。

應候風微度，陶潛得句新。扇和逢五日，助暖遍三春。淡蕩舒瓊蘂，悠揚動麴塵。波痕吹鴨緑，雲影蹙魚鱗。氣緩纔浮蕙，聲輕漸轉蘋。氤氳調淑景，鼓舞播洪鈞。時若天工協，庥徵聖德淳。東郊方毖祀，大典重寅賓。

賦得游思竹素園 得「陽」字，五言八韻。

竹素憑誰覽？名篇詠景陽。思原通秘指，園若聚羣芳。古壁探筠簡，輕縑貯縹囊。藝林新涉獵，書圃舊翱翔。天與精神富，人誇卷軸藏。興來詞作藪，意到墨爲莊。睿慮誠周遍，陳編尚審詳。味餘垂寶笈，文苑仰輝光。

賦得玉水記方流 得「方」字，五言八韻。

延年工取譬，蓄寶象斯彰。美玉初含潤，寒流必記方。體原符《坎》滿，德恰肖《坤》剛。碁局涵星影，圭形漾月光。載宜盂受水，停合鑑爲塘。曲曲常通溜，棱棱早露芒。一痕看細皺，十珏想深藏。矩矱昭謨訓，羣言歎望洋。

賦得田鼠化爲鴽 得「臣」字〔一一〕，五言八韻。

八月鴽爲鼠，春來轉化機。昔時看晝伏，此日羨雄飛。占鳥星初應，迎貓事已非。頓從原上鬭〔一二〕，不向穴中歸。唧唧尋聲杳，奔奔賦質微。爾庭懸恰好，我黍食應稀。紫陌仍重過，青疇可共依。何如彰聖瑞，麟鳳遍郊畿。

賦得龍見而雩 得「雩」字，五言八韻。

左氏稽前典，靈壇祀重雩。翼中光乍吐，龍見躍全輸。東陸移躔早，南郊報禮殊。渾儀窺太史，翌舞詔神巫。辰角占應似，天田祭恰符。七星瞻燦爛，百穀慶霑濡。經緯縱横測，琮璜左右趨。庥徵時雨若，聖德已潛孚。

賦得成允成功 得「成」字，五言八韻。

陳謨欽勵翼，治水著精誠。象允昭其信，神功告厥成。出兹徵踐履，時乃洽聲名。志卜《中孚》吉，勳占《習坎》亨。釐工同即叙，熙績比惟明。恭讓真能繼，勞謙莫與争。《壤三》欣賦定，《韶九》助風行。春月宣防合，恩綸播帝京。

賦得山光浄麥隴 得「光」字，五言八韻。

瑞麥垂輕穗，青山送遠光。翠痕添隴上，浄色滿畦傍。雨洗千崖緑，雲連十畝黄。分輝來草樹，助潔到池塘。清澈田歌寫，澄鮮畫幰張。風摇層浪軟，月照數峰涼。嵐氣終朝朗，耞聲是處忙。神功超禹甸，原隰慶豐穰。

賦得蘭池清夏氣 得「清」字，五言八韻。

帳殿如雲矗，蘭池似鑑明。逢春光漾緑，入夏氣涵清。濃翠分湘沚，餘芳雜楚蘅。灑隄梅雨潤，催棹柳風輕。暑到波心斂，秋從水面生。碧沈煙一抹，涼浸月三更。荷沼添朝爽，蘋洲蕩午晴。樂遊何足數，佳景羡蓬瀛。

賦得麥隴多秀色 得「秋」字，五言八韻。

楊園初入夏，麥隴已逢秋。風軟清香發，雲濃秀色流。光連隄草碧，影接陌桑柔。無限蒼煙染，相看翠浪浮。垂知皆熟矣，摘問可餐不。暗藹空中映，輕匀畫裏收。窺鞱晨雊雉，啄穗午啼鳩。多稼占豐稔，千倉盛世求。

賦得分秧及初夏 得「初」字，五言八韻。

江村纔入夏，簑笠滿菑畬。登麥新晴後，分秧細雨初。撥雲青繞足，插水白翻車。風葉抽何早，煙苗立欲疏。未當春事畢，毋使歲功虛。甲坼田名甫〔一三〕，辛勤月紀余〔一四〕。香泥争躍馬，吉夢快占魚。稼穡廑咨訪，羣欽睿藻攄。

賦得新晴錦繡紋 得「山」字，五言八韻。

晴光何處滿？秀色繞巫山。錦繡奇難測，文章巧莫攀。烟輕收羃䍥，岫碧露孱顔。黄日鋪綿麗，紅霞散綺殷。濯來春雨裏，織向曉雲間。錯綵花千朵，迴紋水一灣。是誰工點綴？乃爾映斕斑。黼黻承隆化，摛華侍從班。

賦得杏花菖葉 得「耕」字，五字八韻。

王融傳制策，農政首春耕。杏已瞻花放，菖還記葉生。紅開千樹曉，緑照一川晴。帶露牆頭出，和烟石上榮。牧童鞭乍指，仙客藥初成。香外携鋤過，青邊叱犢行。同然符物候，即此見民情。稼穡皇心重，遺文陋永明。

賦得從善如流 得「功」字，五言八韻。

晉卿能聽納，薄伐奏膚功。好善從偏易，如流應不窮。盈科機莫禦，愛責量原同。籌策探來正，江河決處通。溯洄徵雅意，涵泳本虛衷。浩浩心常洽，淵淵度益洪。衆情真在囿，成見已全空。察邇推虞帝，羣欽執厥中。

賦得蠶月得紡績 得「成」字，五言八韻。

擬陶新得句，蠶月最關情。紡績須從事，桑麻早告成。携筐晨露濕，煮繭暮烟輕。綵線牀頭影，繅車屋角聲。深閨千縷浄，同巷一燈明。好把衣裳獻，無煩絡緯鳴。文章勞組織，機杼妙經營。會咏《豳風》什〔一五〕，謳歌樂太平。

賦得春日繁魚鳥 得「亭」字，五言八韻。

汎舟何處好？春日上湖亭。曲沼魚方躍，芳洲鳥正停。戲來新水緑，飛入遠天青。浪影吹花動，歌聲隔樹聽。何人臨釣渚，有客補《禽經》。雲倣纖鱗様，沙留古篆形。洋洋池可畜，鶴鶴囿稱靈。贊化昭咸若，羣欣庶物寧。

賦得如登春臺 得「春」字，五言八韻。

聖治參元化，歡心合兆民。如登臺百尺，正值月三春。就日中天近，書雲萬象新。太和情共洽，無工境同臻。瑞紀台階正，恩沾雨露匀。八方躋壽域，一氣轉洪鈞。皡皡風原古，熙熙俗早淳。昇平多樂事，愷悌頌皇仁。

賦得詩書義之府 得「敦」字，五言八韻。

將帥元勳重，詩書夙好敦。德輿先作則，義府更探原。堅定長城似，多同武庫論。居如仁作宅，開借禮爲門。會萃文章藪，搜羅竹素園。《說郛》詞顥顥，《理窟》性存存。妙藴該前典，遺編重雅言。經筵欽講授，閫奧衆咸尊。

賦得樹德莫如滋 得「滋」字，五言八韻。

《正論》稽盲左〔一六〕，遥符《泰誓》詞。德原期盛大，樹必務蕃滋。長養仁風助，敷榮化雨施。蒲蘆資地道，粹麥協天時。邁種羣生遍，興賢百穫宜。英華培盛業，根柢植初基。有穀歌貽厥，良苗詠膏之。《菁莪》承樂育，覆載本無私。

賦得春風語流鶯 得「時」字，五言八韻。

風影臨池動，鶯聲隔樹知。飛飛當此日，語語恰于時。《金縷》聽來好，銅烏轉處遲。泠然何善也，鳴矣自嚶其。乍扇微和氣，徐調絶妙辭。喚晴紅杏墅，話雨緑楊陂。雅韻連番送，柔颸幾度吹。上林多淑景，不數謫仙詩。

賦得亦在車下 得「山」字，五言八韻。

刁斗中宵警，征夫片刻閑。輕車停外野，殘夢入東山。蝶化知何處，雞棲笑此間。鸞聲風屢送，輪影月初彎。銜轡今安枕，轘轅昨度關。倚看牛角穩，卧聽馬羣班。轍迹勞人事，星霜壯士顔。肅清知不日，齊唱凱歌還。

賦得亦在車下 得「山」字，五言八韻。

破斧征原久，行枚役未還。將軍猶帳下，戰士亦車間。有棧行踪息，無訛睡味閒。曉寒龍盾護，夜暖虎茵環。轐笑他人寢，轅疑此地攀。雷霆終夜静，風雨一肱彎。閫外餘氛埽，天邊勁旅般。便循歸轍去，緩轡到岐山。

賦得人心如面 得「同」字，五言八韻。

鄭僑誠善喻，近取義旁通。見説心難一，真如面不同。命之曾示事，啟乃必由衷。肺腑深微處，鬚眉想像中。革宜占《易·象》，秉可咏《詩·風》。未識神先契，相知跡早融。斷金推友誼，比鐵勵臣忠。灼見欽明聖，毋從誡百工。

前題

甲士三年別，寅車一夜閒。問誰轅下宿，新自陝東還。戰壘宵傳鐸，軍門暮掩關。伴人惟暢轂，卧轍到前山。藁鞂重重展，梁輈面面環。鄉心孤枕上，睡味兩輪間。好把衣裳獻，無須介胄擐。策勳先錫命，輿服自天頒。

賦得王良〔一七〕登車 得「車」字，五言八韻。

化民猶御馬，爲政比登車。不遇郵無恤，誰能綽有餘。奮衣身踴躍，攬轡意舒徐。駕必乘其産，馳還相以輿。風聲千里外，電影一鞭初。技本韓哀並，才原造父如。良工名不愧，列宿象非虚。玉輅時巡處，淳風徧里閭。

賦得風泉滿清聽 得「清」字，五言八韻〔一八〕。

野樹連山暗，流泉澈夜鳴。隨風纔送響，入聽最怡情。院静松生籟，崖高月有聲。愛他寒吹滿，助我道心清。淲淲波常注，泠泠耳乍盈。嫩涼無限好，幽夢幾回驚。曲折來層嶂，潺湲到五更。西園邀睿賞，珠玉瀉昆明。

賦得風泉滿清聽 得「清」字，五言八韻。

拂座涼先到，披衣更聽明。月依丹嶂出，風與碧泉鳴。爽入千崕滿，音傳萬壑清。每當傾耳處，都是躍波聲。應識池添漲，渾忘漏轉更。半山流水曲，一夜小樓情。玉笛吟還似，瑶琴寫未成。南薰聞雅奏，佳氣繞蓬瀛。

賦得春草碧色 得「春」字，五言八韻。

畫出江郎賦，原頭十里春。幾叢黄漸脱，一抹碧初匀。遠岸環如帶，平疇展似茵。全憑烟作骨，半借水爲神。麥隴分光近，楊園接影頻。山連濃翠遠，天映蔚藍新。冉冉迷芳徑，微微護軟塵。晚風吹浦急，何處别離人？

賦得密雨如散絲 得「斜」字，五言八韻。

乍望疑非雨，輕絲萬縷賒。灑來偏陸續，垂處更交加。蹙水俱如練，縈窗恰似紗。線添千樹柳，錦染一林花。織恐鶯梭濕，裁宜燕剪斜。縠開應帶霧，綺散不關霞。漠漠籠漁舍，霏霏入酒家。景陽工體物，秀句最堪誇。

賦得柳塘春水漫 得「平」字，五言八韻。

好雨連番足，芳塘幾處盈。柳輕隨浪動，水漫與隄平。綬拂橋邊濕，絲垂鏡裏明。舊痕連草没，新緑帶烟生。漠漠看飛鷺，咬咬聽囀鶯。船如天上坐，人在畫中行。倒漾吹花影，徐添瀉碧聲。鳳池春樹滿，漱玉到蓬瀛。

賦得雨息雲猶漬 得「遊」字。

山外雲光滿，天邊雨氣收。廉纖聽已息，漸漬潤還留。屐齒聲初歇，簷牙静不流。低空猶淰淰，臨水共浮浮。帶濕濃於墨，含滋碧似油。晚虹方飲澗，晴樹共遮樓。詩興推希範〔一九〕，風光咏樂遊。何如膏澤布，干吕迓天庥。

賦得不貪爲寶 得「廉」字，五言八韻。

漫説懷中璧，奇珍十穀添。豈知求貴寶，只在守清廉。自有珪璋望，寧須肉好兼。握瑜思共守，求玉笑無厭。太璞完非易，微瑕去必嚴。席珍誠不愧，被褐又何嫌。聖主躬先飭，純臣德可覘。嘉言思《子罕》〔二〇〕，聊以代鍼砭。

賦得平秩南訛 得「南」字。

毖祀壇居北，疇咨地宅南。調元逢日至，贊化與天參。清露荷珠點，薰風柳線含。榴邊影霞燦，蒲外雨聲酣。繡陌晴登黍，芳畦曉灌藍。食瓜懸甲令，曬麥課丁男。豆實方陳四，蘭湯已浴三。人時隆敬敷，薄海荷恩覃。「食瓜」二字出《夏小正》，恐人悮以爲「七月食瓜」，則易以「羞桃」二字可也。

賦得律中蕤賓 得「賓」字，五言八韻。

聖主聲爲律，調陽重撫辰。序方臨仲夏，韻已叶蕤賓。鍾益三分滿，篇裁六寸匀。獻酬昭燕享，繼養助鴻鈞。蒲外風吹晚，榴邊雨潤晨。旋宫開大吕，緹室問伶倫。時燠天休溥，長贏物候新。北郊陳廣樂，和奏靖神人。

賦得平靜如水 得「平」字，五言八韻。

尚義欽皇度，無私協物情。恩波欣浩蕩，德水驗公平。湛若淵之靜，沖然坎不盈〔一一〕。矯性逾君子，澹源自聖清。止止中流定，安安上善成。泳涵機順協，澄叙鑑空明。漸被民風正，朝宗帝治亨。臣心思則效，修潔共輸誠。

賦得平疇交遠風〔一二〕 得「陶」字，五言八韻。

解愠欽虞陛，薰風五日遭。翠痕添麥隴，涼意滿蘭皋。王鐸傳聲遠，錫簫度響高。前村摇柳浪，隔岸聽松濤。影颭花千朵，紋皺水半篙。吹雲晴擘絮，送雨夏流膏。佳氣浮應遍，豐年瑞已叨。良苗欣可獲，名句共徵陶。

賦得金人示戒 得「言」字，五言八韻。

立誠垂示切，慎勿效多言。得奉金人戒，方知玉汝恩。義因緘口著，道以服膺存。圭玷心常凜，冰兢舌早捫。埽將詞有葉，杜此説無根。妙與銘盤類，休同捧劍論。提撕衷可牖，敬慎福之門。拜獻楓宸近，龍光戴至尊。

賦得罩雲飄遠岫 得「飄」字，五言八韻。

遠岫將興雨，浮雲幾片饒。峯頭纔罩罩，洞口又飄飄。嵐氣隨陰暗，松風帶影摇。遮來濃似霧，籠去碧連霄。蓋已崕前駐，珠應水上跳。氤氲從澗底，醖釀到山腰。嶺上飛何早，窗中望轉遥。祈求承昊貺，滂沛喜崇朝。

賦得山以仁静 得「仁」字，五言八韻。

作鎮南山峙，徵文北史新。安安惟主静，止止更敦仁。慈愛兒孫拱，端凝面目真。烟雲千嶂浄，草木四時春。雨自崇朝溥，風如太古淳。乾元同長育，艮體結嶙峋。嶽降資賢輔，嵩呼祝聖人。懷柔歸至德，恒岱望時巡。

賦得王道正則百川理 得「通」字。

道正坤靈助，從知主極隆。百川千里順，四瀆一時通。巍蕩齊堯德，平成邁禹功。無偏無黨處，或委或源中。詩詠河流北，書陳漢匯東。出旋歸曰汜，小入大爲潨。至治徵清晏，澄波喜會同。梯航皆入貢，薄海頌仁風。

賦得草偃風從 得「風」字。

帝德吹噓廣，民情感應同。歸如星拱極，偃似草從風。向化柔而順，揚和大以公。樹之聲正遠，《賁》若《象》皆通〔一二三〕。葵比隨陽近，苗殊待雨豐。八方神鼓舞，萬彙慶昭融。《芣苡》謳歌日，《菁莪》樂育中。自天施長養，解愠協元功。

賦得春日載陽 得「風」字。

温暾春已至，訢合氣相通。煦發王孫草，和生君子風。晴雲遲欲駐，旭日煖於烘。淺燠薰桃頰，微暄醉杏叢。土蒸千畝潤，冰泮一池空。歲月芳華裏，郊原瑞色中。時光流藹藹，物意樂融融。聖治符豳紀，羣瞻化育功。

賦得桐葉知閏 得「桐」字。

合朔惟朱草，知時是碧桐。自能符閏月，不獨報秋風。驗去三年協，占來五歲同。影添金井上，氣應玉衡中。兩兩圭如翦，雙雙翠作叢。奇零真可數，消息竟誰通。有象因時序，無心任化工。還如蓂陛莢，紀日契宸衷。

賦得雷聲忽送千峰雨 得「峰」字。

倏爾雷聲震，從知雨氣濃。飛來雲一片，送出嶂千重。連鼓形先動，翻盆勢已逢。清淵初躍蜧，深谷驟鞭龍。砰磕音相激，滂沱澤自從。乍聽催霹靂，似欲濯芙蓉。殷殷來幽壑，填填度遠峰。會看膏澤布，優渥遍堯封。

賦得農乃登麥 得「登」字。辛酉年散館題。

孟夏時方届，康年瑞已逢。穀先登二麥，慶自洽三農。槐露朝觀穫，梅風午聽舂。秀分岐左右，收遍畝横縱。共取中田積，來充御廩供。金莖連一一，玉粒聚重重。饋食偕魚薦，嘗新以彘從。皇心勤稼政，秉穗頌如墉。

賦得龍鯉一角 得「龍」字。

神物傳殊狀，昂然秀獨鍾。揚鬐原似鯉，戴角自稱龍。疊浪排千尺，中流聳一峰。挂來仙霧繞，觸去碧雲從。潛鹿形微肖，靈犀象若逢。有鱗雖六六，在額不重重。擊水超凡類，居陵顯異容。定知焦尾後，天路共追蹤。

賦得花爲雨來濃 得「松」字。

碧瓦看花放，廉纖雨乍逢。葉齊新緑長，蕊碎濕雲封。濯處鱗千片，催來錦萬重。簷牙流甫駐，溝畔色全濃。潤帶琉璃影，開含翡翠容。垣苔同羃䍥，砌草共葱蘢。疏密光相映，高低秀遍鍾。自天膏澤厚，群仰棟生松。

賦得夏雲多奇峰 得「奇」字。

莫辨飛來處，岧嶢勢正奇。誰將雲靉靆，幻作嶂參差。螺髻隨風結，蓮花帶雨披。自分三嶠列，不假六鼇移。峰影高還下，嵐光合復離。馬頭徐拂後，人面乍迎時。出岫形仍肖，遮山望轉疑。重巒看不盡，三復《凱》之詩。

賦得反舌無聲 得「時」字。

仲夏方占候，陰生一鳥知。誰令聲乍寂，應識氣潛移。百囀誇前日，三緘慎此時。願同君子納，羞比躁人辭。院静花空落，煙深柳自垂。不煩捫爾舌，似欲守其雌。恰與乘除協，端推語默宜。何爲鳴鶪鶪，應笑伯勞癡。

賦得政如農功 得「思」字。

奏功時亹亹，圖政日孜孜。譬彼稽田者，從無越畔思。德馨皆黍稷，器利即鎡錤。肯播期能穫，爲畬戒不菑。力從三載課，樹以百年滋。望歲心原切，逢秋報豈遲。只當終厥畝，未敢服其私。《洪範》稱農用，欽惟庶績熙。

賦得量鼎得其象 得「時」字。

量鼎崇遺軌，從知禮制垂。規模原可守，法象自無虧。足以三分立，脣從一寸基。衡材金與錫，卜卦《巽》兼《離》。奇耦陰陽協，方圓内外宜。黄鍾諧律本，玉鉉玩爻詞。累黍平升斗，陳牲辨鼐鼒。陶鎔歸帝力，礪節應清時。

賦得所樂在人和 得「時」字。

太和敷正滿，至樂播咸宜。所在人皆洽，相看俗早移。無争無怨處，不競不絿時。化日中天永，春風幾度吹。雝雝仍肅肅，皥皥更熙熙。愷悌中含矣，醇濃遍飲之。用諴堪作誥，解愠欲歌詩。仁壽無疆祝，衢謳正及期。

賦得子雲吐鳳 得「思」字。

《太玄》初結想，嘉夢兆何奇。才子雕龍日，文人吐鳳時。探喉旋已出，振羽即爲儀。欻處皆濃采，飛來盡妙思。麟書呈瑞合，鳥篆寫形宜。戲海殊鴻陣，游天異鶴姿。揮毫毛尚麗，裁諸尾應垂。藹藹詞臣選，《卷阿》可詠詩。

賦得披沙揀金 得「披」字。

莫辨藏金處，寒沙遍水涯。譬如糠粃在，先與簸揚之。朗朗星將出，紛紛霧盡披。鑪錘從此試，瓦礫自今辭。塵洗恒河盡，珍探麗水宜。螢飛曾蘊寶，鏡照果稱奇。不爲施淘汰，安能耀陸離？惟賢堪作礪，盛代野無遺。

賦得龍見而雩 得「時」字。

辨星初入夏，雩祭舉非遲。朱鳥方中日，蒼龍乍見時。保章先測象，太祝更陳辭。東陸移躔次，南郊肅禮儀。百神宜遍祀，七宿已昭垂。瞻仰咸知候，祈求正及期。宸衷勤禱請，天澤立敷施。不待占離畢，滂沱萬物滋。

賦得香羅疊雪輕 得「衣」字。

端午承隆澤，香羅捧賜衣。軟含風習習，輕疊雪霏霏。質豈從雲降，光寧帶日晞。倘逢回袖舞，定欲作花飛。素色千層薄，横紋幾縷稀。氤氲常散馥，皎潔乍凝輝。霧縠同裁剪，冰綃共織機。自天蒙寵錫，稽首拜恩歸。

賦得蟭螟巢蚊睫 得「飛」字。

藐爾蚊之睫，秋毫詎足依。那知張目處，竟作故巢歸。枝比鷦鷯借，身隨蠛蠓飛。蜂窠形豈似，蝸角擬還非。但覺雙棲穩，渾忘一瞬微。凝眸真可託，轉盼肯相違。有跡尋還杳，無聲聽愈希。麽蟲精取喻，禦寇早忘機。

賦得渴蜂窺硯水 得「飛」字。

寶硯池中滿，游蜂几上飛。欲窺鄰講席，帶渴傍書幃。花採千枝馥，波覘一勺微。垂芒頻戀戀，望澤乍依依。繞案思低吸，穿簾更遠晞。凝眸聲屢作，滿腹願寧違。鵠卵憑房納，蠅頭任筆揮。文章工體物，染翰久騰輝。

賦得水母目蝦 得「依」字。

水母寧能視，蝦公幸可依。同心應有伴，比目更無違。石鏡開全面，沙虹繞四圍。魚鬚陪蔟蔟，蟹眼映微微。一躍憑傳信，雙眸藉遠睎。撘蒲形宛似，璅蛣擬還非。假物原相濟，因人豈見譏。當如君子德，潛見獨知幾。

賦得如川之流 得「如」字。

天威宣赫業，虎旅勢齊舒。山共巖巖爾，川同浩浩如。動疑泉出峽，止似海歸墟。鵝陣浮波久，魚麗躍浪徐。濯征功莫禦，利涉象非虛。《震》卜雷霆合，《師》占地水初。〔二四〕武功櫜甲胄，文德集車書。盛世恩波廣，朝宗仰帝居。

賦得臣心如水 得「如」字。

臣節應何似？言觀《後漢書》。只緣心不擾，遂與水相如。作鑑淵同靜，尋源谷本虛。定從知止後，淡在訂交初。上善端推爾，清流必助予。陂寧因撓濁，泉合傍廉居。俗垢人爭染，靈源我自疏。葵傾方向日，潔白志全攄。

賦得鑑空衡平 得「如」字。

皇極開公正，群情仰化初。空惟金鑑似，平擬玉衡如。豁達真無礙，偏私總不居。月輪秋印水，斗柄夜懸車。離照虚中後，謙撝稱物餘。一匳披霧迥，萬點布星疏。握鏡光先澈，持權用久舒。聖心天浩蕩，德政不勝書。

賦得相馬以輿 得「居」字。

相士懷高識，平心驗所居。譬如觀駿馬，可使駕輕輿。芝蓋隨風轉，桃花映日舒。兩驂齊舞處，六轡乍調初。品定鳴鸞後，才呈逐水餘。九方評始確〔二五〕，伯樂顧非虚。騏驥名堪副，驪黄辨尚疏。天衢驤首日，妙選中巾車。

賦得王良登車 得「車」字。

善御無駑鈍，王良譽不虚。才原能相馬，術乃擅登車。振策馳驅際，鳴鸞磬控餘。兩驂皆舞若，六轡自琴如。行想交衢遠，旋看逐水徐。絶塵奔可擬，泛駕習先除。技比韓哀日，名齊造父初〔二六〕。萬方遵道路，聖化仰寬舒。

賦得驊騮開道路 得「衢」字。

駿馬驊騮重，呈才氣象殊。獨能開道路，誰與並馳驅？陟險同平地，升高似坦途。八方蹄下入，千里目中無。跡遠塵應絶，身輕電與俱。朝騰從朔漠，暮浴向徐吾。願作追風騎，羞爲伏櫪駒。從兹攸往利，驤首躍天衢。

賦得清露滴荷珠 得「珠」字。

湛湛清光點，田田翠色鋪。細看荷上露，卻似掌中珠。靈液千行滴，明璫百琲輸。走盤分更合，傾蓋有旋無。宕漾驚風轉，團圞映月孤。誰令輝的皪，應識氣沾濡。倘使淩波採，還如待價沽。昆明魚戲處，報德若相符。

賦得文昌氣似珠 得「珠」字。

文教流風遍，文昌列象殊。瞻形如半月，望氣似連珠。歷歷光常耿，纍纍勢不孤。四圍皆的皪，一貫獨縈紆。密本過東壁，高還傍右樞。遠資天女佩，近借斗車輸。經緯穿應聚，璿璣合若符。三台躋甚邇，聖代正崇儒。

賦得鹿鳴思野草 得「呼」字。

草色芊眠處，伎伎鹿並趨。尋芳欣得便，在野喜相呼。露濕柔芽滿，風飄逸韻殊。分甘思蟨鼠，食藿羨場駒。緑蕙知多少，仙芝問有無。九皋鳴鶴伴，三峽夜猿俱。踐豈同行葦，投應慕束芻。葭蓬歌盛世，《麟趾》協《騶虞》〔二七〕。

賦得三餘讀書 得「腴」字。

名言傳董遇〔二八〕，績學重純儒。六籍文堪誦，三餘暇可圖。拈毫層凍啓，展卷一燈俱。雨氣侵窗外，書聲繞室隅。雪寒光可照，螢滿字頻摹。曲徑深依柳，疏音響碧梧。惜陰功正迫，愛日志寧渝。稽古欽文德，研經味道腴。

賦得剸鐘無聲 得「泥」字。

待叩鐘方設，摧堅劍獨提。不聞鳴中律，惟見砌如泥。有影生鐮鍔，無聲應鼓鼙。練吹三尺過，金截一痕齊。到處同分水，揮時勝斷犀。倏忽鋒出入，那待韻高低。寂爾音難覓，依然手自攜。會看藏匣寶，氣尚作虹蜺。

賦得既雨晴亦佳 得「佳」字。

宿雨收初盡，晴光望轉佳。遠山清若沐，新水浄於揩。麥浪徐翻隴，苔痕乍上階。落花紅未掃，短筍緑初排。牧笛聲聲度，耕犁處處偕。斜陽三徑樹，芳草一池蛙。天轉韶華節，人舒淡蕩懷。捲簾看始罷，爽氣襲高齋。

賦得擲地金聲 得「台」字。

何處金聲奏？端推作賦才。掞天方製就，擲地試聽來。恰與撞鐘叶，寧須擊鉢催。雲箋飛綺麗，玉律應遲回。聽以平心久，拋從脱手纔。凡音知盡洗，雅調喜初開。鼓吹原堪協，宫商信可該。聖朝文苑盛，麗藻邁天台。

賦得春寒花較遲 得「開」字。

正值餘寒在，芳林幾處開。春光猶黯淡，花意總遲徊。未許瓊杯賞，還憑羯鼓催。曉粧如有待，風信更徐來。詎見香争發，惟疑暖未回。萼攢初得雨，甲拆俟聞雷。佇想霞成塢，旋看錦作堆。太和敷正滿，物類荷栽培。

賦得驊騮開道路 得「開」字。

蕩蕩康莊路，驊騮展駿才。誰言千里闊，直以四蹄開。乍覺風聲疾，還疑電影催。金鞍連月動，玉勒帶雲來。暮抵幽燕宿，朝從楚越回。一時傳驥足，自古説龍媒。飛兔寧多讓，晨鳧許共推。天衢交舞日，顧影重徘徊。

賦得所寶惟穀 得「民」字。

誕降天心協，勤施帝德均。善哉知所寶，用以錫斯民。金且捐山麓，珠還棄水濱。厥惟農有穀，是曰國之珍。乍詠千倉積，如逢九府陳。其琛人欲獻，不愛地偏神。元日祈原早，三秋熟自頻。豐年真比玉，萬載樂皇仁。

賦得一日十瑞 得「仁」字。

唐帝垂裳治，嘉祥應若神。天干占自協，地數驗還均。蓂莢全枝展，堦蓂一葉新。烏翔靈木茂，鳳翽彩禽臻。甘露滋禾早，華星映沼蘋。錫疇應過九，入律不兼旬。執極中元正，披圖二五陳。十全符景運，億載頌堯仁。

賦得見山思静 得「仁」字。

萬象基於静，觀山契妙因。思原安汝止，見乃謂之仁。目極千層碧，心無一點塵。始知谿可守，直以谷爲神。步到開門處，看來採菊人。望中呈九面，象外悟全身。默默堪微會，巖巖自有真。宸衷方立極，瞻仰遍臣民。

賦得春陰又到海棠時 得「春」字。

憶昔花方吐，微雲護幾旬。忽看千朵馥，又報一年春。漠漠陰仍滿，霏霏氣更新。天時如有約，物候正相因。風雨催寧急，神仙望最真。賞心同舊日，彈指盡芳辰。翠袖圍初密，紅綃染漸匀。瓊林盈瑞靄，高晏折枝人。

賦得秋雲似羅 得「雲」字。

輕羅何巧似，片片度秋雲。不染偏成色，非裁自有紋。雨垂鶩縷斷，風捲訝絲棼。密若因縫合，稀如待剪分。素娥初展袖，仙子乍拖裙。爽氣連朝靄，清光引夕曛。綺聯霞皎皎，縠映霧紛紛。糾縵歌方紀，彤墀麗錦雯。

賦得經訓乃菑畬 得「文」字。

會得群經旨，方成絶妙文。菑畬如不墾，菽麥定難分。帶處鋤偏利，耕來筆轉勤。書倉原有種，藝圃好同耘。俶載誰爲耦，相將自樂群。勸農皆勸學，多稼即多聞。虎觀編裁竹，蘭臺册啓芸。肈田從此闢，染翰意常殷。

賦得以玉抵鵲 得「崑」字。

何方多美玉？抵鵲説西崑〔二九〕。磊落琛誰獻？啁啾語正喧。一雙纔遠擲，三匝乍高騫。豈與啣環類，聊同挾彈論。捐金心自合，抱璞意寧存。瑶圃何煩詠，藍田詎足言？直如拋瓦礫，不復寶璵璠。聖世無奇玩，惟敷輯瑞恩。

賦得麥浪 得「難」字。

渺渺復漫漫，高低萬頃瀾。麥苗方遍秀，桃浪忽同看。波湧連天遠，濤回接地寬。捲隨風力細，流帶雨聲寒。隴畔潮平岸，畦邊水上灘。疊來驚驟漲，逐去訝奔湍。曉蕩煙浮白，晴翻日漾丹。嘗新先薦廟，稼穡念艱難。

賦得秋蘭被長坂 得「蘭」字。

迤邐過長坂，紛披見蕙蘭。層層花盡發，片片葉俱攢。翠届三秋早，青連十里寬。色隨堤月淡，香帶岸風寒。覆處塵寧染，垂時露未乾。尋芳芝並採，應候菊同餐。幽谷寧多讓，當門莫共看。栽培承厚澤，傾吐寸心丹。

賦得陳言務去 得「難」字。

妙義真堪闢，陳言詎足觀。閲來心未愜，删去力應殫。語豈雷同襲，文惟雪亮看。揮毫無浪墨，换骨有仙丹。夕秀開何易，朝華謝不難。掃除牙後慧，翻起筆頭瀾。那許窠臼舊，還嗤唾拾殘。好將新壁壘，卓爾冠騷壇。

賦得豐年玉 得「年」字。

至寶原無價，新畬正有年。寸珍方毓秀，萬斛敢争先。轂獻應推十，倉盈不數千。瑞雲浮紫陌，晴日煖藍田。嘉穀三時蔭，名城幾郡連。指囷何足重，抱璞自堪傳。始信黄金賤，群窺白璧全。圭璋崇盛世，百穫仰多賢。

賦得萬流仰鏡 得「年」字。

麻聲崇釋奠，嘉詠憶延年。萬類符星拱，群流仰鏡懸。光惟天子近，心本至人全。俯照芸芸者，高瞻朗朗然。風同真若一，月印總踰千。仁壽躋寰内，空明契物先。囊如珠曜啓，燭有玉輝連。金鑑皇衷協，恩波被八埏。

賦得治國若張琴 得「調」字。

郅治剛柔節，韓嬰取喻超。求言思鐸振，播政擬琴調。文武音方協，君臣律孔昭。安弦遵典則，膠柱陋科條。單父鳴聞宓，虞廷拊應《韶》。南風和已扇，北鄙氣全消。象德原符頌，陳詩更採謡。《咸池》宣大化〔三〇〕，雅暢仰神堯。

賦得天香雲外飄 得「飄」字。

仙桂何年種，婆娑望裡遥。月中看子落，雲外有香飄。馥郁孤輪滿，氤氳百和調。花原開上界，氣自繞層霄。皓魄秋方吐，清芳夜未消。霏微通碧漢，淡蕩轉涼飈。玉蕊芬常散，靈株影尚摇。一枝如許折，天路擬攀條。

賦得雪盡馬蹄輕 得「消」字。

渭城馳駿馬，輕展四蹄驕。忽訝浮雲度，從知積雪消。銀花融水畔，玉帶解山腰。跡豈如鴻踏，身應似鹿超。並無痕點點，那計路迢迢。風入聲先急，星飛影頓遥。鳴鞭纔遠岸，縱轡已平橋。細柳營開處，何人正射雕？

賦得四月秀葽 得「葽」字。

節候逢初夏，郊原物色饒。緑雲欣啓秀，豐草合稱葽。香剪瓊爲葉，青抽玉作苗。嘉禾同擢穎，苦菜並舒翹。有實和煙結，無花帶雨飄。事偕王萯紀，名共蕛苵標。碎影攢偏密，清芬度轉遥。堯階蓂更茂，呈瑞慶熙朝。

賦得郊原浮麥氣 得「郊」字。

瑞麥春來盛，芃芃遍遠郊。每逢新雨過，頓喜碧雲交。拾翠連蘭渚，分青到柳梢。雙歧苗正秀，十畝竹同苞。色掩晴山嶂，光圍緑水坳。離離莖並擢，密密葉相包。薦共魚爲俎，嘗偕彘作肴。明昭歌盛世，樂歲叶《豐》爻。

賦得春雨如膏　得「膏」字。

濃雲流似墨，好雨降如膏。黛染青千疊，油添緑半篙。霏微迷遠樹，霢霂灑平皋。色潤文園杏，香滋小苑桃。膩原過美液，甘欲勝醇醪。淅瀝沾鶯羽，廉纖濕燕毛。遍施原野沃，暗助麥禾高。聖澤無涯處，恩波四海叨。

賦得潤物細無聲　得「膏」字。

細雨當空降，霏霏任所遭。豈聞聲似注，惟見澤如膏。色潤文園杏，香滋小苑桃。輕宜霑柳絮，静不雜松濤。未覺淆鶯管，（祗）〔衹〕應濕燕毛。暗隨煙霧散，潛助麥禾高。黛染嵐千疊，油添漲半篙。無言歸至治，恩溥萬方叨。

賦得山雜夏雲多　得「多」字。

莫辨雲山色，奇峰認欲訛。輪囷千片合，突兀幾層多。氣擁森森笏，光浮點點螺。是嵐皆靉靆，無嶺不嵯峨。高下夕陽照，淡濃新雨過。帶煙迷遠岫，和樹補平坡。竹外蒼巒疊，窗中素練拖。翠微何所有？指點上陂陁。

賦得春風風人 得「和」字。

膏雨三春布，祥風五日過。自然周衆物，奚止扇微和。草上民懷德〔三一〕，琴邊帝作歌。望知群類洽，動想四方多。鼓舞機如此，滋榮象若何。坐來當化日，吹處盡恩波。解愠先從近，聞聲遠在他。自南標聖瑞，嘉詠繼《卷阿》。

賦得池沼發荷英 得「華」字。

曲池荷早發，望影正交加。已布田田葉，旋含灼灼華。凌波抽綺萼，濯浪吐仙葩。漸覺紅衣露，還憑翠扇遮。一泓初過雨，萬朵欲成霞。帶露生沙岸，和煙綻水涯。納涼應得便，解語會同誇。佇見清香滿，蘭橈好泛艖。

賦得八月載績 得「麻」字。

授衣猶未詠，載績已堪誇。纖手如繅繭，芳池久漚麻。辟纑功並迫，編葦志同賒。月下千絲嫋，風前一縷斜。尋端添陸續，擘理互交加。桂徑抛龍杼，桐陰聽紡車。挑鐙曾夜夜，添線已家家。黼黻由來重，爲裳五色華。

賦得白露爲霜 得「霜」字。

九月秋方暮，清風曉更涼。瀼瀼纔降露，皓皓漸成霜。有屑鋪鴛瓦，無珠入綵囊。液隨寒裹結，花自暗中揚。蔓草曾溥緑，深林忽變黄。五更凝夜氣，十里映晨光。砧杵聲初動，蒹葭路正長。伊人何所在，遥指水中央。

賦得秔香等炊玉 得「香」字。

薿薿三秋稼，霏霏五里香。擲時珠作米，炊處玉爲糧。但許開鐺取，寧堪被褐藏。藍田原播種，丹竈已流芳。一飯恩如報，千金價必償。詎同餐石髓，絶勝飲瓊漿。味異雙弓薄，珍踰十玨良。荆臺休共比，盛世足倉箱。

賦得澤尺生尺 得「生」字。

昨夜甘霖降，膏含一尺盈。我苗真孔碩，厥數亦相迎。雨腳多時駐，禾頭幾處生。岐分雙作穗，寸積十爲莖〔三二〕。耕喜推犁滑，量驚布指贏。試將高下測，應識短長平。驛驛苞方達，芃芃秀已成。湛恩周萬類，動植盡滋榮。

賦得斂時五福 得「成」字。

皇極原居五，群瞻景福并。是遒仍是總，來降亦來成。慶共明倫叙，祥隨輯瑞呈。封山符嶽數，敷土應方名。樂奏音偕集，文修禮並行。帝壇分受祉，緯曜共垂精。荷寵真優渥，依光盡蕩平。總由敷錫遍，大澤播群生。

賦得修竹不受暑 得「清」字。

欲避炎蒸氣，應從竹徑行。萬竿高卻暑，千畝廣延清。翠色參天浄，輕陰匝地盈。乍排雲百尺，不畏日三庚。碧葉參差合，疏風次第迎。每當留客處，時有暗涼生。荷沼同招爽，松林並送聲。願依君子德，相與布桃笙。

賦得破壁飛去 得「騰」字。

故壘何堪守，雙瞳入望增。乍當銀翰點，已共素雲升。頬上毫同活，池中畜未能。古墻排百尺，碧漢去千層。本異懸梭化，寧同挂壁稱。雷霆驚擺簸，風雨助飛騰。阿堵神原聚，之而勢忽興。僧繇傳妙筆，奇事説金陵。

賦得農乃登麥　得「登」字。

瑞卜三農慶，豐聞二麥登。大田猶未熟，高廩獨先升。玉粒垂芳陌，金莖壓繡塍。黄收雲片片，翠落浪層層。擔影晴郊路，舂聲夏夜鐙。薦隨魚共煮，嘗與彘同蒸。保介咨原降，康年賜久膺。從兹書大有，納稼歲頻仍。

賦得律中夷則　得「秋」字。

少皞司天日，伶倫正考求。律方歌九則，候已肇三秋。徵調笴篇歇，商聲玉琯流。數生元間始，氣感少陰柔。南吕聽猶寂，林鐘韻久收。一分音乍損，五寸度初修。白露零原早，涼風應未休。總章開右个，遺制問州鳩〔三三〕。

賦得七月流火　得「流」字。

仲夏曾占火，躔移識孟秋。左旋還右入，東上忽西流。計日應除度，隨時不暫留。疾先黄道轉，明帶赤光浮。歷歷偕箕尾，迢迢謝女牛。勢同銀漢瀉，度向玉衡求。白露零何早，金風應未休。明堂原取象，實政布遐陬。

賦得恭則壽 得「修」字。

恭己垂裳日，衣冠拜冕旒。萬斯年正祝，一曰壽先酬。肅若民之則，都哉帝用庥。德原端夙夜，時不計春秋。恰與三多協〔三四〕，從知五事修〔三五〕。無疆方歛福，不息屢添籌。北極從今拱，南山亘古留。八徵欽耄念，億載茂皇猷。

賦得岐陽石鼓〔三六〕 得「蒐」字。

稽古宣王世，岐陽紀大蒐。鑾旂從昔會，石鼓至今留。但有遺文列，原無逸響流。六書（祗）〔祇〕半識，二《雅》未全收。蝌斗形初變，龍螭體正遒。鴻都經莫比，孔壁字堪儔。郤異碑傳禹，惟同鼎在周。皇恩敷頖璧，遺器憶西州。

賦得霤穿石 得「柔」字。

物理誰能識，摧剛必以柔。始知山可鑿，端藉水頻流。雪浪千尋注，雲根一孔搜。懸河方界道，乳穴乍通幽。風静泉鳴夜，天驚雨逗秋。飛虹看影落，漏月喜光投。渾沌旋相失，瓏玲孰與儔。聖朝嘉介節，澡滌溯前修。

賦得五星連珠 得「今」字。

祥輝明五緯，羅列正森森。聚井占從昔。連珠測自今。木難青色耀，火齊赤光臨〔三七〕。近漢如藏水，非沙亦隱金。迴環承土德，絡繹到天心。朱鳥銜方遍，蒼龍吐可尋。種榆交紺碧，合璧映球琳。璣鏡知全握，辰居默運深。

賦得飛鴻響遠音 得「音」字。

征雁何嘹唳，飛鳴度碧岑。天高難見影，夜静但聞音。歷歷經蘆岸，依依過水潯。風疏聲欲斷，煙重響逾沈。遠渚凝柔櫓，荒城雜暮砧。五更清夢覺，萬里白雲深。天外聽彌永，江邊跡莫尋。有人方滅燭，餘韻寫瑶琴。

賦得形端表正 得「心」字。乙卯鄉試題。

聖德昭彝訓，群情效法深。形惟端乃善，表以正堪欽。繩直斯裁木，型全早範金。義同盂載水，象類筆從心。杓指星芒列，圭懸日影臨。蕩平開自昔，偏黨化從今。錫極皆遵路，依光久獻忱。一人隆軌物，模楷協良箴。

賦得蒲盧縈繳 得「禽」字。

巧技誰稱首？蒲盧善獲禽。調弦驚脱手，縈繳妙因心。纏比綸垂繭，飛殊鏃鑄金。弩形同栝貫，弓體類絲沈。雁豈銜蘆避，蝯如擁樹吟。修磻凌碧漢，弱羽墜青林。解網崇三赦〔三八〕，彎弧快七擒。會除妖鳥盡，食葚喜懷音。

賦得野含時雨潤 得「含」字。

歲序清和候，芳郊雨意酣。一時膏乍布，四野潤皆含。鴨緑浮新漲，螺青滴遠嵐。生機方養麥，和氣最宜蠶。沃衍區分九，滋培壤遍三。人情欣既渥，物意樂相涵。覆處雲猶濕，零時露並甘。黍苗争獻頌，聖澤萬方覃。

賦得薫風自南來 得「南」字。

何處薫風動，飄飄正自南。嘘雲生海岸，颭水過江潭。恰與《離》方協〔三九〕，宜從《巽》卦參〔四〇〕。西山涼並送，北牖爽初含。細引荷香發，輕蒸麥雨酣。松聲聽謖謖，柳影弄毵毵。歌自調弦五，吹還竟伏三。欣逢平秩後，解愠聖恩覃。

賦得先中中 得「南」字。

命中斯能中，憑將妙理探。猨號威早立，蝨貫拔先諳。蹲甲心何壯，彎弧興久酣。星知千里度，月想一輪涵。豝小穿應五，狐雄獲必三。拂雲雕可落，射石虎曾談〔四一〕。勢以凝神定，機從省括參。澤宮膺上選，盛世軼淮南。

賦得心醉六經 得「酣」字。

典籍饒佳趣，醇濃信可耽。乍觀經有六，勝飲爵之三。詎待澆書渥，偏同酌醴甘。手披青簡富，心擬白波涵。倘以奇文問，真如載酒談。麴生寧見訪〔四二〕，學士已全酣。尚友清爲聖，薰陶樂且湛。莫將糟粕比，至味在瑶函。

賦得爐煙添柳重 得「添」字。

宮柳依瓊殿，鑪煙出寶簾。只緣輕易度，還訝重如添。馥郁升金鼎，聯綿過綺檐。拂枝欣得便，繞葉更無嫌。聚豈因風散，低應似雨霑。但看飛裊裊，那復舞纖纖。羃䍥香常合，霏微緑更兼。春旂輝映處，綵仗仰莊嚴。

賦得温風至 得「炎」字。

大雨時方降，温風候已占。飄從雲靄靄，吹帶日炎炎。煐律調金管，香煙引玉簾。拂來涼自散，扇去暑應添。淡蕩過朱檻，薰蒸入畫檐。氣隨天長養，化助物熙恬。詎比秋飇爽，還成火令嚴。皇心勤解阜，膏澤被閭閻。

賦得金花帖 得「銜」字。

小録傳唐代，登科記不凡。金疑威鳳曜，花自彩鸞銜。芍藥圍翻帶，芙蓉鏡啓緘。杏林光滿樹，桂嶺色輝巖。雲繞香千瓣，泥封信一函。探時披玉軸，報處脱青衫。枝喜含葩麗，書看結字嚴。曲江承詔日，拜賜仰旒縿。

【説明】

《試帖詩》有兩個本子：一是劉盼遂輯《王伯申文集補編》卷下，附録二。本。劉盼遂有編後按：《附録·制藝文》與《試帖詩》，統藏鹽城孫氏。明清以來，諸大家編集，以時文格詩闌入者實多，今故援例入録。伯申先生本不以舉子業名，而所作率湛深理窟，非浮光掠影者所可幾及。自科試停後，士夫於此道不問聞者久矣。迨清華研究院啟，每月初，當師生歡讌探討之餘，率人獻一技佐興。時盼遂吹簫，子馨唱道情，仰之哼徽曲，紹孟讀《楚辭》，欣安哭黛玉葬花，元任師彈皮昂路，濟之師奏古琴，雨生師振秦腔，有烏烏之音，任公師詠杜甫《兵車行》作詩舞，静安師則曼詠辛稼軒《摸魚兒》詞，又繼以八股文《太師摯適齊篇》，慷慨唏嘘，合坐肅然。盼遂于是知八股文，誠天下大美之文也；五言八韵，誠天下大美之詩也。頓挫抑揚，色澤工緻，蓋至矣盡矣，蔑以加矣。《易》曰：「物不可以終窮，窮則變。」殆由是夫！今因校録伯申遺集，感吾躬之不丁其盛，師友之合離無常，蓋不勝俛卬今昔時帝興廢之慨矣。噫，爰發其奥於右。乙亥小除夕，志于海淀官舍。

二是李宗焜《高郵王氏父子手稿》手稿，釋文。本。兩本同出一源，李先生云：「是兩個抄本的混合體。」

經比對，《手稿》本與《補編》本重複四十多首，文字上，《補編》本優於《手稿》本。故編入本書時，以《補編》本爲主，删去重複，並以《手稿》本補《補編》本之闕。詩題後凡未指明若干言若干韻者，均出自《手稿》本。

【校注】

〔一〕賦：分韻賦詩。得燈右觀書：「燈右觀書」是話題，話題出圖書四部，腹中無書便作不了，作不好。得「風」字：「風」字是指定韻脚字，要出現在詩中，其餘韻脚字要與「風」同韻，其依據是《佩文韻府》。以下同此。

〔二〕□：表示字闕。下同。

〔三〕《谷風》：《詩·小雅·谷風·序》：「天下俗薄，朋友道絶焉。」

〔四〕《大有》：《易》卦名，取自天佑，物大亨通意。

〔五〕《卷阿》：《詩·卷阿·序》：「言求賢用吉士也。」

〔六〕《菁莪》：《詩·菁菁者莪·序》：「樂育材也。」

〔七〕《思文》：《詩·思文》正義：「《思文》詩者，后稷配天之樂歌也。」

〔八〕《繫詞》：即《易·繫辭》，相傳周文王所作。

〔九〕《維清》：《詩·維清·序》：「奏象舞也。」

〔一〇〕象罔：象罔尋珠，典出《莊子·天地》。

〔一一〕「臣」，《手稿》本作「飛」，是。

〔一二〕「鬭」，《手稿》本作「鬥」。

〔一三〕見《詩·小雅·甫田》，紀農事。

〔一四〕余：農曆四月之别稱。《爾雅·釋天》：「四月爲余。」釋文：「餘舒二音，孫作舒，李云余，舒也。」謂農曆四月草木枝葉已舒展。

〔一五〕什：篇什，猶輯、編。

〔一六〕《正論》：見《荀子》。　盲左：殆指宋鈃。

〔一七〕王良：春秋時晉國人，善駕車。

〔一八〕此首與下首題、字並同，《手稿》本合爲一首，非。

〔一九〕希範：劉玨字希範，宋代長興人，崇寧進士。有《吴興集》、《兩漢蒙求》。

〔二〇〕《子罕》：《論語·子罕》：「子罕言利。」

〔二一〕出《易·坎》。

〔二二〕「交」，《手稿》本作「夏」，非。陶詩：「平疇交遠風，良苗亦懷新。」。

〔二三〕《賁》若《象》：《賁》卦卦辭與象辭。指觀乎人文以化成天下。

〔二四〕見《易·震》、《師》。

〔二五〕九方：春秋時秦國相馬能手九方皋。見《列子》。

〔二六〕韓哀：相傳爲駕駛馬車之發明者。《三國志·蜀志·郤正傳》：「韓哀秉轡而馳名。」裴松之注：「《吕氏春秋》曰：韓哀作御。」今本《吕氏春秋·勿躬》作「寒哀」。造父：周穆王之御手，見《穆天子傳》、《史記·趙世家》。

〔二七〕見《詩·麟之趾》、《騶虞》小序。

〔二八〕董遇：三國魏人，經師，教生徒「三餘」讀書，曰：「冬者歲之餘，夜者日之餘，陰雨者時之餘也。」見《三國志·魏志·王肅傳》裴注。

〔二九〕西崑：西方昆侖群玉山。

〔三〇〕《咸池》：《禮記·樂記》鄭注：「黄帝所作樂名也。堯增修而用之。咸，皆也；池之言施也。言德之無不施也。」

〔三一〕此句謂風行草偃，喻廣施德政。見《論語·顔淵》。

〔三二〕此古人所謂嘉禾瑞徵。

〔三三〕州鳩：即伶州鳩，東周景王樂師，善鐘律。見《國語·周語下》。

〔三四〕三多：多壽多富多男子。見《莊子·天地》。

〔三五〕五事：指貌、言、視、聽、思。見《尚書·洪範》。

〔三六〕此詩述石鼓之時代、内容、文字、流傳。詳舒懷主編《中華大典·語言文字典·文字分典》該部。

〔三七〕木難：寶珠名。見《文選・曹植〈樂府四首・美女篇〉》李注引《南越志》。火齊：火齊珠。見《文選・張衡〈西京賦〉》李善注：「火齊，玫瑰珠也。」

〔三八〕三赦：赦幼弱，赦老耄，赦惷愚。見《周禮・秋官・司刺》。

〔三九〕〔四〇〕見《易・説卦傳》。

〔四一〕用李廣射箭，矢没石中事。見《漢書・李廣傳》。

〔四二〕麴生：用擬人法戲稱酒。見唐代鄭棨《開天傳信記》。

春雨如膏 得「稀」字〔一〕。

濃雲行靄靄，細雨布霏霏。最愛流膏滿，無嫌散縷稀。溟濛方濕塊，滑膩欲沾衣。甘醴垂偏厚，凝脂沃正肥。碧波添瀲灧，緑岸長芳菲。潤灑桃枝遍，輕濡柳葉微。知時原不爽，計日定無違。似沐恩波渥，羣歌湛露晞〔二〕。

【説明】

詩載《王文簡公文集・附録》，未詳年月。

【校注】

〔一〕春雨如膏：唐人喻鳧詩題。「晞」字出《詩・小雅・湛露》。

〔二〕由「群歌湛露晞」句推之，此詩殆爲朝宴分字所賦詩。

爽氣澄蘭沼 得「心」字〔一〕。

偶從蘭沼過，涼意愜芳襟。恰愛澄波静，都緣爽氣臨。西山同豁目，南浦最清心。水與天俱浄，煙隨浪共沈。一痕餘靄淡，十步暗香侵。素練横來潔，纖鱗躍處深。倚欄舒遠眺，傍岸動微吟。太液秋光滿，清芬到桂林。

【説明】

詩載《王文簡公文集·附録》，未詳年月。

【校注】

〔一〕詩題借用唐李世民《秋日》二首之二首句，「心」是第二首末句韻脚字。詩寫秋景。

正位凝命 得「凝」字〔一〕。

《易·象》傳精語，應知性有恒。位先嚴守正，命可法端凝。居體黄裳吉〔二〕，安貞素履徵〔三〕。光亨剛德當〔四〕，宥密始基增〔五〕。内外同其志，威儀定厥稱。功如侯設鵠〔六〕，道若木從繩〔七〕。大寶登咸仰，天休至可憑。執中皇極建，保合仰欽承。

【説明】

詩載《王文簡公文集·附録》，未詳年月。當作于道光元年。

【校注】

〔一〕詩題出自《易·鼎·象傳》「君子以正位凝命」。

〔二〕見《坤·六五》。

〔三〕見《履·初九》。

〔四〕見《履·象傳》。

〔五〕見《詩·昊天有成命》。

〔六〕《禮記·射義》孫希旦集解：「鵠者，侯之中，射之的也。」侯，箭靶。

〔七〕《荀子·勸學》：「故木受繩則直。」

一日看徧長安花 得「花」字〔一〕。

蕊榜初登第〔二〕，春遊興自賒。一枝高折桂，十里徧看花。碧蕚朝含露，紅英晚映霞。

拂衣香馥郁，到眼色交加。乍繞槐街遠，還穿杏苑斜。嗚珂真不厭〔三〕，縱目最堪誇。金帖光先曜，紅綾彩正華。上林多麗景，珥筆頌天家。

【説明】

詩載《王文簡公文集·附録》，未詳年月。殆作于王引之嘉慶四年登進士榜之時。

【校注】

〔一〕詩題出自唐人孟郊《登科後》第四句末字爲「花」。

〔二〕蕊榜：進士榜。見明楊慎《藝林伐山》卷十。

〔三〕嗚珂：街名，唐代長安嗚珂里。槐街、杏苑，亦皆新晉進士遊宴處。

蒲盧縈繳〔一〕

巧技誰稱首？蒲盧善獲禽。調絃驚脱手，縈繳妙因心。纏比綸垂繭，飛殊鏃鑄金。弩形同楛貫，弓體類絲沈。鴈豈銜蘆避，猨如擁樹吟。修磻淩碧漢，弱羽墜青林。解網崇三赦，彎弧快七擒。會除妖鳥盡，食葚喜懷音〔二〕。

【說明】

詩載《王文簡公文集・附録》，未詳年月。此詩與制藝詩之一首相重。

【校注】

〔一〕唐人武元衡有《幕中諸公有觀獵之作，因繼之》詩：「銜蘆遠雁愁縈繳，繞樹啼猿怯避弓。」此詩似反其意而用之。

〔二〕此兩句典出《詩・魯頌・泮水》。

農乃登麥 得「農」字〔一〕。

孟夏時方届，康年瑞已逢。穀先登二麥，慶自洽三農。槐露朝觀穫，梅風午聽舂。秀分歧左右〔二〕，收遍畝横縱。共取中田積，來充御廩供。金莖連一一，玉粒聚重重。饋食偕魚薦，嘗新以彘從。聖心勤稼政，秉穗頌如墉。

【說明】

詩載《王文簡公文集・附録》，未詳年月。

【校注】

〔一〕詩題出《禮記·月令·孟夏》。

〔二〕秀分歧左右：指一莖多穗。

王言如絲賦 以「動静須防一念差」爲韻〔一〕。

王居四大之中，言爲萬端之總。道自寓乎勸懲，法即該乎戒董。故銘陳丹陛，書獻於周，而論著《緇衣》，《禮》傳自孔。儼如絲之直大哉，言本於一哉，心毋治絲而棼。擬而言，尤必議而動。原夫王之有言也，至教宏敷，遠猷彪炳。播告徧於萬方，號令達乎四境。德音秩秩，存之又存；聖謨洋洋，省之又省。雷同凜勦，説之紛紜；日出戒卮，言之馳騁。惟仁人溥其利，言以息而愈深；惟吉人寡其辭，言以定而后静。至若絲也者，細先於鉅，精別乎粗。素絲入《周詩》之咏〔二〕，漆絲驗《禹貢》之輸。抽自繭繅，五紋乍染；織或鴛錦，萬縷同鋪。爰昭經緯之宜，文成有象；視彼樞機之發，用必相須。因而知惟王建國，嘉言孔彰。論崇體要，義取精詳。有脊有倫，羌因端而竟委；不偏不倚，宛挈領而提綱。事必窮乎纖悉，理必析乎微茫。用張國維，要諸久而不朽；克開民麗，何須大爲之防。良以君作臣綱，語關治術。非大而徒夸，非華而不實。自伸杼柚之懷〔三〕，詎待彌縫其失。其言耐乎紬繹，如絲之舍短而用長；其言握乎紀綱，如絲之因踈而見密。言者，身之文也，出而有章。言者，民所歸焉，協于克一。蓋惟性主淵涵，學徵富贍。聽其言則感被無窮，誦其言亦尋求不厭。故如綸播美，垂裳之治堪追；即如綍摛華，挾纊之恩可驗。第見有條不紊，仁政著爲仁聲；豈知美在其中，克念迴殊罔念。我皇上化成久道，澤被無涯，温詔慰雲霓之望，宸章焕日月之華。猶復禮羅廣布，賢綱優加。吐詞爲經，律度方期乎共守；穌聲鳴盛，豪釐敢信其無差。

【説明】

賦載《王文簡公文集·附録》，未詳年月。

【校注】

〔一〕王言如絲：語出《禮記·緇衣》。此賦鋪叙《緇衣》經旨，以「動静須防一念差」七字入韻。

〔二〕素絲：見《詩·羔羊》、《干旄》。

〔三〕杼柚之懷：語出《文選·陸機〈文賦〉》。

龍見而雩賦 以「爲民祈祀，大雩，帝用盛樂」爲韻〔一〕。

維聖德之感神，用康年而錫瑞。禾同穎而舒苗，麥雙岐而垂穗。敬祈膏雨，三農之仰望咸酬；遠測靈星，百穀之滋生是爲。躔明東陸，飭馮相而占時；禮洽南郊，命太常而襄事。蓋彼蒼龍之昏見也，角、亢並出，箕、尾同陳。天根炯其耀遠，房駟焕以輝新。推步而知，式崇對越；吁嗟以祭，用薦明禋。兆顯栗於三秋，尚寧爾土；驗滂沱於十日，廣被斯民。天子乃駕赤輅，建朱旂，屬車輪轉，華轙軨飛。武夫環而被鶡，戎士介以揚徽。瞻彼青壇，參五雲而倬立；奉茲蒼璧，先四海而虔祈。始則躔象攸縣，禮儀是揆，誠展齋宮，潔崇郊畤。宗伯詔其祼將，鬱人供其馨旨。陶匏器質，偕玉鬯而來升；繭栗牲純，繫楅衡而敬俟。惟先事而明誠，佐聖皇之毖祀。及乎大駕式臨，百僚咸會，千乘騰驤，萬騎沛艾，青雲爲旛，紫蜺爲蓋。樵蒸昆而配蓺，香煙燎而馣馤。報神功於三禮，肆祀孔明；舉祭典於六郊，惟天爲大。乃興皇舞，乃召司巫，精誠上感，嘉澤旁敷。陋仲夏之方行，記稱用樂；鄙三月之驟舉，史紀大雩。祀異賓尸，匪天田之可並；禮殊嘗祭，豈龍⿰豸毛之相符。用是聖志潛孚，神功默契，天降甘霖，人逢樂歲。祝良苗之被潤，錫厥庶民；將昭祀以明虔，格于上帝。房名天廟，恍登天廟而居歆；心號明堂，若配明堂而袷禘。躔次無譌，禮文特用。合兩大而昭通，徧百神而兼綜。祠行孟夏，嘗新之祀應殊；郊擇元辰，啓蟄之時並重。寢廟之祈麥實，精意還同；天宗之卜來年，至誠可共。蓋惟馭世以仁，格天以敬，誦多稼而保豐年，荷神庥而隆景命。珠聯璧合，則率土咸瞻；雲爛星輝，而一人有慶。此所以察列宿之爲章，邁前典而尤盛也。又況地寶常盈，天膏正渥，惟霑潤之無偏，遂滋榮而罔覺。油雲漠漠，喜布濩于原田；甘雨祁祁，驗降生于川嶽。抱蜀而郊壇可薦，用洽隆儀；洗兵而氛祲全消，佇聽愷樂。

【説明】

賦載《王文簡公文集·附録》，未詳年月。

【校注】

〔一〕龍見而雩：語出《左傳·桓公五年》。爲民祈祀，大雩，帝用盛樂：語出《吕氏春秋·仲夏紀》。此賦以此十字入韻。

應天以實不以文賦 以題爲韻〔一〕。

維聖德之茂昭，布鴻勳而底定，播子惠而民諴，矢寅清而神聽。我孔熯矣，仰式禮而無違；帝曰欽哉，頌單心而莫罄。執溫恭之有恪，樸素彌崇；秉至敬以無文，昊蒼丕應。原夫聖人在位，有命自天。崇以元首，示以仔肩；式以九域，甸以八埏。畀以三無之量，慶以大有之年。降之百祥，察蠲烝而來享；祐于一德，體欽若而明虔。蓋上天之錫命也，本不在乎文爲之備，而在乎實德之全。於是天子默體棐忱，顯承顧諟。穆穆而惕監茲，乾乾而思敬止。凜其實之不副，《无妄》抒誠；戒夫文之徒彰，《有孚》受祉。協畀天於哲后，《詩》詠右之；稽享帝於聖人，《易》占烹以。是以實心之應乎天也，惟時惟幾，一日二日。履天位而孔虔，承天庥而無逸；守天秩而匪愆，奉天時而罔失。小心昭事，既去僞而著誠；大德丕承，亦黜浮而崇實。而實政之應乎天也，不競不絿，無侮無拂。頌燕及而裕昆，播鴻鈞而育物。天工能代，贊玄化於機衡；天載可熙，宣大猷於綸綍。美則天之惟聖，自巍乎而煥乎；仰配天之在人，更賞不而刑不。若夫法祖以應天也，下武覲光，中孚濟美。紹承而永孝思，昭假而垂盛軌。答天心之保佑，不愆不忘；衍天祚之靈長，之綱之紀。繼文謨於前聖，本既立而用行；敦實踐於皇躬，素爲貴而禮以。其愛民以應天也，珍黃秉德，保赤宣勤。遍海隅而丕冒，受圖籙而升聞。惟天惠民，日月臨而普照；惟聖時憲，雨露布而交欣。播實惠於九垓，銘恩孔厚；樹實功於四海，仰澤維殷。固將慶歲取之十千，儉以爲寶；豈徒侈禮儀之三百，質有其文？至於繭栗之牲，象瑜之輅，犧罍之尊，疏冪之布，黄麥秬鬯之儀，執璧奉璋之度，雖品節之攸分，非明禋之先務。於其質也，欽睿念之作孚；郁乎文哉，略典章之全具。是宜俯聽謳歌，仰承眷顧，福履來同，嘉祥競赴。集星輝雲爛之詞，獻日升月恒之賦〔二〕。

【説明】

賦載《王文簡公文集·附録》，未詳年月。

【校注】

〔一〕應天以實不以文：語出《晉書·帝紀第六·司馬睿詔》：「動人以行不以言，應天以實不以文。」唐李德裕、宋歐陽修等均以此旨入文。以題爲韻，即以此標題各字作韻脚。

〔二〕日升月恒：《詩·小雅·天保》：「如月之恒，如日之升。」

君子所其無逸論〔一〕

古今論政之言多矣，而其簡而有要、切而可循者，莫如周、孔之書。孔子之論政也，其他概不之及，而首揭其指曰「居之無倦」。周公之論政也，其他概從其略，而唯舉其要曰「所其無逸」。此誠千聖百王之大法，而亟當講明切究者也。蓋逸者，怠爲之也；無逸者，敬爲之也。怠勝敬，則所其逸矣；敬勝怠，則所其無逸矣。無逸則無欲。《皋陶謨》曰：「無教逸欲有邦，兢兢業業。」此之謂也。無逸則無荒。《大禹謨》曰：「罔遊于逸。」又曰：「無怠無荒。」此之謂也。雖然，但知爲政之當無逸，而不能處於是而不遷，則豈君子之自彊不息乎？惟君子守克勤之道，而出之以有定有止，其所之義焉。致久道之成，而守之以能安，有「居其所」之象焉。居敬行簡，而又將之以密勿，有「王敬作所」之道焉。由是不惟逸豫者成吾所也，不敢荒寧者復其所也，業廣唯勤者以務烈所也。蓋聖主莊敬日强，而得主有常者如此。且夫君子之爲是也，有本有原：一曰法天，二曰法祖。今夫天運行而不息也，化育而不窮也。雷以動之，風以散之，雨以潤之，日以晅之。曾不聞有一息之停，片時之止者，夫固健者機也。君子法天之健，以爲己之勤，是以惟日孜孜，無敢逸豫。大采朝日，與三公九卿祖識地德；少采夕月，與太史司載糾虔天刑；日中考政，與百官之政事，師尹、維旅、牧相，宣叙民事，一日二日萬幾，無曠庶官。豈非唯天爲健，唯君則之也哉？若夫祖宗締造之艱，固嘗櫛風而沐雨矣，旰食而宵衣矣，朝乾而夕惕矣。君子膺下武之隆，追前文之盛，其曷敢自暇自逸焉？是故凜承祖訓，敬紹德言，屢省乃成，慎修思永。或親覽章奏，或接納臣工，或遍察邇言，或勤修惠政。勞謙而迓仁壽之祥，耄期而無倦勤之志。宜乎家法永繩，而天心眷佑也。至於百爾臣工，對揚顯命，其何以佐佑厥辟，庶績咸熙也哉？則亦曰「無逸是矢」而已。《詩》曰：「夙夜匪懈，以事一人。」又曰：「夙夜在公，在公明明。」蓋人臣勤則政事治，政事治則百姓安。太平之業，悉由於此，所係非淺鮮矣。況躬逢堯舜之主，日承訓誨之殷，其可不仰體無逸之心，而思日贊贊也哉？

謝太傅出處事業論

兩漢以降，出處事業卓然可稱者，蜀有諸葛亮，晉有謝安。安之未出也，一辟於司徒府，再辟於揚州刺史，三辟於吏部尚書。安亦辭而不就，一似亮之不求聞達者。其既出也，强如桓温，則寢其跋扈之謀；雄如苻堅，則挫其窺伺之衆。一似亮之鞠躬盡瘁，且賢於亮之出師未捷者。然吾謂安之出處遜於亮，而功之倖成亦不及亮之定計於早也。方謝萬之未廢也，出則漁弋，入則吟咏。及萬廢，而遂懷仕進之志。然則安之出處，惟以萬之去留爲斷，豈所謂用之則行，舍之則藏者乎？又豈所謂有道則見，無道則隱者乎？方之躬耕南陽，艸廬三顧，殆不可同日語矣。若其事業之成，史臣以爲從容而杜姦謀，宴衎而清羣寇，扶危定傾，其功固不可掩。然揆厥所由，大抵出於天倖，而非果有自全之策，必勝之謀也。桓温之陳兵衛而呼安也，幸而重安之爲人，服安之雅量，聞其笑語而意爲之移，應其詼諧而慮爲之革耳。假令温專除異己，不務虚名，奮羽翼之縱横，肆爪牙之搏噬，則以安遇之，譬如委肉當餓虎之蹊，必無幸免者矣。其何以轉危爲安，而措晉室於磐石之固哉？及夫（符）〔苻〕堅率衆百萬，次於淮肥，不得已而遣兄子率師禦之，亦殆哉岌岌矣。幸而天心佑晉，正朔有歸。朱序一呼而秦師自亂，（符）〔苻〕融馬斃而督戰無人。至於風聲鶴唳，魂魄皆驚，以屢勝之威敗於一旦，所謂天之亡秦，非戰之罪也。豈果安之計出萬全，以少勝衆哉？上比亮之決計於隆中，圖敵於六出，玩仲達於股掌，擒張郃於一戰者，其得天幸過之，人謀殆不及焉。吾故曰：安之出處遜於亮，而功之幸成亦不及亮之定計於早也。不然，則高崧戲之，何以安有愧色？幼度問計，何以寂無一言？而憶桓温在時，何以又有常懼不全之語？豈非出處無定見，而杜姦克敵，亦未嘗有勝算哉？是故安之出處事業，衡以諸葛亮，而優劣可知云。

【説明】

《君子所其無逸論》、《謝太傅出處事業論》兩篇，載《王文簡公文集・附録》，未詳年月。殆爲制義文，其文筆欠老練，應作於甫冠應順天鄉試乾隆五十一年、六十年共兩次。時。

【校注】

〔一〕語出《尚書・無逸》。孔疏引鄭玄：「君子止謂在官長者，所猶處也。」

問詁堂文鈔　伯申氏自録。

遊柏氏園記

京師百里之内，拔奇挺秀、窈窕而雄麗者，西山也。十里之内，窮幽極奥、周通而閒曠者，柏氏園也。園處西南之維，地號窊邪，水以爲會，淙然而趨、汩然而起者〔一〕，咸於是乎出入。故迺背負方塘，匈膺大沼，三步一杠，五步一綺〔二〕，岸作洲連，磯如島峙。蓋回環者四五里，而游觀之勝，乃稱絶於都下。歲在癸丑季夏之廿日，知友兩三，整轡而往游焉。

時則暑雨新收，𣈶波微漾，煙將柳暗，風作荷香。於是登水閣，臨石碕，敷莞莛，肆桃簟，濁酒數杯，香茗一椀，披襟屡快，不扇恒涼。既而放扁舟，激清浪，杖拏而立，枕舷而卧。目不絶清泠之狀〔三〕，耳不絶潺湲之聲。斯可謂俛仰極樂，暢遂幽情者也〔四〕。噫！是園之成久矣。吾聞廿載以前，王氏寔首業之，都人士棲託去來，日以益盛。後易他姓，而絶客不通者數年；再易姓，而始復有游者。夫懷希世之美，而終不見知者夥矣，而獨斯園之晦而復顯也哉！書此記，以爲斯園幸。

【説明】

《問詁堂文鈔》伯申氏自録。内有《遊柏氏園記》、《〈經籍纂詁〉序》、《〈平定教匪總論〉鈔》三篇，載李宗焜輯注《高郵王氏父子手稿》。後兩篇見前録，此篇標題係李氏所定，手稿無。《記》作於乾隆五十八年癸丑五月二十日，時王引之二十八歲。

【校注】

〔一〕「汩」，《補編》作「汨」，誤。

〔二〕「綺」，原作「綺」，《補編》作「碕」，是。杠，橋；碕，石岸。相對爲文。當改。

〔三〕「泠」，《補編》作「冷」，誤。

〔四〕「遂」，《補編》作「叙」，是。「暢叙幽情」，語見《蘭亭集序》。當改。

策問

問：劉向謂孟、京諸家《易》多脱簡，惟費直與古文同。然《禮·經解》引《易》曰：「君子謹始。」《東方朔傳》引《易》曰：「正其本，萬事理。」《説文解字》引《易》曰：「地可觀者，莫可觀乎木。」今本皆無之，何歟？荀爽《集解》得逸《象》三十八，郭京《周易舉正》凡一百三十五條，可擇而從歟？《書》古文孔傳，辨者晳矣，今文宜無異説，然《禮·緇衣》引「周田觀文王之德」，《論衡》引「王啟監」數句，文義迥殊。《漢石經·尚書》存數十字，異同已夥。《文選注》引《般庚》「優賢揚歷」，則李善所見本已與今異也。何時所羼雜歟？《筌詩》本無辭歟〔一〕？抑佚之歟？《新宫》或云即《斯干》〔二〕，《貍首》或云即《鵲巢》〔三〕，然歟否歟？《禮·緇衣》引《都人士》首章鄭注，此章三家所無。《般詩》「於繹思」，陸氏《釋文》謂《毛詩》無此三字。《漢書·陳忠傳》引「以雅以南，韎任朱離」，註：「齊、魯詩也。」然則《唐棣》「素絢」之類，安知非脱簡歟？宋人「篇删其章，章删其句」之説〔四〕，果可從歟？多士幸生右文之代，必有精研訓故者，條舉之，以覘校訂之學。

問：司馬、班、范，唐人謂之三史。前此有稱三史者，其别云何？劉知幾論史分六家，曰《史記》家，曰《漢書》家，其辨云何？《史記》之名有所祖歟？本紀、世家之名，古有之歟？抑子長所創乎？《周本紀》自稷至武王十六世，爲一千一百有奇，不太遼闊乎？他書叙周世次，有台璽、叔均十七世，在不窋前，可互證乎？《趙世家》書屠岸賈事，《齊世家》以闞止爲宰我，昔人曾辨之，當歟？應劭言《漢書》元、成二《紀》，班彪所作。劉昭言八《表》，班昭所補；《天文志》，馬續所補。能徵其説歟？劉之遴考古本《漢書》，與今異者若何？顔師古註，前有所承否？臣瓚之姓見《文選註》，而裴駰曰不知姓氏，何歟？宋試宏詞，有以堯禹舜湯所舉何事問者，有以湯周後人何如問者，皆在《漢書》，盍枚指之？晁氏譏范蔚宗采王喬、左慈事爲不經，其論韙歟？蔚宗自言諸《贊》是其傑思，然有詆其佻巧者，意作史固自有體歟？諸生研搜史籍，將以儲大廷著作才也。以所誦習者對，毋泛毋隱。

問：《周官》「六計」以廉爲本，誠以廉者立身之大防，而牧民之要術也。范史循吏十二人，其清修最著者，何人？他如李恂在兗，黄香在魏，孔奮之牧姑臧，羊續之守南陽，萊蕪，則釜可生塵，屬國則金欲如粟，其人其事見於列傳者，可悉數歟？魏晉以後爲守令者，或羸糧而述職，或搥水以勵清，或舉袖受金，或并日而食。然而時苗薄笨，陸納襆被，鉅平留犢，兗州懸床，議者又以爲矯，何歟？《舊唐書》循吏四十人，宋自陳靖以及葉康直諸人，其廉潔皆可稱歟？粵東循良，世不乏人，其清節炳耀史册者，漢則有吴恢、孔嵩，晉則有陸徽、王琨，齊、梁則有王僧孺、蕭勵，能略舉其政績歟？唐時汲貪泉而飲者，何人？投犀玉於江者，誰氏？節度清白有三人並稱者，能詳其姓氏歟？宋之向敏中、李惟清、包拯、唐介，清風峻節，卓然不朽。而李綸停杯之盟，亦足媲美隱之，外此有與隱之合祠而祀者，其人果無媿歟？我國家澄叙官方，吏治肅清，凡考課殿最之例，至詳且備，大法小廉，度越千古矣。諸生盍徵古以對？

問：《崇文總目》分小學爲四：曰訓詁，曰偏旁，曰音韻，曰字書。《爾雅》爲訓詁之祖，其言九州，何以與《禹貢》、《周禮》異？言五岳者再，何以前後互異？漢之《方言》、《小爾雅》、《釋名》，隋之《廣雅》，唐之《續爾雅》、《匡謬正俗》，宋之《埤雅》，其書作者誰氏？誰醇誰舛？《說文解字》集《倉》、《雅》之成，李陽冰刊定之，徐鉉校之，徐鍇爲之傳，吴淑爲之韻，誰得誰失？若《玉篇》，若《字林》，若林罕《小說》，若王安石《字說》，誰爲可信？孫炎作音，沈約製韻，隋則陸法言之《切韻》，唐則孫愐韻，宋則《韻對》、《廣韻》、《集韻》、《韻略》，字之增減云何？雅俗云何？吴棫《韻補》於古音有當否？字學之書，傳者如《汗簡》，如薛氏《欵識》，如《隸釋》，如《隸續》，如《漢隸字源》，如《隸韻》，好古者重之。至《集古録》、《金石録》、《蘭亭博議》、《絳帖平》諸書，亦識小者所不廢也。能條舉其精覈歟？倉頡之書勒於官帖〔五〕，神禹之蹟銘於衡峯〔六〕，籀史紀岐下之蒐〔七〕，宣聖篆延陵之碣〔八〕，能一一攷證之歟？以肄業及之者，具於篇。

問：虞夏及商，養老之制各殊，周兼用之。《尚書大傳》載文王養老法，能臚之歟？《王制》疏人君養老有四，《三禮義宗》謂一年之中養國老有四，皆用天子視學之時，其説可得聞歟？鄭康成謂三老五更各一人，宋均、應劭、蔡邕釋「老」「更」名義異同云何？《文選註》、《前漢書註》引《詩》「三壽」爲「三老」，然歟？《後漢禮儀志》、《通典》載養老之典綦備，桓榮、李躬、伏恭、楊賜皆嘗爲三老五更，魏及後周亦有爲之者，何人？漢以鄉三老主教化，意固與周嚴右塾之教、齊重耋叟之諮同歟？其人若董公，若令狐茂，若車千秋，若公乘興，炳著史册，能條其始末歟？漢有復筭復甲卒受鬻法，凡爲優老計也，何所區别歟？唐有賜老人氊衾、粟帛者，有賜緋衣、牙笏者；宋晏老人於五鳳樓，於錫慶院，皆曠典也，能枚舉其時代歟？洪維今之盛，聖天子德施曼壽，協氣旁流，嗞嗞芸生，沐浴於淳龐之化，用躋耆耇。兹逢聖齡週甲，優以賚予鯢鮐之倫，其將效擊壤之歌〔九〕，上三多之頌也。諸生盍備引古義以證？

劉盼遂按：右文墨蹟存東莞倫氏哲如處。

【説明】

文載《王伯申文集補編》卷上。據文末「聖齡週甲」一語，應爲王引之乙卯順天鄉試試題。翌年王引之寫出《太上皇帝紀元周甲授受禮成恭紀頌》十八章并序。如此，則「聖齡週甲」即指乾隆六十年。王壽昌等《伯申府君行狀》：「是科策問五經小學、古韻部分異同。」此《策問》内容大體符合。雖非王引之之文，亦可供研究者參考，故收入文集，其答卷應在清禮部檔案内。

【校注】

〔一〕《笙詩》：晉束皙以爲《小雅》有《笙詩》六篇，有其聲而亡其辭，補作亡詩六首。

〔二〕《新宫》：見《詩譜・小大雅譜》孔疏。並參朱彝尊《經義考》卷九八。

〔三〕《貍首》：見《禮記・射義》及孔疏、《詩譜・周南召南譜》孔疏。並參《經義考》卷九八。

〔四〕此説出歐陽修。宋吕祖謙《吕氏家塾讀詩記》引歐陽修説：「又删《詩》云者，非止全篇删去，或篇删其章，或章删其句，或句删其字。」

〔五〕可見唐張彦遠《法書要録》。

〔六〕湖南衡山岣嶁峰有夏禹岣嶁碑，明楊慎《金石古文》有摹本，實乃僞刻。

〔七〕即石鼓詩。

〔八〕江蘇江陰市有孔聖書延陵吴季子墓碑，十字，亦僞刻。

〔九〕擊壤之歌：頌盛世太平之歌。即唐堯《擊壤歌》也，見《帝王世紀》。

太上皇帝紀元周甲授受禮成恭紀頌十八章 謹序

臣聞三五代興，氏號伊始。羲、農之前，曠哉藐乎，世蔑得而云焉。厥有傳者，上罔微于唐虞，下莫茂于成周。故庸命巽位而堯道成，世德作求而周運昌。《詩》、《書》攸載，卓乎稱首。蓋言聖人創業垂統，爲萬世規，繼起之聖人，孝思維則，而褒大其功也。欽維乾隆六十有一年月正元日，太上皇帝歸政，皇帝祗承，聖聖相繼，千古極盛。臣謹案：六十一年者，生生不已之數也。周天三百六十度，黄道循之，而爲三百有六旬。蓋由六十之數，而以六六互乘，乃得三百六十。是故六十秒爲一分，六十分爲一度。六十度者，積算之常也。六十一度者，環生之始也。其在《大易》曰：「凡三百有六十，當期之日。」〔一〕斯則以六位成之，以一畫開之，故積二篇之策，而爲萬有一千五百二十。用是仰見太上皇帝周甲紀元，亦由六十一年積而至于億萬年，此自然之理也。臣謹案：紀元再值丙辰，丙者，炳也，炳然而著明；辰者，伸也，伸舒而暢達。其月躔在寅，寅于十二次爲析木，是在箕斗之間，有壽于箕翼之象。吉月令辰，咸彰仁聖之德，表授受之期。卓哉煌煌，剖神符而合靈契，不亦懿與？臣聞《召誥》曰：「用供王能祈天永命。」《詩》曰：「昭事上帝，聿懷多福。」

何者？天人之應，合一之符也。太上皇帝專神明之虔恪，奉燔瘞于郊宮，而昊天降庥，后土錫祉，宜矣。矧惟列聖相承，重熙累洽，百有餘年。大聖人祇遹德言，光昭前烈，上繩祖武，下啓孫謀，五代一堂，古今未見。《大雅》曰：「其類維何？室家之壼。」《小雅》曰：「子子孫孫，勿替引之。」「類」也者，不忝前哲之謂也。「壼」也者，垂裕後昆之謂也。「引之」也者，繼序不忘之謂也。臣又聞《周頌》曰：「維天之命，於穆不已。〔於乎不顯〕，文王之德之純。」《尚書・無逸》道文王之德曰：「自朝至于日中昃，不遑暇食。」然猶未及太上皇帝躬理庶政，法天行健焉。臣又聞《嘉樂》之詩曰〔二〕：「宜民宜人，受禄于天。」太上皇帝親覽庶獄，恩詔減等，有罪疑惟輕之仁焉；貴農重穀，咨訪雨暘，有勤恤民隱之惠焉；免漕散賑，普蠲正供，則損上益下，民説無疆之義也；發帑治河，安瀾奏績，則濬畎距川，萬邦作乂之功也。于斯時也，萬姓咸悦，曰都聖帝之德，亶其韙而。臣又聞《大戴禮》曰：「帝堯南撫交阯，北發渠搜，東西至日所出入。」《淮南子》言大禹「使大章步，〔自〕東極至于西極」；「〔使〕豎亥步，〔自〕（南）〔北〕極至于（北）〔南〕極」〔三〕。然而九州之外，罕隸版圖。豈如太上皇帝奮武開疆，戡暴柔遠。蕩伊犂，平回部，收金川，日月所照，罔不率俾，嚮風慕義，入貢壽寓者以億計。述職之事既行，巡狩之典亦著于是。太上皇帝法聖祖六巡江浙，以省方觀民，設教禮也。猗與偉與，盛德懋昭，休烈浹洽。然猶日就月將，右文稽古，溢經筵，幸辟雍，欽定《石經》以惠儒林，御製詩五萬餘篇、文千餘篇〔四〕，以彰睿藻，炳炳麟麟，亹亹如也。然後闢門籲俊，八開恩榜，再舉制科，養老引年，千叟來同，百禮既至，郁郁乎文哉！帝者之上儀，誥誓所不及矣。夫虔祀上帝，展敬也；迪惟前光，崇孝也；五代一堂，篤慶也；一日萬幾，敏政也；監于祥刑，好生也；念兹農功，務本也；賜租發粟，廣澤也；導水築防，弭害也；幅員既長，武烈也；時邁其邦，文德也；經筵宣講，闡道也；法駕臨雍，敷教也；欽定《石經》，書契作也；御製詩文，謨誥章也；恩科取士，旁求俊乂也；詔宴羣叟，仁壽同躋也。斯蓋太上皇帝大聖大仁，允文允武；皇帝是彝是訓，不愆不忘，壽宇無疆，重離繼照。舒茂德，振鴻名，揚緝熙，流懿鑠，晅晅皇皇乎！祓禧褫祜，永羕引延，厥有不可辭讓云爾。臣世受隆恩，忝邀慈眷，獲睹帝堯雲日之光，際重華垂裳之治。竊以爲《天保》之詩，尊崇福禄，臣子歸美其上而作也。用敢正列其義，祓飾厥文，拜手稽首而獻頌曰：蕩蕩聖德，昭明有融。唯天爲大，唯聖比隆。誕開景運，允執其中。式敷文治，永詰武功。申命用休，何天之龍。介以繁祉，五福來降。紀元復始，甲子攸同。禮崇授受，萬禩延洪。　皇矣上帝，監觀四方。聖人禋薦，穆穆煌煌。侯燔侯瘞，以祀以享。禮孔熯矣，不顯其光。帝謂聖人，純嘏爾常。予嘉明德，曰督不忘。施于孫子，受命溥將。眉壽萬年，永世克昌。　鬱彼長白，峻極于天。篤生列祖，齊聖廣淵。有典有則，無黨無偏。於赫聖皇，佛時仔肩。曰祖有訓，重光載宣。聿修厥德，追孝于前。聿纘厥服，其永無愆。以似以續，億萬斯年。緜緜瓜瓞，在河之涘。本支百世，殆厥孫子。吉夢維何，麟定麟趾。太人迺占，保世藩滋。維曾伊玄，聖皇是嗣。覃及雲仍，自今以始。昭哉來許，繩繩繼起。萬壽無疆，永言保之。於穆大聖，朝夕恪勤。不懈于位，黽勉孟敦。夜如何其，廷燎有暉。嗟爾臣工，俾奏俾聞。允矣天子，詢于四門。庶績咸熙，六府孔殷。乃聖乃神，乃武乃文。所其無逸，爲天下君。惟帝清問，聿求厥寧。明德慎罰，直哉惟清。謂茲赤子，式俾並生。若古有訓，刑期無刑。與罰不辜，寧失不經。乃宥乃赦，既寬且平。民用不犯，罔質厥成。日用飲食，平章百姓。動之斯和，祗德惟馨。帝命田畯，介我稷黍。曰雨曰暘，來咨來茹。八徵耄念，五位時序。習習和風，祁祁甘雨。箌彼甫田〔五〕，十千歲取。如膏如脂，我農之土。如茨如京，我農之庾。萬邦屢豐，式歌且舞。乃召司農，欽哉民食。惠此羣黎，以綏四國。爰逮之粟，民無菜色。發倉斯千，發廩斯億。亦有普蠲，既飽以德。出舞于田，入謳于邑。稱彼兕觥，祝以百福。茀祿其康，永永無極。

帝洛下土，河水滂沛。疇其奠之，有能俾乂。搴彼長茭，沈玉以祭。神則有靈，乃謐乃契。式單厥心，疏川導滯。止水以防，清黄攸會。兗豫既宅，淮徐其藝。于胥樂兮，彌萬萬歲。桓桓王師，我伐用張。取彼凶殘，式闢四方。如虎斯虓，如鷹斯揚。如火烈烈，斯炎崑岡。伊犂既殄，回部既僵。蕩蕩金川，爲我封疆。薄言震之，莫不來享。有嚴天子，士宇昄章。有崧者岱，柴望承庥。有羕者江，爰企懷柔。聖人涖止，匪紹匪遊。扶杖之老，瞻拜冕旒。匐服之兒，亦迓旌斿。粟帛是賚，既渥既優。省耕伊春，省斂伊秋。於皇巡狩，允邁虞周。勉勉聖皇，學有緝熙。古訓是式，濬哲維思。爰御經筵，念茲在茲。昔我聖祖，訓典攸釐。四經既纂，微義畢該。亦越聖皇，藏往知來。欽定三《禮》，咸與析疑。釋經以經，昭列訓辭。於樂辟雍，羣英萃止。其圜如璧，其流如海。聖人視學，譽髦斯士。虔祀先師，是用釋菜。大昕鼓徵，有衆咸侍。乃闡聖經，厥緒攸理。教思无窮，言提其耳。昭若發矇，賢才蔚起。大哉六藝，惟聖所作。振古以還，文多紛錯。帝命參稽，罔有不若。攘之剔之，其芟其柞。檢之校之，其探其索。展之録之，其波其礫。鐫之泐之，其碑其石。御論宣昭，孔懿且碩。倬彼雲漢〔六〕，爲章于天。聖皇眉壽，文思丕新。粤若庖羲，其德孔神。始畫八卦，利用前民。稽古堯舜，二典攸陳。喜起作歌，用答臣鄰。洪惟御製，遠邁古人，炳如日月，巍煥璘虨。思皇多士，多士孔嘉。敦詩説禮，莫不令儀。夙夜强學，如石之磋。砥礪文章，如玉之磨。雍容揄揚，吐氣含和。臨軒策命，恩展甲科。有德有造，髦士攸宜，英才樂育，雅咏《菁莪》。皤皤國老，式燕且毛。濟濟耆英，鳩杖以朝。言有旨酒，又有嘉殽。對揚天寵，恩比覆燾。稽首進祝，載歌且謡。

如月之望，如日之昭。如柏之茂，如松之喬。如川之方，至如南山之高。　天子大孝，朝夕寢門。以天下養，敬承至尊。克紹克類，令德升聞。温恭允塞，家法維遵。光被四表，協于放勳。基命宥密，夙夜祇勤。光華復旦，德合乾坤。惟頌萬萬年無疆之壽，惟一人元良，允爲有道之君。

【説明】

文載《王文簡公文集》卷一。嘉慶元年正月初一日，清高宗弘曆舉行授受大典，禪位於仁宗顒琰，改元嘉慶元年。王引之撰此詩，頌揚乾隆皇帝御極六十年之功業。詩句多見經傳，在此不一一發示。

【校注】

〔一〕見《易・繫辭上》。
〔二〕「嘉」，今作「假」。
〔三〕見《墬形訓》，並參《山海經・海外東經》。
〔四〕見乾隆《御製詩集》、《御製文集》，在《四庫全書》內。
〔五〕見《小雅・甫田》。
〔六〕見《大雅・雲漢》。

擬千叟晏詩 五律四首，七律六首。

盼遂按：據原稿抬頭字，凡三抬者空三格，雙抬者空二格，單抬者空一格，以見當日文章尊君之式云爾。

叟晏千人聚，天家禮數隆。萬年綿睿算，諸福備皇躬。縹渺祥風迴，繽紛瑞氣融。小臣資拜獻，長此載堯穹。

右一

海内樂承平，筵開慶典成。授圖先五老，祝嘏萃三更。脯應天厨蓮，春回聖壽觥。恩波長浩蕩，拜賜協輿情。

右二

聖王千萬萬，蓂莢紀堯時。極拱星辰近，天垂雨露滋。絳雲臨鳳闕，紅旭耀龍旗。錫晏殊恩重，賡颺奉紫墀。

右三

壽世瞻天表，扶鳩拜聖人。龍顔光復旦，鳳闕燦如春。雲覆蓬瀛境，恩均侍從臣。昇平多鶴叟，錫福仰楓宸。

右四

軒紀元辰進栢觴，紫宸賜酺頌如岡。重光日焕重光世，五福皇開五福堂。天上龍顔端袞冕，朝中鳩杖拜君王。三千桃實輝金闕，薄海臣民仰惠康。

右五

朝元耆舊侍班聯，紫殿陽春秩廣筵。入覲天顔光尺五，傳呼御晏叟三千。詩歌《小雅》多鳴鹿，人到蓬瀛總是仙。此日小臣叨盛遇，恩波長慶太平年。

右六

御爐香裊麝烟輕，景物雍熙慶典成。五色吉祥雲彩焕，千春仁壽鏡光瑩。年年春似元年盛，歲歲山呼萬歲聲。仰企天懷同樂處，喬皇宸藻紀昇平。

右七

週中重逢歲丙辰，筵開閬苑仰堯仁。西方佛來天竺□，南極星旁盡丈人。嘉樂賡成諸福備，慶元喜萃一堂春。從知萬壽無疆祝，聽徧康衢擊壤民。

右八

酌酒稱觥合萬方，瓊筵叠錫慶無疆。聖神文武惟天縱，福壽康寧並日長。玉醖偏斟仙掌露，祥煙多拂御衣香。皇恩浩汗齊稱祝，拜賜欣歌既醉章。

右九

唐虞五老降祥星，况際興朝雨露零。六十年來堯德普，萬千里闢禹疆寧。容臺奕耀飛仙蝶，彤陛氤氲數瑞蓂。何幸臣年增馬齒，長隨聖壽慶龍齡。

右十

千叟宴十絶句

帝德巍巍海宇清，曾傳不夜築長生。天顔有喜重開宴，鳳詔銜來拄杖迎。

壽宇埏衣延洪普，八冠颺拜共朝天。從知再效三多祝，俯遂輿情又十年。

醴泉流映紫霞杯，天壽峯高淑景開。雲物正宜占太史，老人星句日邊來。

金闕重重敞御筵，耆英鵠峙數盈千。君羹試嘗稱難得，不問金丹可駐年。

寶篆香濃繞玉墀，九天閶闔仰威儀。蒼顔已詔商山皓，疊沐恩波太液池。

宵旰猶勤日萬幾，臣民咫尺凛天威。康强不事金莖露，五福金徵更古希。

紫氣遥含蓂莢新，宫開延壽近宜春。端居欲遂遊陶樂，日繞堯階映大椿。

傳聞仙幻説滄桑，海屋添籌事渺茫。何似盈庭黄髮集，同聲天子壽無疆。

漫道圖書出洛河，鳳皇千仞集庭柯。欲知涵煦羲年久，人瑞先徵矍鑠多。

耕鑿含哺六十年，履新兩度聖人前。千秋一遇昇平瑞，齊向康衢頌十全。

擬千叟晏詩五律一首

壽宇延熙洽，恩波錫類頻。雲華歌復旦，日耀仰重輪。華祝瑶池晏，嵩呼紫禁春。杖鄉還杖國，濟濟樂楓宸。

千叟晏七律四首

曈曨曉日動華旌，合殿風香讌賜榮。堯舜一家光復旦，葛懷千叟集元正。瓊漿拜渥春祺溥，玉杖扶觀德化成。何幸叨逢仁壽宇，商顔肯戀紫芝英。

其二

燕喜春當景運隆，龍光晏與獻夫同。千鍾百榼恩重洽，元老耆英氣倍融。玉佩鏘時歌曼壽，爐煙晴處覲方瞳。願將海屋添籌意，長拜堯天舜日中。

其三

甲子重編姬氏籙，丙丁高拱老人星。讌開天上恩如海，年引寰中帝錫鈴。壽域無疆開浩蕩，春臺允洽慶康寧。稱觥慶逐簪裾末，九奏《韶》《誒》頷手聽。

其四

累洽重熙道德淳，萬方臣庶在鴻鈞。祥源地沃南陽菊，壽宇天培上古椿。耈造屢邀共杖典，華酺遠逮服疇人。欲知高厚何階荅，五福長歌保佑新。

【説明】

《千叟宴詩》載《王伯申文集補編》卷下。嘉慶元年正月初一，乾隆皇帝弘曆舉行授受大典，讓位於嘉慶皇帝顒琰。初四日，嘉慶皇帝在寧壽宮皇極殿舉行規模宏大的千叟宴。王引之作以上千叟宴詩志賀。

和朱文正公詩

山斗争推自昔年，儒宗事業日巍然。金蘭舊契追前哲，笥河先生與家大人至好。針芥新知認宿緣。班列瓊林承厚澤，境依冰署睹羣仙。簪毫侍從慚孤陋，善誘多方導路先。先生奉命教習庶吉士。

其二

榜逢甲乙再攀龍，先祖雍正甲辰會元、榜眼，父乾隆乙未殿試前十本進呈。七十年來説舊宗。幸奉師言知繼述，及第後見先生，蒙示以讀書敦品爲要，所重不在科名，因舉祖、父居官相勗。敢忘家範弛虔恭。廉隅砥礪思前輩，冠佩趨蹌等上雍。樗櫟散材承教育，喜分清蔭託喬松。

受業王引之謹和。

附録原作

朱　珪〔一〕

兩典春闈閱十年，文燈明似九枝然。南宮叨預門墻列，東觀重添翰墨緣。二酉琅函傳古義〔二〕，三山銀闕領羣仙〔三〕。應知道與甘盤並〔四〕，舊説原居傳説先〔五〕。

鑾坡三世慶登龍〔六〕，更喜追隨大雅宗。一代文章拜韓愈，碩儒講授奉丁恭〔七〕。登山路幸窺兜率〔八〕，得舉年纔在著雍〔九〕。所冀殷勤培弱植，樗材許似手栽松。

【説明】

詩載《王伯申文集補編》卷下。嘉慶四年，王引之試禮部中式，獲見會試主考官朱珪出闈後所賦詩兩首，步原韻和之。

【校注】

〔一〕朱珪：朱筠之弟。王引之嘉慶四年試禮部中式，出朱珪門下。

〔二〕二酉：湖南沅陵縣西北有大酉山、小酉山，傳説山洞中藏書千卷。見《太平御覽》卷四九引《荆州記》。　琅函：書匣。

〔三〕三山：傳説中的方壺、蓬萊、瀛洲三座神山。

〔四〕甘盤：商王武丁賢臣。《書·兑命下》：「台小子舊學于甘盤。」

〔五〕傳説：殷王武丁時相，見《史記·殷本紀》。

〔六〕鑾坡：唐代德宗朝曾移學士院於金鑾坡上，後世遂以鑾坡稱翰林院。見宋葉夢得《石林燕語》卷五。

〔七〕丁恭：漢代經師，傳《公羊》嚴氏學，學生衆多。見《後漢書·儒林傳》。

〔八〕兜率：佛教稱欲界六天中第四天爲兜率天，知足之意。

〔九〕著雍：《爾雅·釋天》：「太歲在戊曰著雍。」

應制分韵詩一首 嘉慶甲子年二月，得「竭」字。

寅賓暢景風，卯冒開如月。劍佩繞瀛洲，和鸞鳴鳳闕。御書上棟懸，雅吹中庭發。洗斝酌金罍，揮箋染蒼笏。賡歌和曲成，睿藻欽昭揭。砥礪答殊恩，力願股肱竭。

應制聯句

唐虞典謨紀伊嬀。侍講臣王引之。

嘉慶甲子年恭和御製幸翰林院錫晏禮成後得長律二首命諸王及分韵諸臣均元韵侍講臣王引之

青輅鳴鑾涖玉堂，祇崇先聖式宮墻。天厨賜膳餐全授，春醴流芬觶共揚。鵷序從容端黼黻〔一〕，龍書飛舞焕文章。更欽睿藻垂謨範，詞詠湠然軼大唐。

其二

蓬瀛重際閼逢年〔二〕，周九欣符甲後先。國爲儲才遵舊典，人思礪品繼前賢。席間湛露浮堯酒，琴上薰風入舜絃。簡拔深恩慚未報，濡豪又荷寵光宣。

【説明】

以上載《王伯申文集補編》卷下。嘉慶九年甲子二月三日，清仁宗幸翰林院，賜宴於稽古論思堂，演樂三部，與詞臣效柏梁體聯句，引之與焉。又以唐人張説字道濟。《東壁圖書府》五律分韻賦詩，引之得「竭」字。所有分韻詩，載《詞林典故》卷十一、十二、十六。詳情見《仁宗實録》卷一二三。

【校注】

〔一〕鵷序：喻朝官行列，亦喻朝官。

〔二〕閼逢：《爾雅・釋天》：「太歲在甲曰閼逢。」

辛未仲秋隨蹕灤河與聶京圃宫贊同奉命敬編避暑山莊所藏高宗純皇帝御筆〔一〕謹依年月爲次時總其成者相國聽泉夫子〔二〕内府大臣徵時若先生〔三〕襄其事者關巖齋總管也〔四〕榮幸之餘詩以誌焉

奎文萬古曜仙莊，雲漢昭回耿烈光。五十八年垂翰墨，自乾隆六年高宗純皇帝駕幸避暑山莊，至嘉慶三年，凡五十八年。三千餘軸彙琳瑯。鍾王筆法歸陶鑄，李杜詩篇失混茫。鳳輦於今臨玉塞，宸章巍煥似先皇。

右一。

九重温語自天聞，篇帙縱横命細分。恭奉聖諭，長條、横披、斗方、楹聯、匾額各以類分。幸喜管中窺日月，妙從紙上望煙雲。函開五集真無外，帖比《三希》迥出群〔五〕。況有丹青超色象，高宗純皇帝御筆花卉神妙非常。羲圖數幅燦龍文。

右二。

楓葉如花八月天，八月山莊已有紅葉。紀恩堂外伴羣仙。台星垂曜中朝望，謂聽泉夫子。霽月舒懷内宰賢。謂時若先生。總管威儀從此近，謂巖齋總管。右丞著作導吾先。謂京圃宫贊。自慚朽鈍如疇昔，仰戴堯章讀未全。

右三。

【説明】

詩載《王伯申文集補編》卷下。嘉慶十六年八月，王引之受嘉慶帝差派隨幸木蘭，留駐熱河，今河北承德。偕同聶鎬敏編避暑山莊所藏高宗宸翰三千餘軸，有《留駐熱河蒙恩自行營頒賜鹿肉恭紀》、《恭和〈御製謁明陵八韻〉元韵》等詩多首。

【校注】

〔一〕聶京圃：聶鎬敏，字豐陽，號京圃，清代湖南人。有《賜書堂經進初稿》等。

〔二〕聽泉：慶桂，見《清史稿》列傳一百二十八。

〔三〕徵時若：似爲敬徵？——一八五一，清朝宗室。

〔四〕關巖齋：不詳。

〔五〕三希：《三希堂法帖》，清高宗敕梁詩正等輯，有内府本。

留駐熱河蒙恩自行營頒賜鹿肉恭紀

獻豜曾未表愚誠〔一〕，嘉味偏承寵賚明。麌麌原從天子所，芬芬竟作小人羹。素餐久負懸貆誚〔二〕，下拜真同賜胙榮。謝表修來行自愧，殊恩何以答生成！

右一。

冰紗憶昔被榮施，甲子年恭寫御製詩〔三〕，蒙賜紗一匹。此日承恩更不期。香繞白茅登受處，膏流玉筯飽餐時。匪頒正值三驅返，纂輯彌慙十日遲。時奉命恭輯高宗純皇帝御筆，十日甫竣。望闕四人同叩首，同被賜者慶聽泉夫子、徵時若先生、聶京圃宮贊。賜腥何幸沐洪慈！

右二。

【説明】

詩載《王伯申文集補編》卷下。作於嘉慶十六年辛未。王引之參與編輯乾隆帝御筆，十日告竣，得嘉慶帝自熱河行營頒賜鹿肉，賦詩謝恩。

【校注】

〔一〕獻豜：又作「獻豣」，《詩・七月》：「獻豜于公。」

〔二〕懸貆：《詩・伐檀》：「不狩不獵，胡瞻爾庭有縣貆兮？」

〔三〕甲子：嘉慶九年。見《應制分韻詩》説明。

題阮梅叔《珠湖垂釣圖》〔一〕

此老才華下水船〔二〕，一蓑一笠釣秋煙。米家書畫誇虹貫，可似珠光夜燭天。

其二

臨淵豈爲羨魚來，水闊波平眼界開。占斷湖光三十六，滿船明月載詩回。

其三

日暮船頭理釣絲，閑情惟有白鷗知。慣從秋水菰蒲外，領取中流自在時。

其四

我家舊住甓湖濱，卅載京華滯此身。辜負蓴鱸好風景〔三〕，讓君獨作釣魚人。

【説明】

詩載《王伯申文集補編》卷下。道光元年六月，王引之充任浙江恩科鄉試正考官。九月，王引之過揚州，阮亨出示《珠湖垂釣圖》。王引之受其請，賦詩四首。

【校注】

〔一〕阮梅叔：阮亨，字仲嘉，號梅叔，阮元從弟。

〔二〕下水船：喻才思敏捷。見《唐摭言》卷十三《敏捷》。

〔三〕蓴鱸：「蓴羹鱸膾」之省略，指辭官歸鄉。見《晉書·張翰傳》。

菊花恭集《御製詩初集》〔一〕

菊有黄花乍吐菲，《御製詩初集》卷七《秋日長春仙館》。清姿對雪添幽秀。《御製詩初集》卷八《盆菊》。餐英還步列仙蹤，《御製詩初集》卷八《盆菊》。山體亦如仁者壽。《御製詩初集》卷五《對山齋》。殿秋相伴御袍黃，《御製詩初集》卷二十四《題董誥花卉二十四幅（三逕凌冬）》。冷豔無心傲勁霜。《御製詩初集》卷六《探菊》。花品真堪百壽友，《御製詩初集》卷八《盆菊》。應偕月桂祝無疆。《御製詩初集》卷六《陸治仙圃長春》。

長春花恭集《御製詩初集》

巖館虛明勝概藏，《御製詩初集》卷四十五《雨香館》。御園秋末有餘芳。《御製詩初集》卷七《芰荷香》。此花常作壽者相，《御製詩初集》卷十《含碧堂玉蘭歌》。可識仙寰歲自長。《御製詩初集》卷七《芰荷香》。雲根獻瑞超凡卉，《御製詩初集》卷二十二《桂》。淺絳深紅著色勻。《御製詩初集》卷十六《宏秋山紅樹》。種植總蒙恩浩蕩，《御製詩初集》卷一《彙芳書院》。太平天下萬年青。《御製詩初集》卷一《上元燈詞》。

【說明】

詩載《王伯申文集補編》卷上。前首詠菊花，次詠長春花。未詳集於何年。

【校注】

〔一〕《御製詩初集》：四十四卷，清高宗弘曆撰，在《四庫全書·集部別集類》。

海棠二首

淡抹臙脂樹幾株，可人丰韻是名姝。曉來試向東風問，春睡連宵已足無。

其二

散花天女妙香饒，點染紅粧作意嬌。怪底拾遺詩不著〔一〕，傾城艷色本難描。

【説明】

二首載《王伯申文集補編》卷下。

【校注】

〔一〕底，猶何。　拾遺，指杜甫，杜甫曾拜右拾遺。

題程君畫花卷

程君好花兼如石，收得雲霞到縑帛。半壁高翻火齊紅，凌空碎漾琉璃碧。葉低枝弱春風狂，香泥文石圍花側。瘦石一尺相扶持，玲瓏綽約兩無匹。斜交月影浮昏黄，豐臺歲歲鐃嘉植。天工不及人巧多，對此黯澹翻無色。

【説明】

詩載《王伯申文集補編》卷下。程君爲誰，作於何年，均未詳。

嘉慶會試策問

第一問 嘉慶丙辰 恩科會試薦卷

文章之道，與世運爲升降者也。世運升則文亦從而升，世運降則文亦從而降。三代㠯上多質實之言，三代㠯下多浮夸之説，無它，升降爲之也。學者自束髮受書㠯來，莫不欲含英咀華，傳之後世。而苟不本之六經㠯求其旨，參之列史㠯觀其迹，縱之諸子㠯究其詳，顯之發政治之要，微之闡性命之精，未有立言而可㠯不朽者也。蓋上古未嘗有文字也，結繩而治，天下安之。自庖犧氏之王天下也，仰㠯觀於天文，俯㠯察於地理，觀鳥獸之文與地之宜，近取諸身，遠取諸物，於是始作八卦，㠯通神明之德，㠯類萬物之情，而文字生焉。倉頡因之，㠯爲六體：曰象形，曰會意，曰諧聲，曰轉注，曰指事，曰假借。所謂「後世聖人易之㠯書契，百官㠯治，萬民㠯察」者，此也。自是㠯後，典謨繼起，誓誥載興，虞、夏之書渾渾爾，商、周之書噩噩爾。迄今讀孔壁之所出，伏生之所傳，未嘗不歎二帝三王之心法、治法咸於是乎在也。言性始於《湯誥》，言仁始於《仲虺之誥》，言誠始於《太甲》三篇。執中之戒則出於堯也，喜起之歌則傳於舜也。斯非其尤大彰明較箸者歟？乃若湯之銘，《大學》載之；武之銘，《大戴禮》記之。文王之彖辭，所㠯闡伏羲之藴；周公之爻辭，又所㠯發文王之詳。至於纂修删訂，集文章之大成，則斷推孔子。孔子扶世翼教之書，莫大於《春秋》，文成數萬，其指數千，豈非治與道一發而爲文者乎？乃微言絶，大義乖，縱橫捭闔之言起而文一變，刑名、法術之説興而文又一變。其差近於古者，惟西漢諸家。賈之茂，董之醇，劉之質，揚之奥，皆其選也。降而至於魏、晉之清談，齊、梁之靡麗，而壞亂極矣。非擇精語詳之韓愈，孰從而起八代之衰哉？然愈之文亦有可議者，如《上宰相書》、《上李實書》是也。即其它篇之醇者，莫如《原道》，而博愛之謂仁，未足㠯盡仁之全，誠有如宋儒所譏者。宋文之醇者，首曰歐、曾、半山、老泉、東坡、潁濱〔一〕，各有優劣。是知文㠯明道，非道則文不傳。而陸機之《文賦》、劉勰之《文心雕龍》所論，皆非其至者也。我皇上學問深沈，原流畢貫，《御製文初集》訓行已久，近復成《二集》〔二〕，廣大精微，豈管窺者所得而測也哉？

第二問 嘉慶丙辰　恩科會試薦卷

大禮與天地同節，大樂與天地同龢，故聖人制禮目配地，作樂目應天。禮樂明備，天下官矣。樂也者，音之所由生也，其本在人心之感於物也。感於物而動，故形於聲。聲相應，故生變，變成方，謂之音。比音而樂之，及干戚羽旄，謂之樂。古今目來，歷歷可考也。《周禮》：「大司樂掌成均之灋」，「目樂德教國子：中、龢、（祗）〔祗〕、庸、孝、友；目樂語教國子：興、道、諷、誦、言、語；目樂舞教國子：〔舞〕《雲門》、《大卷》、《大咸》、《大磬》、《大夏》、《大濩》、《大武》。」凡樂，「孤竹之管，雲龢之琴瑟，《雲門》之舞」，「於地上之圜丘奏之。若樂六變，則天神皆降，可得而禮矣。」「孫竹之管，空桑之琴瑟，《咸池》之舞」，「於澤中之方丘奏之。若樂八變，則地示皆出，可得而禮矣。」匪直此也，「太師掌六律、六同，目（辨天地四方）〔合〕陰陽之聲。陽聲：黄鍾、太簇、姑洗、蕤賓、夷則、無射。陰聲：大吕、（夾）〔應〕鍾、（中）〔南〕吕、（林）〔函〕鍾、（南）〔小〕吕、（應）〔夾〕鍾。皆文之目五聲：宫、商、角、徵、羽。皆播之目八音：金、石、（絲竹匏）土、革、〔絲〕、木、〔匏、竹〕。」蓋律吕之重久矣。今夫律吕，昉於何代哉？昔者黄帝使伶倫採嶰谷之竹，截爲十二筩，目應十二律而吹之，則律吕始於黄帝矣。後世詳其説者，則有史遷之書。至《禮運》曰：「五聲六律十二管，（旋）〔還〕相爲宫也。」《月令》則目十二律分配於十二月，此旋宫之法，《月令》之用也。若夫律吕之調其字色，則有工字焉，有尺字焉，有高字焉，有凡字焉，有合字焉，有五字焉，有四字焉，有乙字焉，皆與宫、商、角、徵、羽相應者也。然宫、商、角、徵、羽皆起調，而唯變宫、變徵不起調。《太常寺樂譜》曰：「于簫除尺字，于笛除合字。」即此之謂也。抑又考之七調之中，有用半者，有用倍者。用半之過高，固不如用倍之合乎中也。由是言之，不㠯六律不能正五音。雖師曠之聰，安能舍此而言知樂哉？今聖主聲律，身度心契樂原譜，抑戒爲經筵燕樂，譜《棫樸》、《兔罝》爲文武賓興燕樂，皆三代㠯下所未嘗被之律吕者，而我朝獨臻其盛。將鳳儀獸舞之隆，不過如是而已，猗與庥哉。

第三問　嘉慶丙辰　恩科會試薦卷

學者載籍極博，猶考信於六〔三〕，則經訓者，學問之大原也。而要其義理之淵深，悉寓於文辭之古奥。欲通一書之旨，必始於通一篇；欲通一篇之旨，必始於通一章；欲通一章之旨，必始於通一句；欲通一句之旨，必始於通一字。積字㠯成句，積句㠯成章，積章㠯成篇，積篇㠯成書，然後詞無不達而理無不明，則文字之宜正久矣。自古文字皆書之於簡，《聘禮》「百名㠯上書於策，不及百名（㠯上）書於方」是也。簡之多者則貫㠯韋，孔子讀《易》至於韋編三絶是也。《曲禮》所謂「史載筆」，《考工記》所謂「築氏爲削」，皆指書之之器而言。其曰「筆則筆，削則削」者，蓋一物而二名也。然其爲道也，勞而難成，故傳於後世者亦往往而有錯簡焉。其後遭祖龍之燄焚燒，古籍百無一存。間有記誦其辭者，亦僅得之口授，如伏生口授《尚書》二十八篇於鼂錯，已無明文可據，錯又不能盡通齊語，其謬誤遂無從正焉。武帝、宣帝吕後，諸經皆立於學宫，然亦未有石經之刻也。至東漢時始創置石經，蔡中郎手訂其文，鴻都之中，觀者填咽街市。所謂鴻都經者，此也。唐石經至今尚存，其文間與陸德明《經典釋文》有互異者。宋亦有石經之刻而不全。歷代吕來，皆可考而知也。槧板之法自五代而始出，用力少而成功多，較之傳寫之難，相縣萬萬。自宋吕後，沿之爲監本，非所爲垂聖籍吕同文，貽後學之法守者乎？所吕則古之儒，稱先之士，訪求乎遺碣，味玩乎殘碑，爲之稽其存毀之秊，紀其完闕之日，同者傳信，異者傳疑，字句必正其訛，點畫必糾其謬也。方今文治崇經，重刻宋岳珂五經本，多與石經古文相合，寶書秘籍，嘉惠士林。凡沐浴涵濡者，孰敢鶩淹通而遺訓詁哉？

第四問 嘉慶丙辰　恩科會試薦卷

鄉飲酒之禮，或三秊而一飲，或一秊而再飲，或一秊而一飲。《鄉大夫之職》曰：「三秊則大比，書其德行、道藝，而興賢者、能者。鄉老及鄉大夫率其羣吏，吕禮禮賓之。」此三秊而一飲者也。《州長》：「春秋㠯禮會民而（設）〔射〕於州序。」此一季而再飲者也。《黨正》：「國索鬼神而祭祀，則㠯禮屬民，而飲酒於序。」此一季而一飲者也。其謂之鄉飲酒者，㠯其爲鄉大夫之賓興也。州長之習射，黨正之祭蜡，亦謂之鄉飲酒者，先儒㠯爲或鄉大夫居此也，或鄉大夫來觀禮，故㠯名之也。顧或者謂鄉人聚會皆當行此禮，則又不容㠯一格拘也。乃若鄉飲酒之賓主易知也：其爲鄉大夫之賓興，則鄉大夫爲主人而賢者爲賓；其爲州長、黨正之會飲，則州長、黨正爲主人而擇其中之賢者㠯爲之賓。其大較矣。賓主、介僎之義，則莫備於《鄉飲酒義》一篇。賓主，象天地也。三賓，象三光也。讓之三也，象月之三日而成魄也。四面之坐，象四時也。天地嚴凝之氣始於西南而成於西北，此天地之尊嚴氣也，此天地之義氣也。天地温厚之氣始於東北而盛於東南，此天地之盛德氣也，此天地之仁氣也。主人者尊賓，故坐賓於西北。賓者，接人㠯義者也，故坐於西北，而坐介於西南，㠯輔賓。主人者，接人㠯仁㠯德厚者也，故坐於東南，而坐僎於東北，㠯輔主人也。《鄉飲酒義》所言者，皆鄉飲酒禮之經文，其儀節大畧相同。所可異者，三豆、四豆、五豆、六豆，《儀禮》獨無其文也。説者謂此亦《儀禮》之文，而今佚其篇，理或然矣。鄉飲之樂，其六笙。《詩》小序皆云「有其聲而亡其辭」，朱子讀「亡」字爲「無」，㠯爲本無其辭也。張子㠯爲既無詩〔四〕，安得有此篇？必有其辭。嚴氏㠯爲本無其辭〔五〕，何由有義？蓋仍作如字讀。由今論之，《詩》㠯言志，無辭，何㠯爲言？誦《詩》三百，無辭，何㠯能誦也？逸《詩》如《貍首》、《新宫》、《驪駒》〔六〕，本無其辭，或未可知，安得舉不逸者一概而論乎？張子、嚴氏之説爲長矣。皇上特重耆老，引養引恬，《御製筀詩》〔七〕，超軼《雅》、《頌》。近命於鄉飲酒歌之。聞者，孝弟之心油然而生，真觀於鄉而知王道之易易也。

第五問 嘉慶丙辰　恩科會試薦卷

蓋聞聖王在上而民不凍飢者，非能耕而食之、織而衣之也，爲開其資財之道也。故堯、禹有九季之水，湯有七季之旱，而國無捐瘠者，㠯蓄積多而備先具也。考之《周禮》：遺人掌邦之委積，㠯待賜予。鄉里之委積，㠯賙萬民之艱阨。四郊之委積，㠯養老孤。野鄙之委積，㠯待凶荒。甸稍之委積，㠯待賓客。縣都之委積，㠯待羈旅。而倉人則主藏穀，廩人則主藏米。蓋倉人、廩人，掌入者也。遺人，掌出者也。其入也，即㠯爲出之地。而其出也，不踰其入之經。豈不法良而意美也哉？且夫積貯者，天下之大命也。古者（冢）〔冢〕宰制國用，必於歲之杪，五穀皆入，然後制國用，㠯三十季之通量入㠯爲出，三季耕必有一季之食，九季耕必有三季之食。雖有凶旱水溢，民無菜色，然後天子食，日舉㠯樂。若是者何也？君㠯民爲本，民㠯食爲天。先留其有餘，乃能時濟其不足；預防其不足，乃能常保其有餘也。夫是㠯三代之時，民雖窮於歲而不窮於君，雖歉於家而可資於國。疲癃殘疾不必寄食於民，而有恃㠯不匱。鰥寡孤獨不必日訴於上，而自有㠯相賙。無它，積貯之道得，而有備者無患也。蓋積貯有存於國者，即有存於民者。《詩》有之曰：「亦有高廩，萬億及秭。」又曰：「乃求千斯倉，乃求萬斯箱。」又曰：「我倉既盈，我庾維億。」蓋其存於民者也。有存於國者，而下無屢窮之勢；有存於民者，而上無易盡之施。此《月令》之所㠯修竇窖囷倉，《旅師》之所㠯有鋤粟、屋粟、閒粟也。乃若漢永平之立常平，唐元龢之行龢糴，皆利一而害十者，夫何足言？皇上誠殷保赤，政裕養民，不惜重帑，不遺餘策。當萬寶豐登之時，爲四鬴恒足之計，斯與民㠯盈寧之樂矣。

【説明】

五份會試薦卷，原載《高郵王氏家集・王文簡公文集》卷七。各卷首題「嘉慶丙辰，恩科會試薦卷」。考王引之中式在嘉慶己未，「丙辰」殆其孫王恩沛誤記。又羅振玉《王文簡公文集目・後識》云：「舊刻文集尚有《己卯會試策問》、《辛巳浙江鄉試策問》、《乾隆乙卯恩科鄉試對策五道》、《嘉慶丙辰會試對策五道》、《爾雅説文釋》、《鹽筴考》，凡六篇。以或係代作，或係場屋不經意之文，故此刻悉行删去。其可確信爲公作者，則編入附録云。」此後，劉盼遂亦未録入《王伯申文集補編》。羅氏删之無據，今録入《合集》以備考稽。標題係筆者所加。

【校注】

〔一〕歐：歐陽修。　曾：曾鞏。　半山：王安石，號半山。　老泉：蘇洵，自號老泉。　東坡：蘇軾，號東坡居士。　潁濱：蘇轍，晚號潁濱遺老。

〔二〕《御製文初集》，三十卷，録文五百七十餘篇，分十九門；《二集》，四十四卷，録文四百一十餘篇，分二十三門。均清高宗弘曆撰，有《四庫全書》本。尚有《三集》、《餘集》。

〔三〕「六」下殆缺「書」字。

〔四〕張子：張載，有《經學理窟》，見《四部備要》。

〔五〕嚴氏：嚴粲，見《詩緝》卷十七。有《四庫全書》本。

〔六〕逸《詩》：見《詩譜序》正義。

〔七〕《御製笙詩》：笙詩本指《小雅》中《南陔》、《白華》、《華黍》、《由庚》、《崇丘》、《由儀》等六篇，「有其義而亡其辭」。此六篇，鄉飲酒及燕禮用爲樂章，吹笙以播其曲，故名。清代《御製笙詩》，應即清高宗《御製詩》。

廷對策　嘉慶己未一甲第三名

臣對：臣聞懋修者，建極之基也；官人者，致治之本也；嚴辨莠良者，世風之所㠯丕變也；敦崇節儉者，民用之所㠯常饒也。夫惟聖人在上，正朝廷㠯正百官，正百官㠯正萬民，正萬民㠯正四方。四方正，遠近莫敢不一於正，而要必自正心始。是㠯商有遜志時敏之誥〔一〕，周陳克知灼見之謨〔二〕。詰姦正暴之防，周於四閭五族；慎財節用之制，統乎耕九餘三〔三〕。正學術而端吏治，除奸慝而化浮華。古之所㠯仁風旁流，誼方遠播，德化光四表，聲靈震六區者，用是道也。欽惟皇帝陛下，孝恩錫類，令德宜民。戒言祥瑞，勵惟敬作所之心；禁獻珍奇，崇㠯善爲寶之訓。固已形端而表正，大法而小廉。於變時雍〔四〕，而小人知革面；黜浮崇樸，而兆民慶厚生矣。乃聖德淵沖，勤求彌切，猶㠯典學察吏、禁暴止奢之要，進臣等於廷而策之。臣自揆愚陋，何足㠯語此！顧當對揚伊始之時，念先資拜獻之義，敢不敬述所聞，㠯効芻蕘之一得乎？伏讀制策有曰：「溯聖學之源者，必推精一危微十六言〔五〕，古帝王不空言心也。」因而詢及性、命之指，治、平之術〔六〕。臣謹案：《虞書》「允執厥中」，實千古傳心之準，百王治世之經。載稽《論語》所紀，堯㠯是咨舜，舜㠯是命禹，遞相授受，罔不率由。蓋惟在上者，無黨無偏，而錫庶民之極；斯在下者，是彝是訓，㠯近天子之光。秉實心而行實政，先觀我而後觀民，固非空言心性所可同日語也。《易》爲盡性至命之書，而《大象》曰「君子㠯」〔七〕，或曰「后㠯」，或曰「先王㠯」。㠯者，用也。其道至顯，其功至切。小之貫乎日用飲食之恒，大之通乎天下國家之遠，六十四卦未有不切人事者。推而至於「箕子㠯之」、「文王㠯之」，皆主實事，不尚空談。倘好語精微，是道在邇而求諸遠矣。真德秀《大學衍義》一書，先㠯爲治之端，次㠯爲學之本，繼㠯四大綱：曰格物，曰致知，曰正心，曰誠意，曰修身，曰齊家。意在正本清原，故治、平之事畧而不及。其實治、平之事，亦不可畧，循序漸進，設誠致行，聖功王道，各有全量，此丘濬所㠯有《大學衍義補》之作也。宋儒程頤之言曰：「帝王之學異於儒生。蓋儒生之學，止於循習章句；帝王之學，務在得其要而已。」此至論也。仰惟聖學高深，原流交徹，固統千古之心法、治法，而一㠯貫之者矣。

制策又曰：「閭閻之休戚，恒視守令之賢否。」此誠愛育黎元之至意也。夫守令之官所使，承流而宣化也。《詩》曰：「愷悌君子，民之父母。」愷㠯强教之，悌㠯悦安之，使民有父之尊，有母之親。於此而有情迫事逼，激而上陳者，知其必不出此矣。若撫馭稍乖，控訴迭至，不懲之則不足㠯止刁風，懲之則又恐激衆怒。調劑之術，最難得宜，而其要不在於治訴官之民，而在於擇治民之官。誠使慈惠之長，忠厚之吏，勞來之，安集之，使皆畏其威，懷其德，雖有健訟之民，無所用其矯誣之説矣。是故選吏之爲要也。吏有廉吏，有能吏。廉吏或短於才，能吏或失其守。用之之道，在先責其操守，而後試其才能。夫弓調而後求勁焉，馬馴而後求良焉。枉戾之弓，由基不能㠯命中〔八〕；覂駕之馬，造父不能㠯致遠。用人之道，亦由是矣。雖然，安民之要在選吏，選吏之要又在擇大吏。大吏得人則舉劾公，舉劾公則吏皆知奉法。廉潔者不至中道而改操，貪汙者亦可回心而嚮善。所謂振裘必提其領，張網必舉其綱者，此物此志也。國家澄敘，官方至公至正，由督撫㠯至州縣，無不舉能其官，夫豈若漢之六條、唐之四善〔九〕，徒相求於法制之末而已哉？

制策又㠯天下之大，梟鸞并育，雖三代不能無奸民，而欲得稽察之術。夫稽察之術，必俟廉能之吏而後可行。不得其人，雖有善術，不能用也。何者？巽懦無能之官，知有邪教而不敢詰；貪惏無厭之吏，借止邪教㠯浚其膏。夫知有邪教而不敢詰，猶可言也；借止邪教㠯浚其膏，則激而生變矣。彼爲長吏者，名爲詰暴，實則受賕。民之無衣食者，雖真爲邪教，不妨赦而出之；民之有資産者，雖不爲邪教，亦必誣而陷之。官之囊槖日㠯飽，民之杼柚日㠯空，而又佐㠯胥吏之叫囂，加㠯地保之恐嚇，益㠯鄉里無賴之挾制，此民之所㠯激而生變也。故曰稽察之術，非責之廉能之吏不可。若夫偵其往來，察其集聚，則保甲之法足用也。兵不使與賊通，賊不使充兵役，則隊伍之飭必嚴也。雖然，此特治其末流耳。如求其本而治之，則必裕衣食之原、崇鄉黨之化而後可。《孟子》曰：「經正則庶民興，庶民興，斯無邪慝矣。」豈不信哉？

制策又曰：「風會所趨，人情争向。太平日久，踵事增華，則奢麗生焉。」而詢及撙節愛養之道〔一〇〕。臣謹案：《記》曰：「國奢則示之㠯儉，國儉則示之㠯禮。」蓋當物力豐盈之會，易長人情奢泰之萌。不有㠯節制之，則秏屈堪虞；不有㠯辨別之，則冒濫無等。《大學》之言生財也，曰「爲之者疾，用之者舒」。《孟子》之言爲治也，曰「食之㠯時，用之㠯禮」。是㠯古之聖人，明貴賤，辨等威，使上下有章而不可紊，隆殺有漸而莫敢干。非獨㠯定民志，亦㠯厚民生也。夫一人耕之，十人聚而食之；一人織之，十人聚而衣之，則所生者不支所用之費，所入者不敵所出之多。賈誼《陳政事疏》所謂「富人嘉會，錦繡被牆；賣僮之家，偏諸緣履」，誠有㠯見其漸之不可不防，而制之不可不定也。是惟冠婚喪祭酌其經，衣服飲食辨其制，則不期儉而自儉之道也，豈待一一爲之禁止，反致瑣屑煩擾乎？抑又聞之《春秋》「深探其本而返自貴者始」，則士大夫者，又斯民奢儉之所自來。近者則而效之，遠者望而慕之，不可不端其始也。仰惟聖天子躬行節儉，風示中外，宜乎薄海之内，恥纖靡而弗服，賤奇麗而弗珍哉！若此者，端主術則治協雍熙，正官箴則民言樂利。閭里無奸慝之擾，倉庾徵蓄積之饒，太平之基，萬世之利也。伏願皇上安益求安，治益求治。懋學而交修益切，誠民而大化彌昭，國家億萬秊無疆之慶在此矣。臣艸茅新進，罔識忌諱，干冒宸嚴，不勝占慄隕越之至。臣謹對。

【説明】

《廷對策》原載《高郵王氏家集》，羅振玉採入《王文簡公文集》卷四《附録》。王引之撰於嘉慶四年己未。

【校注】

〔一〕遜志時敏之誥：《商書·説命下》：「惟學遜志，務時敏，厥脩乃來。」孔傳：「學以順志，務是敏疾，其德之脩乃來。」

〔二〕克知灼見之謨：《周書·立政》：「亦越文王、武王，克知三有宅心，灼見三有俊心。」孔傳：「紂之不善，亦於文武之道大行，以能知三有居惡人之心，灼然見三有賢俊之心。」

〔三〕耕九餘三：《禮記·王制》：「三年耕，必有一年之食；九年耕，必有三年之食。」故《增廣賢文》曰：「耕三餘一，耕九餘三。找碗吃飯，恐怕天乾。」

〔四〕於變時雍：語出《尚書·堯典》。正義：「其萬國之衆人於是變化從上，是以風俗大和。」

〔五〕精一危微十六言：指《尚書·大禹謨》「人心惟危，道心惟微，惟精惟一，允執厥中」十六字。孔傳：「危則難安，微則難明，故戒以精一，信執其中。」宋明以來，儒生以爲十六字心傳。

〔六〕《周易·乾卦》：「乾道變化，各正性命。」孫穎達疏：「性者，天生之資，若剛柔遲速之别；命者，人所禀受，若貴賤壽夭之屬。」　治、平：即治國、平天下。

〔七〕《大象》：《周易》中總説一卦之象傳爲《大象》，分説一爻之象傳爲《小象》。明崔銑有《周易大象説》一卷，在《金聲玉振集》。

〔八〕由基：養由基，春秋時楚國大夫，以善射聞名，能百步穿楊。

〔九〕漢之六條：漢設刺史，以六條監察郡縣。《漢書·百官公卿表上》顔師古注引《漢官典職儀》：「一條，强宗豪右，田宅逾制，以强淩弱，以衆暴寡；二條，二千石不奉詔書，遵承典制，倍公向私，旁詔守利，侵漁百姓，聚歛爲姦；三條，二千石不恤疑獄，風厲殺人，怒則任刑，喜則淫賞，煩擾刻暴，剥截黎元，爲百姓所疾，山崩石裂，妖祥訛言；四條，二千石選署不平，苟阿所愛，蔽賢寵頑；五條，二千石子弟恃怙榮勢，請托所監；六條，二千石違公下比，阿附豪强，通行貨賂，割損正令。」唐之四善：《舊唐書·職官志二》：「凡考課之法，有四善：一曰德義有聞，二曰清慎明著，三曰公平可稱，四曰恪勤匪懈。善狀之外，有二十七最。」

〔一〇〕撙節：語出《禮記·曲禮上》。孫希旦集解：「有所抑而不敢肆，謂之撙；有所制而不敢過，謂之節。」後用指節省。

擬潘岳《藉田賦》嘉慶癸亥大考一等第三名。

維攝提指寅之月，日躔娵訾之軌〔一〕，皇帝冕而朱紘，親載耒耜，耕於國之震地〔二〕，郊之舊址，所以昭純孝而迎介祉也。先時九日，太史順時覛土，以周於縣鄙，見夫陽氣俱烝，土膏盡起，爰乃告於后稷而謁之天子，曰：「距今至於立春之始，農祥曜其光暉，天廟循其經紀。我其禋薦明神，親耕帝時，願諏吉而舉行，唯大典之可擬。」天子乃命開繡甸，建靈壇，儲黛輹乎中野，整青輅乎上蘭。疏轂行而迤邐，流蘇繞而曲蟠。戎士揚徽而翕赩，武夫戴鶡以盤桓。蓋棽麗而翼鳳，鈴振蕩而鳴鸞。羽騎騰驤於郊外，春旗摇曳於雲端。齋宮静而有侐，虔恪先乎百官。饗以縮茅之醴，醴以淅米之潘。被以龍衮之服，冠以通天之冠。驂乘則環夫蒲穀，先驅則導以躬瓛。是時也，瞽告有協風至，蓋君臣相説而上下交歡焉。遂乃倚翠帽，撫金較，御鑪馥以焚香，鉦鼓聲夫仙樂。望沃壤之迴環，聽流泉之瀺灂。遐阡亘夫溝涂，嘉種除夫稰穛。天子乃駐五輅，停六駮，爵列夫侯伯子男，聲動夫東西南朔。望日維昭，瞻雲有倬。譬若衆水之歸滄溟，羣山之繞岱岳也。於是履春疇，臨帝藉。原隰畇畇，其耕澤澤。撫御耒以三推，倡胼胝於主伯。公卿接踵而勤劬，士庶終耦而絡繹。遵五九於舊章，兆十千之峙積。開四壝以來饗，陟三階而昭格。徧黄壤與白墳，攬洪穈而弗釋。貴賤以班，一成不易。迄用康年，庶民悦懌。有饎夫、農正進而稱曰：「國以農爲重，民以食爲天。慶莫隆於多稼，瑞莫大於有年。矧惟千畝之地，鉤盾之田。帝之粢盛於是乎出，民之蓄庶於是乎全；財用繁殖之原於是乎在，敦厖純固之氣於是乎延。古先哲王肅然恪恭，震動蠖濩蜎蜎。惟夫所以祇事郊廟，貢釐垓埏，嘉薦普淖，豐潔豆籩者，唯是爲加虔焉。今聖上假於祖考，享祀吉蠲。稼穡維寶，三務不愆。率時農夫，於藉之畂。旼旼乎，穆穆乎，我后之恭敬神祇，貴農重穀，而身爲天下先也。」遂作頌曰：「倬彼甫田〔三〕，嘉禾攸樹。大君莅止，唯農是務。潔粢豐盛，永言思慕。上帝居歆，侯眷侯顧。我穀斯登，我苗咸布，我庾既盈，我倉維裕。於斯萬年，充我貢賦。」

【説明】

文載《王文簡公文集·附録》。嘉慶八年大考，欽命題《擬潘岳〈藉田賦〉》，王引之取一等第三名，擢侍講。讀此賦，可參閲《吕氏春秋·孟春紀》及高誘注。

【校注】

〔一〕首二句指正月一日。

〔二〕震，代指東方。

〔三〕見《詩·小雅·甫田》。

帝京賦 以「春色滿皇州」爲韻〔一〕。

有子墨客卿問於翰林主人曰〔二〕：「蓋聖清之受命也，握乾符，闡坤珍，承純佑，焕威神。仰應乎天，俯順乎人。卜瀋陽而運啓，都遼水而邦新。迄乎定鼎作邑，運斗居辰，燕山攸宅，薊土是因。體肅於秋，施温於春。主人聞其規模之廣大，制度之平均乎？」主人曰：「唯唯。於穆帝京，四方之則：背山面河，控南枕北；襟帶八紘，星羅九域。其前則九門碣石，環列而聳特也；其後則軍都興桓，交拱而崱屴也；其右則雁門代郡，内向而懷德也；其左則岱宗巨海，馳騖而來極也。聲動乎狼肮，威加乎卬僰，澤洽乎黄支，誠通乎烏弋。莫不陸讋水慄，奔走率職，斂衽稱藩，金聲玉色。蓋所以宅中圖大，隆上都而觀萬國爾。乃爰始爰謀，是度是斷。建金城而雲屯，流通池而澤滿。門載闢而巍巍，路經環而坦坦。閭閻羣聚，則紅塵相連；闤闠周通，則珍物無算。風淳乎州鄉，俗敦乎縣鄙。家富庶而雍熙，人歡欣而燕衎。於是抗玉殿與紫宫，啓珍臺與華館。登承露而宵涼，入宜春而晨煖。西清敞而典策盈，東壁開而圖書纂。禮園游端委之儒，樂府納昭華之琯。眇古昔而論都，實生民之所罕。天子乃撫京邑，播耿光；曰若稽古，敦睦辯章。致高煙乎郊畤，追孝養於烝嘗。夕月則禮崇少采，朝日則典重調陽。御經筵，則載宣彝訓；奮泰武，則躬飭戎行。金罍薦旨，玉瓚流芳。文同區宇，烈震遐荒。羣寮仰而歡抃，都人慕而樂康。蓋旼旼焉，穆穆焉，拜手而頌聖皇矣。」客於是耳回目駭，官止神留，卉然而稱曰：「大哉祖德，茂矣皇猷。擅奧區於陸海，扼形勝乎九州。廓聲靈於罔極，表控制於上游。地靈天錫，勳肇人謀。皇都有赫，萬邦咸庥。義方遐鶩，仁澤旁流。馭八荒而定宅，綿萬禩而作求。安邑小而莫比，蒲坂隘而難侔。又何有於龍興虎視，蹀秦而跨周也哉？」

【説明】

賦載《王文簡公文集・附録》，未詳年月。據王引之以翰林主人自比，疑作於嘉慶四年王引之入翰林院後。

【校注】

〔一〕唐人封敖、沈亞之、張嗣初都寫有《春色滿皇州》五排詩。此賦以此爲韻，故賦中用此五字爲韻脚。

〔二〕首句典出《漢書·揚雄傳下·長楊賦》。子墨客卿，泛指文士；翰林主人，王引之自比。此與揚雄同一手法。

聖駕臨幸翰林院禮成恭紀《聖孝符經論》一首

子墨客卿問於翰林主人曰：「蓋聞聖人之出治也，必將創制，顯庸淳曜惇，大摛之無窮，而光之罔極。是故堯曰『文思』，舜曰『文明』，禹曰『文命』；后稷有《思文》之頌，文王以文昭；至於成王而制禮作樂，雅頌以興，典章以備。故曰：『郁郁乎文哉。』郁郁者，文之茂也。然而祭禮之盛不過禘郊，軍禮之盛不過大閱，賓禮之盛不過會同，朝禮之盛不過宗遇，教讓之禮不過大射，典學之禮不過辟雍，頒政之禮不過明堂，省方之禮不過巡守。至於辛甲、尹佚之史，三皇五帝之書，豈無典籍之府，著作之庭，而盛典無聞，觴咏罕見，書缺有間與？抑遂古朴略之風未盡革與？今聖上德通神明，繼統揚業，區宇乂寧，仁洽道豐。迺遵成憲，申舊章，以周甲之年，如月吉亥，幸於翰林之署，酌金罍，傳玉爵，奏韶夏，邁英莖，倡以睿藻，繼以賡歌。卓哉煌煌，自古及今，未有若斯之盛者也。夫其所以若斯之盛者，何也？」主人欣然動容曰：「善，如爾之問也。夫天道至神也：發以春夏，斂以秋冬。燦乎星辰，炳乎日月。而其所以運行不息者，本乎健也。地道至廣也：停爲華嶽，流爲江河。植物斯生，動物斯育。而其所以厚德載物者，本乎順也。聖人之道至大也：其仁如天，其智如神。函之如海，養之如春。而其所以輔世長民者，本乎孝也。《書》曰：『立愛惟親，始於家邦，終於四海。』〔一〕《記》曰：『衆之本，教曰孝。』又曰：『正其本，萬物理。仁者，仁此者也；義者，宜此者也；智者，知此者也；禮者，體此者也；樂者，樂此者也。』〔二〕故知孝之大者，其知聖人之道乎！聖天子纘承丕緒，茂昭大德，措之而塞乎天地，溥之而横乎四海。無他，廣孝思也。惟孝，故能繼志。惟繼志，故能述事，以修前聖之業，以紹前聖之功，以裕前聖之鴻庥，八方之内，雍雍如也。太平之治洽，優游之望得，然後斟酌道德之淵源，敎覈禮誼之林藪，崇禮官，考文章，永世德而追來孝。此所以爲繼述之大成也，所以爲人倫之準的也，所以典文該洽爲古今之極盛也。」客曰：「聖德之本於孝，吾既得聞命矣。若夫聖孝之上際下蟠，發邇見遠者，吾猶未能偏舉也。吾子讀孔氏之書，述所聞，誦所學，講明高誼之日久矣，盍亦敷陳其略，使下走昭若發矇焉？」主人曰：「唯唯。

昔者，孔子藴大聖德，師表萬世，修《春秋》以正君臣父子之法，説《孝經》以明君臣父子之行。知其法者修其行，知其行者謹其法。故《孝經緯》曰：『吾志在《春秋》，行在《孝經》。』又曰：『《春秋》屬商，《孝經》屬參。』是知《孝經》與《春秋》，殊塗而同歸也。左氏受《春秋》於仲尼而爲之傳，身爲國史，躬覽載籍，則廣記而備言之，皆經國之常制，周公之成法。人事浹，王道備矣。夫聖人者，動作中道，從容中禮，不求合於聖經，而自無不合者也。蓋嘗折衷《孝經》，參考《春秋》，以證大聖之孝，與夫聖孝之見於行事者，若合符節，其揆一也。

謹案：《孝經》曰：『先王有至德要道，以順天下，民用和睦，上下無怨。』〔三〕釋之者曰：『天下之人被服其教也。』聖上觀我觀民，克順克比，豫順以動，故天地如之，而況羣臣百姓乎？故君子則同寅協恭，小人則睦婣任卹。普天之下，風動草偃，被上之德厚，若百穀之承膏雨，浡然而興，翕然而應，不知其所以然而然也，則至德要道以順天下者也。《孝經》曰：『愛敬盡於事親，德教加於百姓，刑於四海。』〔四〕釋之者曰：『刑，法也。君行博愛廣敬之道，當爲四方之所法則也。』聖上愷悌旁流，温恭允塞，有孚惠心，惟敬作所。是以民生敦厖，和同以聽，慈孝於父母，弟長於州里。愛親者不敢惡於人，敬親者不敢慢於人。是彝是訓，于帝其訓，爲法於天下，可傳於後世，未有大於此者，則刑於四海也。《孝經》曰：『夫孝，天之經也，地之義也，民之行也。天地之經而民是則之。則天之明，因地之利，以順天下。是以其教不肅而成，其政不嚴而治。』〔五〕釋之者曰：『因和以教愛，則易知而有親；因順以教敬，則易從而有功。』聖上量等乾坤，道參覆載，詔書數下而天下詠歌蹈舞，咸稱聖德之隆也。長吏奉行，而父老扶杖來游，皆慶德化之成也。此豈有政令發徵期會哉？又豈嚴刑峻法驅而迫之哉？下令於流水之源，而政成於置郵之速也，則不嚴而治，不肅而成也。《孝經》曰：『先之以博愛，而民莫遺其親。』〔六〕聖上躬行孝德，中心安仁，是以化行俗美，於變時雍。入則孝弟，出則尊長養老而教成矣，則先之以博愛也。《孝經》曰：『陳之以德義，而民興行。』〔七〕聖上建其有極，錫厥庶民，著之話言，陳之埶極，予之法制，告之訓典，道之以禮，則而後衆著於父子、尊卑、長幼之節矣。衆著於父子、尊卑、長幼之節而不興於仁者，未之有也，則陳之以德義也。《孝經》曰：『先之以敬讓，而民不争。』〔八〕聖上秉莊敬之心，表謙沖之度，型仁講讓，示民有常，是以六合之内靡不和寧。崇推讓之風，以銷分争之訟焉，則先之以敬讓也。《孝經》曰：『導之以禮樂，而民和睦。』〔九〕聖上大中至正，既和且平，聲爲律焉，身爲度焉。是以德暉動於内，而民莫不和敬；理發諸外，而民莫不和順也。而由是以禮教之中，以樂教之和，故其感之者易也，則導之以禮樂也。《孝經》曰：『示之以好惡，而民知禁。』〔一〇〕聖上旌别淑慝，樹之風聲，彰義癉惡，順天麻命，將以教民，平好惡而反人道之正也。故不賞而民勸，不怒而民威於鈇鉞，則示之以好惡也。《孝經》曰：『言思可道，行思可樂，德義可尊，作事可法，容止可觀，進退可度，以臨其民。是以其民畏而愛之，則而象之。』〔一一〕聖上發號施令，罔有不臧。出入居處，罔有不欽。其色郁郁，其德嶷嶷，其動也時，其服也士。脩身而天下服，則畏而愛之，則而象之也。《孝經》曰：『孝莫大於嚴父，嚴父莫大於配天。』〔一二〕聖上春秋匪懈，大禧是承。雨露既濡，則有怵惕之思；霜露既降，則有悽愴之感。郊祀宗祀，饗帝饗親，咸秩無文，肇稱殷禮，敬之至也，則嚴父配天也。《孝經》曰：『事父孝，故事天明；事母孝，故事地察〔……〕神明彰矣。』〔一三〕聖上小心翼翼，昭事上帝，燔於泰壇，瘞於泰折。故升中天而天神降，地祇出；享帝於郊而風雨節，寒暑時也，則天明地察也。所謂孝弟之至，通於神明，光於四海者，蓋如此。若其大經大法，考之於古，彌見孝思之不匱焉。謹案：《春秋》謂一元之意，視大始而欲正本也。《春秋》深探其本而自貴者始，故爲人君者，正心以正朝廷，正朝廷以正百官，正百官以正萬民，正萬民以正四方。四方正，遠近莫敢不一於正。是以天地順而四時當，民有德而五穀昌也。今歲在甲子，上同前聖。甲者日之元也，子者辰之元也。聖上位在德元，而備乾元之德，體衆善之長，上承天之所爲，而下以正其所爲，正孝道之端矣。故有崇儉之孝焉，有勵勤之孝焉，有官人之孝焉，有（誠）〔誠〕民之孝焉，有篤本之孝焉，有求善之孝焉，有奮武之孝焉，有揆文之孝焉。聖上御極以來，崇本黜末，爲天下先。不寶遠物，不貴異物。有以玩好入貢者，必下詔却之。所貴惟賢，所寶惟穀。是以四海之内謹身節用，恥纖靡而賤奇麗也。《春秋傳》曰：『儉，德之共也。』〔一四〕又曰：『夫德，儉而有度。』〔一五〕此之謂也。蓋崇儉之孝也。聖上法天行健，惟日孜孜，引對臣寮，披覽章奏，事無鉅細，皆秉睿思。自朝至於日中昃，自强不息，而又揆度周詳，貫徹終始。凡臣工襄贊所未及者，聖心已先及之。率作興事，屢省乃成，誠所其無逸者矣。《春秋傳》曰：『昧爽丕顯。』〔一六〕又曰：『君子朝以聽政，晝以訪問，夕以修令。』〔一七〕此之謂也。蓋勵勤之孝也。聖上旁求俊乂，迪簡百僚，敷奏以言，明試以功，而又黜陟幽明，有善必獎，有過必懲。特命大臣各舉所知，以襄治理。用是百工惟時，庶績咸熙，大法小廉，皆奉聖訓以爲程式。《春秋傳》曰：『舜舉八愷以揆百事，地平天成；舉八元使布五教於四方，内平外成。』〔一八〕又曰：『舉不失職，官不易方，爵不踰德。』〔一九〕此之謂也。蓋官人之孝也。聖上子惠庶民，邁恩種德，偶有偏災，亟籌賑卹，議蠲議緩，史不絶書，猶以爲未也。則又爲之清漕政之弊，浮收折色，在所必懲也；爲之重河防之築，發帑修隄，不惜重費也。伏讀《工賑紀事》一書，想見視民如傷之隱焉。《春秋傳》曰：『上思利民，忠也。』〔二〇〕又曰：『柔遠能邇，平之以和也。』〔二一〕此之謂也。蓋誠〔民〕之孝也。聖上敦叙九族，恩明意美，屬在天潢，皆承渥澤，而又廣仕進之路，使得争自濯磨。故其英俊之流成進士入詞垣者，彈冠相慶也。

夫親親，故尊祖；尊祖，故敬宗；敬宗，故收族；收族，故宗廟嚴；宗廟嚴，故社稷重；社稷重，故愛百姓；愛百姓，故刑罰中；刑罰中，故庶民安；庶民安，故財用足；財用足，故百志成。其所因者本也。《春秋傳》曰：『庸勳親親，暱近尊賢，德之大者也。』〔二二〕又曰：『葛藟猶能庇其本根。故君子以爲比，親之以德，皆股肱也。』〔二三〕此之謂也。蓋篤本之孝也。聖上廣開言路，公聽並觀。在廷諸臣，剴切指陳者，咸蒙聽納矣。乃至草茅之士，詣闕陳書，苟有一言之善，亦必奬勵之，褒賞之，以爲敢言者勸。況復仰觀天象，俯酌民言，開導求諫，虚心延訪。縱使敷陳鮮當，劾奏已虚，而訓飭之中，猶寓寬容之意。所以讜言懿論，咸含和而吐氣也。《春秋傳》曰：『訪問於善爲諮。』〔二四〕又曰：『自王以下，各有父兄子弟補察其政，史爲書，瞽爲詩，工誦箴諫，大夫規誨，士傳言，庶人謗，商旅于市，百工獻藝。』〔二五〕此之謂也。蓋求善之孝也。聖上誕展威棱，恭行天討，命帥整旅，捷奏頻書。凡勦撫機宜，皆仰承睿略，用集鴻勳，而巽命重申，必稱天考垂祐，天下仰純孝焉。是以歲屆壬戌，三省底定。至於癸亥之冬，經略親上印信，以告太平。當是時也，銷烽徼塞，偃伯靈臺，走馬卻以糞車，兵甲藏之府庫，示天下弗復用武矣。《春秋傳》曰：『夫文，止戈爲武。』〔二六〕又曰：『夫武，禁暴、戢兵、保大、定功、安民、和衆、豐財〔者也〕。』〔二七〕此之謂也。蓋奮武之孝也。聖上嘉惠儒林，譽髦斯士，庚申、辛酉，特廣鄉會，恩科每至，春官試士，金殿掄才，簡拔之數必踰往昔，入詞館者多至九十餘人，少者亦不下七十餘人，濟濟多士，稱極盛焉。又於臨幸翰林之前一年，特諭太學敦崇教化，申命學政謹庠序之教，六合同風，九州共貫，炳炳麟麟，不亦懿與！《春秋傳》曰：『敬教勸學。』〔二八〕又曰：『其士競於教。』〔二九〕此之謂也。蓋揆文之孝也。夫崇儉，孝之守也；勵勤，孝之行也；官人，孝之用也；誠民，孝之施也；篤本，孝之實也；求善，孝之著也；奮武，孝之崇也；揆文，孝之成也。而揆厥所由，則曰愛，曰敬。愛、敬之至而施於政教，以順天下，則先以博愛，陳以德義；先以敬讓，導以禮樂，示以好惡。至於言可觀，行可樂，德可尊，事可法，容止可觀，進退可度，動容周旋中禮者，皆孝之徵也。配享上帝，天明地察，行乎陰陽而通乎鬼神，窮高極遠而測深厚，皆孝之致也。《孝經援神契》曰：『天子孝曰就。』言德被天下，澤及萬物，始終成就，榮其祖考也。今聖德光被四表，茂育庶類，其爲成就也大矣。於茲乎右文稽古，昭光振耀，高宗作之，我后述之。六十年來，後先相望，永保鴻名，而長爲稱首。夫如是，榮之至也。《易大傳》曰：『聖人之情見乎辭。』〔三〇〕伏讀聖諭，有曰『上繼前徽，恩榮藝苑』，蓋惟孝爲競競焉。夫孝，德之本也，教之所由生也。故曰聖人之德，無以加於孝乎！今子際古今之極盛，而不考其本，故不能徧觀而盡識也。民無能名，而知德者鮮矣。」客既醉於大道，飽於文義，迺喟然而稱曰：「至哉，聖人之道乎！下走學識檮昧，未足究萬分之一。

今聞吾子之言，迺知大聖之達孝，咸在乎此。」是宜恭紀典訓，與《孝經》並垂。因述法制政令，繫日繫月，作春秋一蓺，傳之將來，俾萬世常戴巍巍，履翼翼，蜚英聲，騰茂實，斯天下之上則也，豈不盛哉！

【說明】

文載《王文簡公文集》卷一，作於嘉慶九年。此文證嘉慶帝孝行即「聖孝」。契合《孝經》經旨。即「符經」。

【校注】

〔一〕見《尚書·伊訓》。

〔二〕見《禮記·祭義》，文字稍異。

〔三〕見《孝經·開宗明義章》。

〔四〕見《天子章》。

〔五〕〔六〕〔七〕〔八〕〔九〕〔一〇〕見《三才章》。

〔一一〕〔一二〕見《聖治章》。

〔一三〕見《感應章》。

〔一四〕見《左傳·莊公二十四年》。

〔一五〕見《桓公二年》。

〔一六〕見《尚書·太甲上》。又《禮記·內則》：「昧爽而朝。」此引誤記爲《春秋傳》。

〔一七〕見《左傳·昭公元年》。
〔一八〕見《文公十八年》。
〔一九〕見《成公十八年》。
〔二〇〕見《桓公六年》。
〔二一〕見《昭公二年》。
〔二二〕見《僖公二十四年》。
〔二三〕見《文公七年》。
〔二四〕見《襄公四年》。
〔二五〕見《襄公十四年》。
〔二六〕〔二七〕見《宣公十二年》。
〔二八〕見《閔公二年》。
〔二九〕見《襄公九年》。
〔三〇〕見《周易·繫辭下》。

聖駕臨幸翰林院禮成恭紀《演連珠》三十首〔一〕

臣聞披繩握紐，道在體玄；醲化懿綱，法歸由舊。是以聖作明述，證治法於面稽；文在揆同，協傳心於口授。

臣聞壹壼垂象，閶闔陽開；功叙攸同，幅幀圜式。是以乾元見則，嘉會聿啓文明；次九承休，嚮福用敷作極。

臣聞璿璣斡運，帝政聯衡；坏治胥陶，天臨共鏡。是以辰居宰化，重熙同出丙之徵；子惠孚祺，宣光符先甲之盛。

臣聞天心静運，道藴冬中；帝志動徯，澤隨春布。是以文謨丕顯，迓來復於黄鐘；成式善承，普大觀於青輅。

臣聞熊泉奏凱，罍治溉中；丹水蕩氛，堯章殷正。是以干戈倒載，西師歡鐃吹之聲；縹幣臚庭，東觀仰鑾臨之慶。

臣聞響發春霆，傳聲幽谷；精舒晴旭，丕冒遐陲。是以品物咸亨，順動徵於一《豫》；容光必照，化成象以重《離》。

臣聞方流弱水，五色涵紋；員嶠蓬山，三霄朗耀。是以花磚映日，獨推地步之高；芸閣峨雲，再荷天光之照。

臣聞戴匡環乙，宿傍魁杓；華蓋承辰，垣臨柱史。是以六星丁秩，卜文氣之大昌；七萃寅迎，驗泰符之叶紀。

臣聞坫阿洞闢，氣御青陽；桂栢森陳，制嚴黄屋。是以雲牕玉檻，望幸施丹雘之華；螭劉井柯亭，近光晉奐輪之祝。

臣聞澤芴鳴珂，鵷行整序；重英曲瑵，虎旅俠馳。是以豹尾金鈒，耀星陳於在藻；螭頭珠履，迎日馭以傾葵。

臣聞體神合幾，皞羲統接；時和道泰，洙泗肩任。是以觀水伊瀾，俎豆視膠庠之制；降輿祇謁，堂皇聞絲竹之音。

臣聞合止笙庸，九磬迭奏；肅雍虡業，六律旋宫。是以徵鼓逢鼉，咸池耀彩於昕旭；鳴球來鳳，歸昌諧奏於天風。

臣聞崴俎雕籩，肴嘉膞臐；鷄彝龍勺，彩溢球圖。是以庭饌芬燔，班泰尊於九列；天漿上壽，咸跽觴以三呼。

臣聞縵宇垂雲，薰桐晴拂；紫庭溥露，豐草陽晞。是以彌性《卷阿》，撫昄章而麟集；矢音蓬觀，肆天縱以毫揮。

臣聞柏梁肇咏，藻績西京；蓮院叨榮，球琳東壁。是以凫涇志樂，七言聯漢代之珠；鳳翰分題，五字壓唐人之格。

臣聞磬宜福禄，儐列豆籩；《既醉》威儀，歡鳴歌咢。是以天心敦睦，優游自序壎篪；

帝製焜煌，賡和首聯華鄂。

臣聞和羹斟雉，位冠槐廳；列炬鳴騶，光榮薇禁。是以鼎台高踐，頭銜仍風月之班；印鑰兼持，揚對重舟霖之任。

臣聞鶴輪御氣，崑閬平游；鰲背摶風，星雲列絢。是以班分卿貳，總乘漢渚之槎；職改臺參，悉預鎬居之宴。

臣聞華資儲幄，秩轉宮階；妙選端僚，任仍館職。是以詹坊設署，垣依左掖以分躔；經局標銜，筆珥西清而並直。

臣聞場開選佛，雁塔題高；路指登仙，鴻逵儀肅。是以庶常吉藹，轂音諧萋菶之聲；中祕光親，鷺翥樂《菁莪》之育。

臣聞右言左動，管握金鏤；前唱後喁，調纍珠潤。是以千篇奏御，抒咏仁蹈德之忱；衆響畢陳，叶陰羽陽鳴之韻。

臣聞珠斗垂梯，干霄路迴；奎雲臨棟，飛白庭懸。是以羲畫擘窠，協兩儀而牓揭；龍書麗匾，媲八卦而山連。

臣聞絺會彰施，治觀嬀象；圭璋特達，品琢荊瑜。是以燮理儲材，帝訓資其黼黻；清脩勵品，皇言勗以廉隅。

臣聞堯德巍巍，曦光浹宙；周儀郁郁，景運緜區。是以文集頌三，體三光以久照；詩編錫五，賁五緯以貞符。

臣聞蚪篆經儲，百家就範；鴻都車萃，七刻沿譌。是以睿定全文，穹碣列三雍之廡；欽頒永式，縹函同四庫之羅。

臣聞學海觀瀾，珠船薈寶；雲章倬漢，金匱儲精。是以書室游神，全集則《三墳》抉祕；法宮典學，初編則八載觀成。

臣聞詩續風騷，盛唐最著；志符稷卨，老杜尤賢。是以五夜緗芸，獨賞光芒之在；九家鋟棗，新頒薈萃之編。

臣聞龍垂九光，蜵蝹景宇；鳳呈五瑞，苞采雯霄。是以心鏡高懸，合萬流以仰耀；斗車廣運，獎多士以舒翹。

臣聞大璞含精，周章瑜剖；良金在貢，夏鑄模程。是以家握明珠，共矢琢磨於道德；士濡斑管，咸思研鍊於都京。

臣聞典謨垂則，鴻册充楣；福禄來同，麟儀扶輦。是以神山百尺，六十年週海屋之籌；帝座聯輝，億萬載續詞林之典。

【説明】

文載《王文簡公文集》卷一。嘉慶九年二月四日，嘉慶帝幸翰林院，禮成，恭紀《演連珠》三十首、《聖孝符經論》一首。

【校注】

〔一〕演連珠：《文選·陸機〈演連珠〉十五首。》張銑注：「連珠者，假托衆物陳義，以通諷諭之道。連，貫也。言貫穿情理，如珠在貫焉。」此韻文之體式之一。

聖駕巡幸淀津閱視河隄各工恭賦 謹序

皇上紀籙之十三年，函海清謐，河瀆薦祉，率作省成，不敢康娱。德輿造游，用保乂我區夏。發春始穌，巡河敷政，啓蹕而南。九流鏡清，三輔雷忭。洵乎揚景鑠，昭允翕矣。先期申命百寮，景從作肅，左右翼濟，廉貞介中，煌哉疇咨。合撰清寧，與民穌會，泰初之懿也。敬推紹庭錫類，新民之原，昭假在天，諷款登告。遂乃按行甸服，奏志觀風。深維淀河隄防，成憲式叙，富人惠民，溥通廣會，帝錫敷奠，光纘前徽。於是周覽堰埭，懷溯引度，休氣畢達，地節疏中。畿南三百餘水，盤渦轉轂，罔不折溜順軌，協乎永清。禋祀所被，伏靈遥紀。故阿明、祝融、巨乘、禺（疆）〔彊〕之神輯〔一〕，馬銜、海童、鯷鼃、鵬溟之路夷〔二〕，天池、地脈、黄星、赤颷之禨寝〔三〕。堯河舜洛，同符聖功，不其偉歟！伊考自隆古，降莅爰兹。大化陶甄，匪文不昭；震聲日景，匪武不宏。皇儀飭備，經緯綜成。湛恩庬鴻，鋪衍下土。夫軺車免算，延惠也；器幣逮下，廣澤也；牢盆加賜，卹商也；縉帛頒賚，引年也。考職以賦政，賜酺以飫民。卜《河圖》之經啓，酬海若之飭衛。兹典用示無逸，順天憲祖考，既慰海内之慕思，又散皇暉而燭幽矣。方將加勞，三王勗勤，五帝握金，鏡奉泰符，五運克昌，永以彌彰。赫赫乎，聖清之丕烈，惟德萬年，其疇不歌舞於茂鬯之德也哉？臣經術弇陋，行能無殊異，渥蒙恩寵，惴惴業業，媿無以答洪貺。顧躬際憲度之煌燿，逖聽風聲，不自揣度，竊欲讎容盛典萬分之一。校士之餘，謹撰賦一篇，拜手稽首以獻。曰：

歲在著雍，月維丙辰。陽旭抱珥以舒轡，惠風吹琯以薦春。八寓舍穌而康茀，百靈效職而殷轔。天子乃儲恩垂佑，順陽播仁。察璣衡以昭寓，運斗車而觀民。眷畿赤之蕃翊，動大輅以時巡。懿夫，時巡之爲禮也，天緯其符，地闡其社。覲雒啓儀，受書繼軌。維前謨之洪鬯，乃超姚而軼姒。修防禦於豐國，貽利濟於萬禩。帝紹猷於無疆，憲鴻規而大起。崇祥穌於歲習，按皇圖而躬履。緊析津之奥衍，實扼要乎漁陽。九子炘炘以秉曜，紛燦錯而式天行。隄塍軺而罨藹，水陸轃而阜昌。體爽塏以藩衛，廓讎奴而峙疆。其地勢，則控引青、齊，結湊燕、趙。盧白掎拔，漳滏迴繚。大陸趨歙其納流，小洵淤漫而界道。呀開雄城，矗矗海門。巖嶔坱圠，陂隤潰淪。䁏眇氣蹻，穮朖崖隣。緊若木之翔陽，圖天一而星陳。内市百隧，通中四周。瑇鬻蚩眩，泉刀贏優。儸譶舉㺒，喤呷嘲啁。貨殖之選，翁質之儔。輸茜卮而畫畝，課薪膏而連朝。禹筴開場，估榷列釜。素液䱜皭，元滋剛鹵。軼廣舄於二岳，燭火城於參户。豐羨地寶，珍貢天府。姜賴之盪無以疇，宿沙之煑非所伍。外坰隱脈，嬰堞帶浚。菑畝靡迤，原隰平砥。陽藴蒔膏，陰藪澍水。鄭白之沃，如苴是理。若乃濟飛挽，通都輸。五節兩遞，百舍一趨。砰宕擊汰，殷闐接艫。規飛雲與蓋海，腴太倉而歲儲。伊茲區之豐蔚，介廣會而清奠。陵躒峻阻，陪拱畿甸。扶來所演，大章所羨。蓋緜亘夫七百餘里，而環匯乎九十九淀。惟祖惟宗，效法乾行。時乘節宣，升踐納成。障易淶而北注，濬濡滱而東傾。温義亢其首，會同導其經。扼以茅彎，掖以中亭；疏以臺頭，滌以大清。澎濞鬱磈，匒匌訇訇。洩尾閭而順軌，轉地軸而永貞。屹然千里，長隄與焉。表神委，接方瀛。壁立霞駁，石走雷蒸。宛虹矯尾而岸起，蒼龍掀脊而雲乘。下穴繁詭，來自瀴溟。夔蚸跬翹，騁馬甬騰。攬搜瀠瀷，拊拂澴瀯。廣莫扇其陰火，匳空嗡於陽冰。帝德奠乂，大功乃登。誠巍翼之令軌，俾萬禩以丕承也。皇上體膺上聖，運鍾下武。肇元邁乎得一，繼序隆乎咸五。鑒前憲於已成，眷民生於安處。下明詔，嘉惠予。籌水衡，頒少府。簡命重臣，畀以謀謂。神皋緊奧，訾次宣房之舉；崇防巨設，彷彿天柱之阻。謁者告成於三時，閼覝乃超乎邃古。諏吉日，申先型。蒼史司啓，條風布榮。皇祇發生於基始，法駕式序於天行。御黃屋，翼紫衡，澤馬沛，器車升。鳳蓋綏纚，鸞鉌響振。前旌導乎朱雀，屬車配乎勾陳。孅阿掌轡，豐隆御輪。蜚廉斂飈而啓塗，屏翳垂橐而靖塵。導星駕，謁東陵。展皇軒而肅震，崇吉蠲於豆登。天儀儼乎羽葆，景光發乎樵蒸。軫軫殷殷，鏘鏘莘莘。帷幄山舉，帳殿雲屯。乃經南苑，武節時循。啓梁騶而講事，豐圃艸而蓁蓁。不轥不煩，肄勞以身，時猶未榛夫淀津也。爾其繡壤複陸以碁布，綺甸交錯而迴曠。過涿南而問俗，莅趙北以駐仗。御彩鷁之安艫，乘行春之仙舫。組緯照波而旖旎，鏡流迎楫而瀇瀁。芬港紆而欲迴，蘇橋翼以相向。璿原會氣以布藹，珠貝含光以呈覝。蓋已見休嘉之布濩，而天子更有事於咨訪。於是升政彝濱，輯瑞大防。底定經瀆，欽承靈章。表初星而上應，禮陰祇而載光。紺蓋白璧之薦，赤水翠嫣之祥。五精帥而來格，永奠乂乎圜方。莅行殿，開祕閣。周軒中天，重桴外廓。複道金椎，綷疏寶絡。承以陽馬，棲以神爵。正坤元之中基，規太紫而將作。日馭翼扶，宸居景屬。於是皇歡緝穆，輿情有融，搢紳藹藹，軒冕雝雝。慕大雅之宏達，頒帝化之醇醲。左舞右歌，蹈德詠功。莫不優游而自得，報夙夜以靖共。文謨式昭，武烈宣振。六師礿礿，勒隊列陣。鉦鼓砰磕以震響，部伍坐作而旅進。戈戟繽以森蕁，駂驪騁而奮迅。陸讋水慄，九垠在靷。信泰武之上儀，羌肅承乎彝訓。爾乃考聲教之所被，敷汪濊於天波；興郡國之秀孝，振庠序之《菁莪》。頓八紘以張綱，獵瑰材而畢羅。赤紱拜策而勗政，黃髮奉帛而飫龢。甸壤寬賦以皞皞，卒伍增餱以番番。起放廢而叨慶予，矜灾眚而免讁科。惠工商以下逮，納市價其無頗。億兆沐浴於膏澤，德音遠越乎《卷阿》。允紹衣乎祖武，利美利於化訛。惟御天而不息，象曦月之盪摩。遂乃風舉雲摇，旌迴軸轉，父老持輪，靈（祗）〔祇〕翊輦。第羣臣之嘉頌，采游童之歡諺。命白阜以稽圖，按朱子而紀典。緬櫛沐乎雨風，孰騖馳於封禪。且夫皇帝，八窗廣達，九皋遠聞。猶復採風詢俗，六飛時巡。豈玩華而歷觀，抑好勞而忘尊。蓋念天位之至重，求民依而必親。恐長吏之浸懈，慮幽隱之未陳。矧虞書之肆覲，固濬川以繼遠。禕九澤之既陂，先盡力於畎澮。宣灑澮之神功，逾鄭白之沃溉。雖靖奠於天綱，尚防維於凋瘵。猗土功之攸同，乃勤恁而時邁。然後總集天瑞，渥致地符，聲從雲翔，化洽雨濡。誼方激而遐騖，仁風衍而外敷。撫八區以遠輯，規萬世而廓圖。將含羲蕴燧，甄唐陶虞。曾何周般之能擬，而夏豫之足模。敬作頌曰：

於昭聖謨，漸海洋洋。榮鏡萬流，謨觴九方。山嶽修貢，淵澤順行。維彼冀川，載見榮光。冀川伊河，紆縈沽淀。屹然大都，玉京屏翰。既防既築，實隄實堰。轉粟是通，熬波是贊。自我聖祖，乘輿四臨。純皇顯穆，五巡逮今。經畫孔周，萬靈翼欽。貞珉天藻，勒此嶔崟。帝曰疇咨，朕曷敢逸？覃敷生民，基命宥密。司空告功，輿歡望蹕。思對厥忱，言諏其吉。六丁挾輈，大乙扶輪。翠華東指，懷我黎元。六府修治，九功釐甄。惟歌惟敘，禔庥翕轃。平成地天，視此淀津。皇儀孔昭，德水攸伏。有幹有年，道在化育。申問疾苦，補助不足。率時大卞，謀之鞫之。凡百有位，扈從行幄。誠厥苞苴，甯守踖踖。愛及秋豪，壺漿豆肉。帝仁浩浩，登物鴻濛。如聞嶽瀆，拜舞呼嵩。爍哉盛典，羲軒媲崇。顯允天子，萬福來同。

【説明】

賦載《王文簡公文集》卷一。據序文首句「皇上紀籙之十三年」和賦文開端「歲在著雍，月維丙辰」，此賦當作於嘉慶十三年三月。彼時，嘉慶帝巡幸淀津，閲視河堤工程。而王引之在河南學政任上，與聞其事，故作此賦，「校士之餘，謹撰賦一篇」可證。

【校注】

〔一〕阿明、祝融、巨乘、禺彊，分别是東海、南海、西海、北海神名。見《道藏》。

〔二〕馬銜、海童，原是海中神怪名，見《文選·木華〈海賦〉》吕向注，文中則與「鯷壑」、「鵬溟」均作海域名。鯷壑、鵬溟，見《初學記·地理中》。

〔三〕天池、地脈、黄星、赤颸：分别指天星、隧道、黄色星辰、海上大風。機：从示，幾聲，本指吉凶之先兆，此專指凶兆。

皇上五旬萬壽恭紀《寰海呼嵩頌》九章 謹序

歲紀祝犂，月臨吉亥〔一〕，恭遇我皇上五旬萬壽昌期。薄海臣庶，四裔君長，忻愉盎溢，思効祝釐之誠。上仰承昊眷，俯答輿情，布令推恩，罔弗周徧。上儀赫濯，侯其禕而〔二〕。臣銜命中州，弗獲丹陛趨承，附天衢跽拜之末。竊願有所譔述，用以宣上德而抒下情。伏案中州之望，實惟嵩高稟靈泰清，作鎮坤軸〔三〕。王者确功考德，奏玉禋珪，珍味雕氛，熏今麗遠。洎乎漢代，登牒升文，天慶順成，山呼呈瑞，煜煜乎垂恩儲祉，吐金景而歊浮雲。蓋感格之理，焕然昭灼若斯。臣駪征所歷，三華二室，神光徘徊。敬念修德錫符之理，推原延洪曼羡之基，不揣弇陋，祇竭愚忱，謹比事屬辭，爲《寰海呼嵩頌》九章，拜手稽首以獻。〔四〕

於赫昊綍，眷佑有德。儲祥錫慶，靡愆靡忒。因氤昷氲，象載昭悉。鼓桴斯應，如左券執。我皇奉若，虔鞏翼翼。曰明曰旦，誠萃志壹。勿謂質闇，芒芠軋沕；勿謂虛霩，積氣呼吸。歲三大祀，懋典云晊。珠丘紺殿，壝列南北。爲祈爲雩，馨香芬苾。皇曰欽哉，事天以實。圭玉躬親，齋宮淵默。前旒黈纊，夙夜宥密。垂精金心，表範玉式。靈歆僾憮，崇儀肸飾。紫壇九叩，寅承齋慄。通誠祝禱，移晷始畢。聖與天契，天聽可即。欽祡宗祈，樵蒸歆艴。璧氣晨煬，牢芬夕溢。八觚四陛，規重矩襲。曰毋不敬，惟皇帝飭。外此羣祀，若蠶若嗇。星辰六子，夕月朝日。水旱禜禬，山岳望秩。咸肅獻享，靡有闕失。亨鬺告虔，嘉生逢吉。嵩呼介壽，珠連緯汁〔五〕。皇帝受祉，乾乾抱一。一。

列祖垂統，以昌以熾。顯謨承烈，四表桄被〔六〕。純皇纘緒，徽美世濟。紀元六十，壽覆天配。皇帝繩武，兢兢抑畏。萬幾百度，祖訓是佩。五朝典謨，增繕明備。作山詩譜，陳常史記。炳若星陳，煥如霞蔚。金枝郊寶，弈煜瑰麗。純皇寶訓，虔恭纂次。執競武德，緝熙文思。由庚道罔，周甲歲計。皇皇裔裔，丹文綠字。帝乃肅然，敬承先志。晨興恭讀，善述善繼。執玉齊遬，循環一再。如羹牆見，如寢門侍。乙丑之秋，盛京言莅。鳳旗雲颺，鸞和風細。三陵葱鬱，蟠天際地。閟宮寢殿，肸蠁嘉氣。在原陟巘，髣髴遺制。昔也皇過，雷雨草昧；今也弓劍，河山環衛。几筵瞻念，怵惕心意。思艱求莫，孝思不匱。祥和斯感，珍貺薦至。嵩呼介壽，理合符契。令德景福，參帝典二。二。

皇仁育物，如春氣含。煦嘔丕冒，下矩上圜。丙辰龍飛，仁綸普頒。租賦蠲免，東西朔南。芸生欣欣，飫若薺甘。遇小旱潦，恩輒下覃。吁咈辰告，布濩丁男。孚甲風拆，勾萌雨酣。粵歲辛酉，洪波漫瀞。茲惟偏災，乃戚聖顔。曰我赤子，其何以堪？得無蕩析，惸惸痌瘝。手詔責躬，心憂如惔。星使招集，軺車趁趲。授衣施粥，百鎰千鍰。黍谷和風，不春而還。漕糧轉運，民力實艱。或有陋規，遺（羔）〔羹〕一坩。申諭裁革，譬稂莠删。毋令胥吏，恣其狼貪。秋官刑典，職在詰姦。勿縱勿枉，毫釐詳參。闓澤滂沛，一可否間。蚩氓冤抑，輒扣九關。越訴誠罪，尚矜愚頑。破格申理，雨露曷慳。於廓靈海，百川具涵。惠浸萬類，賚及九寰。嵩呼介壽，福基可探。純嘏悠久，兼天地三。三。

《周書·無逸》，惟元聖誨。我皇臨御，齋心劼毖。宵衣旰食，兢業天位。粵自夙興，以迄嚮晦。懸旌待曙，投籤覺寐。御門聽政，綸言宣示。九垓八埏，如殿廷在。臣工召見，量材超寘。上自卿尹，下及羣吏。大棟小桷，詳悉品第。庶官奉職，或曠厥事。勿躭宴安，日就怠棄。嚴諭督責，反覆戒勵。罔有皋琄，因循玩愒。懲彼駑駘，獎茲勞勩。皇綱獨攬，首除大憝〔七〕。太阿赫然，有北投畀。嚴霜肅秋，天星墮彗。雲霾蕩滌，日月澄霽。聖衷虛受，芻蕘下逮。門闢聰達，猶懼壅蔽。奏牘甫上，即賜引對。莛撞何益，曰爾獻替。管闚何補，曰爾讜議。直省積案，動輒踰歲。詔令清釐，毋得淹滯。罷占索貫，一空囹繫。天庾積粟，民食攸寄。七省轉輸，億斛儲積。弊滋鼠偷，粒惜狼戾。調陳劑新，六府允治。依然稷奏，墉櫛崇比。立我蒸民，萬邦作乂。嵩呼介壽，太平爲瑞。歌功陳詩，風雅頌四。四。

皇猷赫業，允文允武。威棱所暨，天規地矩。如何小醜〔八〕，遊鱗在釜。蜂蠆毒螫，川秦豫楚。來往飄瞥，靡有定所。帝赫斯怒，選將授琥。彤戈鐵甲，蜺旌月羽。陣肅鵝鸛，士勁貔虎。軍令再申，檄草旁午。功告三捷，氣作一鼓。蟲沙四飛，風鶴驚語。穴空蛾伏，巢焚燕處。九天掣電，八荒飛雨。其餘勝略，寶郟叛旅。宿州莠民，陝右新伍。或一戰克，或三箭取。或醜類殲，若掘雀鼠。或受降築，恩信招撫。風清賣劍，花迎負弩。重洋滲蜑，恃其險阻。南閩東粵，鴟張蝻聚。天戈下指，恬波海嶼。烟消鯨窟，犀駭牛渚。蠢彼外夷，偶弄螳斧。霜鋒未血，妖氣震沮。候尉榆塞，亭障銅柱。彈丸諸國，世我肱股。天窮月窟，人占雲呂。航瀛梯嶂，八紘即叙。鸚歌烏言，布賓醬蒟。譯鞮寄象，以千百數。嘽嘽武烈，震讋區寓。耆定既奏，清晏多祜。嵩呼介壽，雍容羽舞。奉觴萬國，鴻業咸五。五。

河流浩浩，日月沐浴。邐迤星海，騰踔地軸。其次清口，渺漫淮瀆。易淶滱沽，激浪湍洑。洪波巨浸，提綱列目。亞斯諸水，支派連屬。合南北東，如鼎三足。帝心用軫，顧念比屋。要令盂安，以亭以育。衡樓之塞，功蕆迅速。高堰之遏，節宣堵築。睿謨周悉，粲若列燭。疏盈瀉溢，搴茭沈玉。桃花瓜蔓，若帶就束。金隄石牐，若軌順轂。馮夷安恬，支祈弭伏。河督增置，屹然藩牧。巨防重鎮，高牙大纛。南河海口，淤沙山簇。諭使濬治，毋任渟蓄。峪岈天門，翕受百谷。兵衛增設，營伍森肅。永定防護，爲掎爲角。湯湯安流，靖我畿服。長隄千里，以次修復。雁行水楗，鱗次淇竹。淀河蜿蜒，躔應析木。考工疏排，上邀宸矚。既佑民命，式登嘉穀。仁膏浹洽，滋液滲漉。遂滌九川，迺宅四隩。嵩呼介壽，綿綿茀禄。堯乂禹功，天一地六。六。

煌煌宸製，懿鑠茂則。天迴漢倬，十光五色。羅星宛虹，垂麗八極。勤政殿記，表範《無逸》。庭燎照晨，宮漏儆夕。勤政之箴，怵怵乾惕。韻賡寸燭，陰珍尺璧。或論民勤，或論儉德。懲彼遊惰，惜兹物力。絲粟民艱，飲食爾質。孔云君難，聖論尤切。曰戒瑑柈，曰銘書席。圭璋曷敬，雨沐風櫛。藻火曷貴，履冰冕石。用刑折獄，義利損益。天章辨説，條分縷析。鋠摫萬理，槖籥羣籍。麟麟炳炳，若在埏埴。或箴八旗，或箴宗室。化流金冶，言鬯玉册。中星掌示，南車指畫。木棉圖繪，序次眉列。詩以詠之，精義紬繹。謂物無小，菽粟布帛。其他睿藻，紛綸霍弈。味餘之鐫，初二之集[九]。薰絃嫣歌，《卷阿》周什。重光日珥，九苞鳳律。嵩呼介壽，大文烜赫。揚輝奮炎，襲六爲七。七。

伊古巡狩，始歲二月。歷夏秋冬，無廢無缺。展義省方，治績周察。彪炳鉅典，日月昭揭。皇帝御宇，七政允協。四方望幸，遊原泳沫。惟淀津地，襟帶勃碣。五百甸服，實勤銍秸。魚鹽萃聚，輻輳四達。六飛艘止，輿衛膠轕。侍從濟濟，玉佩璆戛。羽騎般般，蟬聯鴉軋。耆老存問，和氣翔洽。風詩陳觀，民俗綜括。熬波萬竈，連虹五牐。皇覽鐖服，淵鏡周帀。譽俊召試，茅茹采拔。廢員甄録，瑕垢振刷。雨之澤之，豐美暢浹。迺閱隄工，屏翰溟渤；迺閱水師，梟藻士卒。睿思宸算，山含海納。歲舉秋獮，順時獻欲。木蘭清霜，柳城落葉。七萃羽林，騈闐緁獵。唐弓夏箭，參旃井鉞。燕弧奮迅，朔騎超越。宣昭威武，申明賞罰。旃裘毳幕，奉贄雜沓。南熿北溉，大鈞旋斡。嵩呼介壽，祥靄天闕。羣流仰鏡，典六柄八。八。

我朝典禮，舊章是守。光照六幕，儀炳九月。聖作聖述，一中授受。鴻藻景鑠，乾樞坤紐。三雍臨莅，奠芹采茆。環璧林海，宮懸矇瞍。序訪蔭槐，鼓尋貫柳。藍染玉琢，義燦星斗。經筵講藝，理緒分剖。孔周涵泳，笙簧左右。松軒前席，華鐘大扣。古義奥旨，紛彝罍卣。雝雝翰林，儲材之藪。西垣東觀，兹焉稱首。六龍時乘，千官組綬。才褒九能，文探二酉。帝藉四推，膏壤千畝。紺轅麗野，洪縻在手。方綵繁會，弈弈御耦。《常棣》燕飫，《行葦》忠厚。流甘麟圃，發藻魚罶。元春三朝，詔宣天口。慶典始行，愷樂飲酒。告祭岳瀆，色牲騂黝。歷代陵寢，祠官奔走。增秩予封，貤祖父母。旌榜門閭，孝子貞婦。豻扉減刑，雀獄棄咎。育我髮倪，養我鮐耇。經壇縟屏，膳房儉取。大賚纓組，環拱旒黈。

醲麻汪濊，寶籙悠久。降福榛楛，作人薪櫄。嵩呼介壽，與天先後。日升月恒，頌天保九。九。

【説明】

文載《王文簡公文集》卷一。嘉慶十四年十月初六日，嘉慶帝五十壽誕，王引之撰此文專頌嘉慶帝。王引之時在河南學政任上。

【校注】

〔一〕祝犂，亦作「屠維」，即十乾中「己」之别稱。嘉慶十四年是己巳年。亥月，十月。

〔二〕侯其禕而：語出張衡《東京賦》。

〔三〕泰清，指天。坤軸，猶「坤輿」，指地。

〔四〕此序申明以河南嵩山比嘉慶帝。以下九章，則分叙嘉慶帝功德。

〔五〕緯汁：語出張衡《西京賦》。緯，行星。汁，叶也；叶，和也。

〔六〕四表桄被，同「光被四表」。語見《尚書·堯典》。

〔七〕大憝：首惡，大奸。此指和珅。

〔八〕小醜，指當時南北教徒滋事。

〔九〕初二之集，殆指編輯御製詩文初編二編。

恭和《御製謁明陵八韻》元韻

天兵西下寰區定，億載貽謀顯烈彰。踐阼自爲民託命，封侯能使國忘亡。德高泰岱欽崇峻，澤匯滄溟仰浩洋。守護不聞樵子踐，矜全猶卹寢園荒。十三陵築隆情洽，鉅萬金修盛典詳。廣播深仁施酹奠，特昭優禮告穹蒼。周知往事思垂戒，殷鑒前朝凜豫防。稼穡艱難追聖緒，青郊先爲勸農桑。

恭和《御製出朝陽門啓蹕謁陵敬述》元韻

乾隆享祀慶昭明，更望橋山篤聖情。廿八日占鑾輦啓，萬千年賀福來成。志勤纘緒符《乾》健，恩渥觿租協《泰》亨。一路春旂輝映處，依依楊柳盡敷榮。

恭和《御製恭謁裕陵泣述悲懷》元韻

聖人純孝本天成，雨露春濡寤寐縈。紹述一心光久迪，追維六載序頻更。帝瞻松栢懷深感，神享君蒿苔至誠。恭仰重華能繼治，靈臺偃伯四方平〔一〕。

恭和《御製桃花寺行宫南窗作》元韻

高閣寄松坡，晴峰數點螺。遠煙霏羃䍥，積石聳巍峨。夾道風含柳，沿溪露染莎。開軒留御覽，麗景入春多。

恭和《御製駐蹕静寄山莊延春堂》元韻

羣山東亘勢連延，春在雕楹畫檻前。即境自然邀睿賞，此間何處著塵緣？净涵獨樂川中水，青到徐無海上天〔二〕。漫説崆峒曾訪道〔三〕，德超萬古孰齊肩？

【説明】

詩載《王伯申文集補編》卷下。作於嘉慶十六年辛未秋隨幸木蘭時。

【校注】

〔一〕靈台：古縣名。在甘肅省，清代隸涇州。偃伯，指休兵罷戰。

〔二〕徐無：地名，故址在今河北遵化縣境。

〔三〕崆峒：山名，在河南臨汝縣西南，《莊子·在宥》所謂黄帝問道於廣成子之所。

高郵湖西王氏先塋記

昔我先人，世居蘇州。自明初遷於高郵，七世皆葬城東白塔河側。至高祖宇泰公，始奉八世、九世祖父母棺葬於湖西，而高祖亦葬於其側。自是以後，由湖西而天長而六合，吉壤散列。引之恐其久而無傳也，乃敬記之，以示子孫，俾得知其所而徧祭焉。曰八世祖瑞圃公墳，在高郵湖西菱塘橋北曾家莊辰山戌向〔一〕。九世祖文宏公墳同兆〔二〕，居左。高祖宇泰公墳同兆，居右。曾祖古堂公墳，在天長石梁鎮南瓦屋莊午山子向。祖文肅公墳，在天長十八里集南孔家營酉山卯向。考石臞公墳，在六合東北鄉東嶽廟鎮南癸山丁向。

妣吴夫人墳，在天長汴子橋東南彭家菴西乾山巽向。凡宅兆五所，各有守冢一人，墳田一區。嗚呼，我子孫其盡追遠之孝，春秋拜掃，一如今日乎。其聿修厥德，不忝前人，以慰我祖考於九泉之下乎。道光十三年十二月既望，孫引之謹記。

【説明】

文載《王文簡公文集》卷四。王引之墳在安徽天長縣諭興集之東原。

【校注】

〔一〕辰山戌向：記録風水羅盤標示墳墓所在方位之格式，曰某山某向。「某」用天干地支字及八卦名表示。辰山，墳山在東偏南二度；戌向，墳朝西北偏南十度方向。其他仿此類推。

〔二〕兆：墓區。

鄰初内兄書屋前海棠一株盛開漫擬二首求教并求賜和

和風暖日助精神，笑指簷前一樹春。直到夜深花不睡，伴他秉燭夜遊人。

其二

藥階苔砌識仙曹，無限嬌紅映繡袍。定喜詔書今日下，曉來靈鵲一聲高。

【説明】

詩載《王伯申文集補編》卷下。寫作年月未詳。

恭和《御製天半舫晚坐》元韻

天半聳青山，高樓在此間。仰窺星錯落，俯聽澗潺湲。夕照斜明樹，春雲半擁鬟。智仁情並洽，聖德峻難攀。

恭和《御製坐霄漢有會》元韻

岧嶢凌百仞，勝境欣高遷。俯視羣峰列，但如牆及肩。咫尺戴星斗，眼底環雲烟。松影散萬壑，溪聲動九淵。薰風時一拂，藹然揮虞絃〔一〕。吟賞意相愜，幾餘睿藻宣〔二〕。

恭和《御製遊古中盤慧因寺諸景紀勝》元韻

中盤之秀甲三盤，峭壁森森天外削。連峰重疊如波濤，相隨春水歸其壑。老松幻作蒼龍騰，絶頂一聲鳴白鶴。風飄鐘磬來何處，飛閣周廊臨翠崿。左窺東海烟濛濛，右眺西上雲漠漠。奎章勒石燦星辰〔三〕，九天仙露毫端著。

恭和《御製貯清書屋》元韻

青山如屋裏，屋裏山尤奇。雲根鬱巃嵷，左右無不宜。秀色入圖繪，五采誰彰施？吐潤作霖雨，分溜添軍持〔四〕。東海生袖中，天巧非人爲。金堤犖如石，入告方星馳。

恭和《御製喜聞衡工佳信誌慰》元韻

聖世平成超禹績，河壖三月正釐工〔五〕。流迴竹箭金堤合，稼長禾苗玉粒充。應識機宣導訓迪，自承春佑格皇穹。鑾輿此日臨盤谷，順紖川靈景運隆。

【説明】

和御製詩五首，載《王伯申文集補編》卷下。未詳年月。

【校注】

〔一〕虞絃：語本《禮記・樂記》：「舜作五弦之琴，以歌《南風》。」後因以虞絃泛指琴。

〔二〕睿藻：文思聰慧的辭藻。專用於頌揚帝王詩文。

〔三〕奎章，指帝王手筆。

〔四〕軍持：梵語。《大唐西域記》作「捃稚迦」。意爲浄瓶或澡罐。僧人遊方時隨身携帶以貯水。

〔五〕河壖，此指河堤修築工程。題中「衡工」，即衡水工程。